POSTCARD

悠长得像永生的童年，相当愉快地度日如年，我想许多人都有同感。然后崎岖的成长期，也漫漫长途，看不到尽头，满目荒凉。

倾国倾城亦飘零 张爱玲

倾国倾城亦飘零

张爱玲

[中国近代文化名人传记丛书]

QINGGUO QINGCHENG
YI PIAOLING

齊魯書社

目　录

笑，全世界便与你同声笑；哭，你便独自哭。

前 言

1981年11月，上海《文汇月刊》发表了张葆莘长文《张爱玲传奇》，张爱玲遂以“传奇”的姿态重返上海。上海是张爱玲出生的地方，成名的地方，也是她遭遇乱世之恋并因之备受指斥的地方。1952年，张爱玲离开了带给她荣耀与痛苦的上海去了香港，从此之后她的名字和作品便在大陆销声匿迹。因此，当三十年后张爱玲再次“现身”大陆媒体，她身在上海的姑姑惊喜不已，即刻把登载《张爱玲传奇》的那一期《文汇月刊》寄往美国，告知她重回大陆的喜讯。

张爱玲的回归也勾起许多文坛故旧的回忆。1982年12月，《收获》杂志发表了柯灵的《遥寄张爱玲》，并重新刊发《倾城之恋》，《读书》杂志也遥相呼应，迅速转载了柯灵的这篇回忆文章。其后，张爱玲逐渐走进公众视线，其作品大量印行，阅读张爱玲也随之成为不断升温的文化时尚。

又是三十年过去，一代代“张迷”仍然如痴如醉地读着她写的书和写她的书；张爱玲研究也渐成显学，有关她身世的消息、文章、传记、电影等纷纷而出。这种持续不衰的“张爱玲热”，庶几算得上传播史上的一个传奇。那么，在这种情况之下，再写一本张爱玲传记，究竟是明智之举还是多此一举呢？这是一个颇难回答的问题。

不知从什么时候开始，人们以一种“惊艳”的目光来看取张爱玲，试图从她身上找到自己生活中的缺失和对生活的浪漫想象。在这样的心态之下，对张爱玲的书写与阅读日趋“传奇化”。所谓“贵族”的身世，“艳异”的爱情与生活，“传奇”般的成功和“乖张”的个性与行止，都成了人们聚焦的看点，或者干脆成了获取替代性满足的媒介物。而张爱玲真实的人生和内心的荒凉与落寞、焦虑与纠结，以及欢欣与哀痛，却被有意无意地忽略、遗忘，甚至不同程度地改写。基于此，我们愿意以平实的态度，还原一个更接近真实的张爱玲——一个以文字维生、历经苍凉乱世和坎坷心路的张爱玲。

台湾作家季季曾对张爱玲的一生作过一个简括的勾勒:“四岁母亲离家出国。十岁父母离婚。十四岁父亲再娶。十七岁被父亲监禁半年。十八岁逃出父亲的家。从童年到青春，一次次都是情感上的高压与生活上的高温之煎熬。二十三岁，扬名上海滩。二十四岁，情系胡兰成。二十五岁，情伤胡兰成。二十七岁，情碎胡兰成。三十二岁，离家去国。四十七岁，痛失赖雅。五十二岁，自我封锁。七十五岁，骨灰漂流太平洋。”（见张子静、季季《我的姐姐张爱玲》新版后记）透过她一生的遭际，我们可以清晰地看到：在表面的所谓繁华与浪漫、光鲜与诗意背后，其实是走不完的坎坎坷坷，受不尽的内心煎熬。

面对张爱玲，我们感受到的是她对梦想的执著。她以文字成名，用文字来养活自己，文字成全了她，也给她带来苦恼甚或磨难，但她始终无怨无悔，不离不弃。在大洋彼岸，在陌生的异国他乡，她仍在用文字垒砌着自己的文学梦想。文字成了她的宗教，也成了她的宿命。到了晚年，她把自己囚禁在寂清与孤独里，依旧痴迷地沉潜于文字，直到命回幽冥。人说女人是水做的，而张爱玲是文字做的，她为文字而生，亦为文字而死。

面对张爱玲，我们感受到的是她的独立与自尊。她一生都在逃离。逃离家族，逃离父母，逃离政治，逃离大陆和香港，逃离人群，也逃离跳蚤的啮噬；她用逃离来寻找独立，她用自立来搭建自尊，到了晚年更是以逃离来维护自己的尊严。在张爱玲的词典里，逃离不仅仅是独立、自尊，更是一种选择。她听命于自己内心的召唤，选择不断地逃离，最终成为了她自己。

面对张爱玲，我们亦悲亦喜。悲的是她命途多舛，孤独而终；喜的是她留下了璀璨至美的文字，留下了身后不朽的文名。

面对张爱玲，我们不悲不喜。她在乱世里灿烂，尘埃里开花，异国的土地上自由行走，走出了她自己的神采风韵，走出了她特异的独立不羁的生命姿态。

张爱玲是不可复制的，也是不可模仿的。面对张爱玲，我们发现了自己的平庸与怯懦；面对张爱玲，我们只能怀着一份钦敬之情远瞻遥观，无需悲喜。

我们以这样的认知与情感，试着还原一个更接近真实的张爱玲。

上卷

「『乱世人生』(1920—1955)」

第一章 生命记忆

> 悠长得像永生的童年，相当愉快地度日如年，我想许多人都有同感。然后崎岖的成长期，也漫漫长途，看不到尽头，满目荒凉。
>
> ——《对照记》

记忆是五味杂陈的浆液，滴滴沥沥地注入每一个生命，于是生命便有了沉甸甸的内容，有了各自不同的姿态和色彩。

张爱玲最初的记忆，是“她站在朱漆描金的站桶里，头别来别去，躲避一只白铜汤匙”。她坚持要自己白瓷底上有一朵紫红小花的调羹，而不要那个铁腥气的东西。韩妈（保姆）不从，于是她便一次次泼洒了汤粥。而后，她突然抢过汤匙，把它“丢得很远很远，远到看不见，只听见叮当落地的声音”。韩妈说她今天脾气坏。那时她还不会说话，但是听得懂，很生气。

还有一次，她和弟弟并排坐在床上，面前搁着一只漆盘。大人们让她抓周。“她抓了笔和棉花胭脂，不过三心二意，拿起放下。”

这两件小事都记录在张爱玲的自传体小说《小团

圆》里。也许小说的记述不足为凭，而事实上尚不会言语的张爱玲也未必记得。但这两个细节并非可有可无，它至少表明，在她懵懂的孩提时代，已经凭了生命的本能，开始了自己的选择。在此后的漫漫岁月中，张爱玲就是以这种执拗的自我选择，一步步穿越苍凉世事，一路悲喜歌哭，艰难蹭行，最终成就了自己特异的人生，也成就了一曲独具风韵而又跌宕起伏的文坛传奇。

1920 年 9 月 30 日，张爱玲出生在上海公共租界的一座中西合璧的公馆里，取名小煐。那一年，狂飙突进的五四新文化运动刚刚过去一年，旧王朝的消亡只有 8 年，新生的民国正在打打杀杀中经历着艰难的蝉蜕，世道似乎更乱了。

在清末年代，张家算得上名门大族。曾祖父张印塘（1797—1854），曾出任安徽按察使，协助李鸿章办理"淮军"军务，并与之结下深谊。祖父张佩纶（1848—1903），23 岁中进士，后擢升侍讲学士及都察院左副都御史。年轻气盛的张佩纶踌躇满志，屡屡上书言事，纵论君国大计，纠弹失职官员，每"一疏出，朝野耸动"，成为当时官场中"清流党"的代表人物，与同号"清流"的张之洞、陈宝琛等官员一起，形成一股影响国是政局的政治力量。因此之故，张佩纶深得军机首辅恭亲王奕䜣与军机大臣李鸿藻的赏识。美国驻华大使杨约翰亦曾对人说："在华所见大臣，忠清无气习者惟佩纶一人。"正当张佩纶春风得意之时，中法战事爆发，他力主与觊觎台湾的法国海军开战，因而被主和派遣往福建马尾主持战事，结果惨遭败绩，被革职发配到察哈尔。充军期间，他以读书著述自遣，先后写成《管子注》24 卷、《庄子古义》10 卷，以及《涧于集》《涧于日记》多卷。1888 年成满，投李鸿章幕，在署中协办文书。李鸿章赏识其才学，遂将长女李菊耦嫁与他做了第三任夫人[1]。

李菊耦和母亲

相门千金的下嫁，无疑使张家的荣耀达到了极点。张佩纶为官清正，不事产业，家境并不甚好，李菊耦丰厚的嫁资，自然使张家的经济状况大为改观。据说，李菊耦的嫁妆包括房产、田产、珠宝和现银，至于具体多少，无人知晓。张爱玲的弟弟张子静晚年说：“我祖父是个清官，一家子的财产都是由三祖母陪嫁过来的。”[2]张佩纶婚后仍留任李鸿章府中。

李菊耦生得秀丽端庄，素有才女之称，夫妇时常月下对酌，品书读画。二人琴瑟相谐的日常生活情景，在张佩纶的日记中多有记载：

> 终日在兰骈馆与菊耦评书读画。与菊耦手谈，甚乐。
>
> 合肥（李鸿章）宴客以家酿与余、菊耦小酌，月影清圆，花香摇曳，酒亦微醺矣。
>
> 菊耦偶有不适，煮药、煎茶、赌棋、读画，聊与遣兴。
>
> 菊耦蓄荷叶上露珠一瓮，以洞庭湖雨前之，叶香茗色汤法露英四美具矣。兰骈馆小坐，遂至夕照衔山时，管书未及校注也。

然而生活并不总是风花雪月。在相府中，张佩纶作为掌理重要文件的幕僚，免不了要对内政外交方面的事务发表看法，这在李鸿章那里，未必没有提携之意，但在别人看来就未免不够安分了。果然，1894年，张佩纶遭御史端良弹劾，说他：“发遣释回后又在李鸿章署中以干预公事，屡招物议属实，不安本分；着李鸿章即行驱令回籍，毋许逗留。”对此，李鸿章十分恼怒，但为平息众议，不得不让张佩纶夫妇迁出都署，并给了一份丰厚的陪嫁。夫妇俩搬到南京，买下康熙年间靖逆侯张勇的一所旧宅，过起了赋闲的日子。在这所花木扶疏的豪宅大院里，李菊耦生下了张爱玲的父亲张志沂（字廷重）和姑姑张茂渊。

张佩纶像

若是庸常之辈，能过上这样锦衣玉食的寓公生活，也算是差强人意了，然而这对恃才傲物的张佩纶来说，无疑是一种折磨和煎熬。他本想在政坛上一展身手，却不想35岁就宦海潦倒；他亦曾寄望于岳丈大人的援手东山再起，结果被轰出了官场。这真是天不佑我，人岂可为！在梦里，他曾赋得一诗："一叶扁舟一粟身，风帆到处易迷津。能从急流滩头转，便是清凉畛里人。"然而梦中的旷达怎敌得过现实的严酷。在抑居南京的最后十年里，张佩纶抑郁难申，终日以酒浇愁。

关于祖父张佩纶，张爱玲在《对照记》中有过这样的记述：

> 我仅有的一张我祖父的照片已经泛黄褪色。《孽海花》上的"白胖脸儿"在画像上已经变成褚红色，可能是因为饮酒过多。虽有"恩师"提携（他在书信中一直称丈人为"恩师"），他一直不能复出，虽然不断在幕后效力，直到八国联军指名要李鸿章出来议和，李鸿章八十多岁心力交瘁死在京郊贤良寺。此后他更纵酒，也许是觉得对不起恩师父女。五十几岁就死于肝疾。

临死前，张佩纶对次子志潜说："死即埋我于此。余以战败罪人辱家声，无面目复入祖宗邱垄地。"生难酬壮志，死不归祖茔，张佩纶梦幻般的凄凉人生，为这个煊赫的家族留下了一抹深深的苍凉。

李鸿章死了，张佩纶也去了，张家从此走向了衰落。

20 世纪的最初三年，李菊耦迭遭丧乱，1901 年丧父，1902 年丧兄，1903 年丈夫也一病而死，这年她只有 37 岁。一连串的晴天霹雳，几乎把

黄逸梵及用人

张爱泠二伯父、父亲和姑姑

这位当年相府里的娇弱千金击倒了，她心情沉郁，闭门不出，不久便染上了肺病。辛亥革命时，她带着一家人避乱青岛，1912 年又迁居上海。刚安顿下不久，李菊耦就去世了，这年她才 46 岁，她的儿子张志沂 16 岁，女儿张茂渊 11 岁。当家人走了，张家的事务便由次子志潜来主持——长子志沧早丧，张志沂和张茂渊一直跟着这位同父异母的兄嫂生活，被“拘管得十分严苛”。

1915 年张志沂在上海结婚。妻子黄素琼（逸梵）亦非寻常人家，祖父黄翼升，原籍湖南长沙，曾和李鸿章一起效命曾国藩麾下，因平定太平天国有功，擢升第一任江南水军提督，授三等男爵。二人的婚配可谓门当户对，两个人都是 19 岁，一个是张御史的少爷，一个是黄军门的小姐，是一对人人称羡的金童玉女。据说，当时的婚礼也是极尽奢华和排场，然而，无论婚庆的场面如何热闹火爆，都无法遮掩张家一族的颓势。

张家也好，黄家也罢，李家更不用说，都是富贵一时的名门望族，但是，随着风云一代的先后谢世或官场蹭蹬，这些曾经煊赫的家族开始走下庙堂。清王朝的覆亡又使这些家族的后人们丧失了正当的社会身份，变成了不尴不尬的遗民。与明末那些殊死抗争的遗民不同的是，这些世家大族的后人们似乎并不死心塌地地效忠前朝，尽管他们还煞有介事地遵行着旧朝的规矩。张爱玲的二伯父张志潜，1919 年为父亲张佩纶编刻了一部奏稿，“序言不仅在格式上每逢遇到‘孝钦皇后’(慈禧）、‘德宗’(光绪帝)、‘列祖列宗’字样均抬头，而且年份用的竟是‘宣统十年’，这一年按民国纪年应是民国八年了”，甚至“他们还一遵清俗，头上留着辫子，每逢朔望、元旦及宣统生日都要点上香，向北遥拜，然后则痛哭一番”。[3] 与其说这是对前朝的效忠，毋宁说是对先人过往辉煌的变相怀恋，也是面对自身生存处境而怅然若失的心绪流露。

在辛亥革命激流的冲击之下，他们彻底地滑向了社会的边缘，躲进了上海的租界——这是当年在中国的土地上，离中国社会最远的边缘地带。李鸿章的儿子李经方、李经迈，正是在民国初年避居上海，张家也是在 1912 年迁居上海的公共租界，黄家姐弟也不例外。他们既没有效忠前朝的热情，也没有拥抱新民国的冲动，因为他们坐拥先人留下的万贯家产，暂时尚无须为生计发愁。于是，遗少们无所事事更无所作为，便靠抽鸦片，逛堂子，娶姨太太，混迹十里洋场来打发时光；小姐们则学着做淑女，赶时尚，努力保持着大家闺秀的身段，瞅准机会嫁个富贵人家了却一生。他们在租界这块治外飞地上，过着看似超然的世俗生活，在浑浑噩噩中坐吃山空。

张爱玲的父亲张志沂、舅舅黄定柱便是这类靠吃遗产为生的遗少。就拿张志沂来说，没有人知道他名下有多少遗产——据说张家大部分遗产为张志潜侵吞——但至少在 1935 年左右，他在虹口还有八幢洋房出租，另外还有为数可观的田产和古董。十余年之间，这些财产都成乌有了。诚如张爱玲的弟弟张子静所言："我父亲任性，不善理财，不事生产，又爱摆阔挥霍。所有败家的本事，他无一不缺。""父亲和后母都抽鸦片，光是这项开销就很可观。吃和行的方面，我父亲也极会享受。家里的伙食，每天鸡、鸭不断；咸鸭蛋只吃蛋黄不吃蛋白；炒鸡蛋要用鲜嫩的香椿芽，夏天一定要吃海瓜子。有时还要买外国进口的火腿、罐头芦笋和罐头肝肠等等。""在行的方面，我父亲在 1942 年以前都坐小汽车进出。只要看到新款式的进口汽车，他就卖掉旧车换新车。1940 年，他最后买的一部汽车，车款是八千美元。""在酬酢方面，我父亲也绝无吝色。除了日常的应酬往返，每年春节过后喝春酒，场面也很可观。差不多每隔两天就请一批人，每次至少坐满两个大圆桌。吃饭、喝酒后，紧接着就是赌钱。通常要赌到第二天清晨才散，而且输赢都很大。"[4]而他一生只到外面做过两次工作，且时间都很短暂。这样只出不进的日子，这样毫无节制的挥霍，万贯家产便很快荡尽了。到 1949 年新中国成立前夕，张志沂只得栖身于一间 14 平方米的亭子间里，在贫病之中聊度残生了。

对于张家的辉煌和败落，张爱玲的心情是复杂的。她无疑分享了张家大族最后剩余的一点福泽，但更多的是承受了这个家族分崩离析的苦楚。生在这样的人家究竟是幸还是不幸，这恐怕连张爱玲自己也说不清楚。也许正因为如此，每当张爱玲说起这个家族的过往和不曾谋面的先人，总流露出些许淡漠与纠结。她在去世前一年完成的最后一部作品《对照记》中说："我没赶上看见他们，所以跟他们的关系仅只是属于彼此，一种沉默的无条件的支持，看似无用，无效，却是我最需要的。他们只静静地躺在我的血液里，当我死的时候再死一次。"这似乎只是一种血缘上的认同，但先辈们曾经煊赫的历史和日渐不堪的现实境况，最终还是巨细无遗地弥散成了张爱玲的人生背景——当尘封的家族记忆与张爱玲鲜活的生存记忆接通之后，先人们血液里奔涌着的那份孤傲，那份智慧，乃至生活方式和人生观念，便不可避免地成为影响她人生选择，牵引她生命走向的重要因素。

张爱玲和弟弟张子静在天津家中留影

在张爱玲的记忆里，她的第一个家在天津，是英租界里的一个宽敞的花园洋房。那时她两岁。这之前父母一直想和二伯父分家，搬出去单过，可是找不到合适的借口。后来父亲就托在北洋政府做交通部长的堂兄张志潭，在津浦铁路局谋了个英文秘书的职位，然后便顺理成章地分了家，和姑姑一起从上海搬到了天津。

她记得这所花园洋房很简朴，半新不旧，也没有草坪，但院子里有个秋千架，一个被她唤做“疤丫丫”的丫头常陪她荡秋千。后院儿里养着鸡。夏天中午，她穿着白底小红桃短纱衫，红裤子，坐在板凳上，喝一碗淡绿色、涩而微甜的六一散，看一本谜语书，唱“小小狗，走一步，咬一口”。她喜欢让一个瘦小清秀的男佣讲《三国演义》的故事，还给男佣起了个名字叫“毛物”，而毛物的两个弟弟就叫“二毛物”“三毛物”，毛物的媳妇就叫“毛娘”。毛娘生着红扑扑的鹅蛋脸，水眼睛，一肚子“孟丽君女扮男装中状元”的故事。这样的生活情景就好像童话一般，纯净而美好。

在她的记忆里，家里人的生活也透着富贵人家的讲究、精致和排场，她时常被人抱着去参加一些日常的活动。在《私语》一文中，她记下了许多此类细节。每天早上，女佣把她抱到母亲床上去，趴在方格子青锦被上，跟着母亲不知所云地背唐诗。“家里很热闹，时常有宴会，叫条子。我躲在帘子背后偷看，尤其注意同坐在一张沙发椅上的十六七岁的两姊妹，打着前刘海，穿着一样的玉色袄裤，雪白地偎依着，像生在一起似的。”姨奶奶“每天晚上带我到起士林去看跳舞。我坐在桌子边，面前的

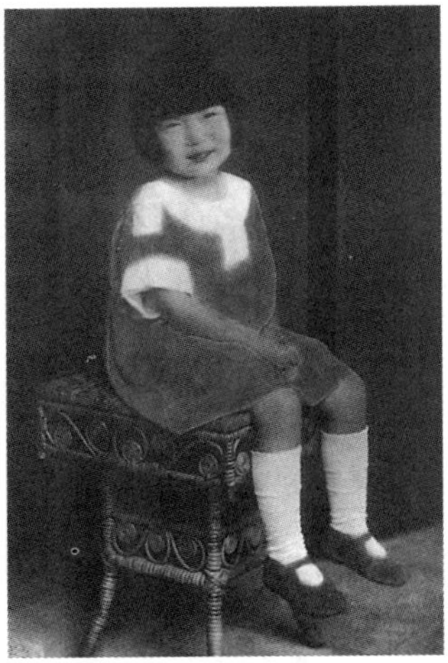
母亲着色的张爱玲

蛋糕上的白奶油高齐眉毛，然而我把那一块全吃了，在那微红的黄昏里渐渐盹着，照例到三四点钟，背在用人背上回家”。

富贵人家的日常生活多是这类奢侈的消遣，而幼小的张爱玲尚不能参与其中，只好充当一个好奇的旁观者，默默地观察这些光怪陆离的人物和场景，并将这些细微而鲜活的印象储留在记忆中。也许她观察精微和感受细腻的功夫，就是在诸如此类的日常生活中逐渐养成的。

看见母亲为自己的照片着色，她也静静地站在一旁观察。“一张小书桌迎亮搁在装着玻璃窗的狭窄的小洋台上，北国的阴天下午，仍旧相当幽暗。我站在旁边看着，杂乱的桌面上有黑铁水彩画颜料盒，细瘦的黑铁管毛笔，一杯水。她把我的嘴唇画成薄薄的红唇，衣服也改填最鲜艳的蓝绿色。”（《对照记》）母亲喜欢蓝绿色。日后，张爱玲第一本书出版时，自己设计的封面就是一色的孔雀蓝。听姑姑说，这也正是母亲从前喜欢的颜色。张爱玲将这称之为“神秘飘忽”的遗传。

童年的岁月是快乐的，充满着“橙红色”的温暖色彩，也有一种“春日迟迟”的悠闲和缓慢，“正像老棉鞋里面，粉红绒里子上晒着的阳光”。当然，生活也有一些小小的“不愉快”。弟弟张子静小她一岁，长得漂亮，继承了母亲江南美女的姿容。旧式家庭中的男孩，地位自然要尊贵些，这样的意识在佣仆间也免不了流露出来。领弟弟的女佣叫张干，裹着小脚，伶俐要强，觉得自己带的是男孩子，就处处占先。领她的何干，因为自己领的是女孩子，自觉心虚，处处都让着张干，不敢和她争。小小年纪的张爱玲却不服气，常常和她争，一争起来张干就说：“你这个脾气只好住独家村！希望你将来嫁得远远的——弟弟也不要你回来！”她还从手抓筷子的位置，预卜张爱玲将来的命运，说：“筷子抓得近，嫁得远。”张爱玲连忙把手指移到筷子的上端，说：“抓得远呢？”张干却说：“抓得远当然就嫁得远。”气得张爱玲说不出话来。从女佣的身上，张爱玲敏锐地意识到了男女地位的不同，并暗暗告诫自己要努力，务必胜过弟弟。

还有一些小烦恼，也使张爱玲感觉不快。家里给她和弟弟请了私塾先生，一天到晚坐在窗前摇摆着身子背书。那些诘屈聱牙的句子实在难记，读到"太王事獯于"，把它改成"太王嗜熏鱼"方才记住，即便如此，还是时常为背不出书而烦恼。要不就是年初一，预先嘱咐阿妈天明就叫她起来看他们迎新年，谁知他们怕她熬夜辛苦，想让她多睡一会儿，结果醒来时鞭炮已经放过了。张爱玲无比的惋惜和难过，"觉得一切的繁华热闹都已经成了过去，我没有份了，躺在床上哭了又哭，不肯起来，最后被拉了起来，坐在小藤椅上，人家替我穿上新鞋的时候，还是哭——即使穿上新鞋也赶不上了"。（《私语》）

二十余年后的一个傍晚，张爱玲和苏青说起未来的世界。苏青问："——你想，将来到底是不是要有一个理想的国家呢？"张爱玲说："我想是有的。可是最快也要许多年。即使我们看得见的话，也享受不到了，是下一代的世界了。"（《我看苏青》）幼年时"赶不上"的痛惜和成年后"等不到"的遗憾，在张爱玲这里实在别有一番深长的意味。

还有一些记忆是冷色调的，带了些许苍凉和凄苦的况味。她时常被用人带着走亲做客。一次她坐着人力车走过冷落的街道，走过一幢幢低矮的白泥壳平房，在一个空荡荡的小房间里，见到一个坐在藤躺椅上的老人。张爱玲上前叫一声"二大爷"。老人应答着，支起高大的身躯问她："认多少字啦？"沉默良久又说："背个诗我听听。"

母亲曾教过张爱玲几首唐诗，有些字不认识，就只背诵字音。当她背到"商女不知亡国恨，隔江犹唱后庭花"两句时，老人的眼里涌出了浑浊的泪水。

随来的年轻女佣悄悄告诉她："革命党打到南京，二大爷坐只箩筐在城墙上缒下去的。"

张爱玲这位高大的堂伯父叫张人骏，是晚清最后一任两广总督，辛亥革命时缒墙而逃。而今他栖身偏僻的城郊，在破败的屋子里"永远"孤独地坐着，打发着余下的窘迫日子。这样的场景，与张爱玲家宾客云集的热闹，小公馆里灯红酒绿的暧昧，形成鲜明的反差。异常敏感的张爱玲，自然会从闻诗流泪的二大爷那里，感受到世事对人的捉弄，体味到人生的苍凉。也许这样的感知对幼小的张爱玲来说是朦胧的，却给她留下了一生都抹不掉的印痕。

尽管生活里还有一些小小的不如意，走亲的经历也给了她小小的刺激，但在张爱玲最初的记忆里，童年的世界更多的是温暖和新鲜。她睁大好奇的眼睛，注视着这个五光十色的物质世界，迫不及待地盼望着自己快快长大，好尽情地享受生活中的美丽与光鲜。一次，母亲立在镜子跟前，在绿短袄上别上翡翠胸针。她在旁边仰脸看着，羡慕万分，自己简直等不及长大，许下心愿说："八岁我要梳爱司头，十岁我要穿高跟鞋，十六岁我可以吃粽子汤团，吃一切难以消化的东西。"（《童言无忌》）

假如父亲是个本分守成的读书人，母亲不那么新潮，张家安定富足的生活会持续一段相当长的时间，张爱玲童年的心愿也会顺理成章地实现。那时，刚刚单立门户的小家庭是富足而幸福的。父亲名下有一宗房产和田产，母亲也有一份丰厚的陪嫁，两个人风华正盛，又接受过很好的教育，有钱有闲，有汽车司机，有一帮烧饭打杂的用人，膝下一双儿女也有专属的保姆。可是这样美满的生活没有持续多久，父亲便和一帮新结识的酒肉朋友混在一起，开始花天酒地，嫖妓、养姨太太、赌钱、吸大烟，成了五毒俱全的放荡遗少。

母亲虽出身于世家旧族，从小缠足，思想观念却受五四新文化运动的影响较深。她身上既有湖南人的勇敢，也有新青年的独立意识和自由平等的要求，对男女不平等及旧社会的腐败习气深恶痛绝。传统社会的旧式妇女，对丈夫纳妾、吸大烟等堕落的行径，往往敢怒不敢言，甚至麻木地接受，而她非但不能容忍，还要干预、反对。而父亲呢，中英文的书报都读，知道许多"五四"新名词，也以新派人物自居，但骨子里还是生活观念陈腐的纨绔子弟。这样一来，两人之间的矛盾越来越深，经常争吵不休。姑姑也是新派女性，站在嫂嫂一边，但两个女人的斗争并不能使这个男人有丝毫的改变，于是姑嫂二人就决定离家出走，以此作为最后的抗议。对于家庭的这些波澜和危机，幼小的张爱玲并没有太在意。

1924年，母亲和姑姑决意出国，名义上是留学。那一年，母亲28岁，已有两个孩子。这样的身份出国留学，在当时也算是个"异数"，需要超乎寻常的勇气和决心。有人说她"不安分"，有人说她是"进步女性"。而对于4岁的张爱玲来说，母亲内心的悲苦与无奈，离别的沉痛与哀伤，只是让她有点茫然无措，她还不懂得这悲欢离合背后错综复杂的因由。20年后，她这样回忆母亲离别时刻的情景：

黄逸梵在赴英途中的轮船上

> 上船的那天她伏在竹床上痛哭，绿衣绿裙上面钉有抽搐发光的小片子。用人几次来催说已经到了时候了，她像是没听见，他们不敢开口了，把我推上前去，叫我说："婶婶，时候不早了。"（我算是过继给另一房的，所以称父母为叔叔婶婶）她不理我，只是哭。她睡在那里像船舱的玻璃上反映的海，绿色的小薄片，然而有海洋的无穷尽的颠簸悲恸。我站在竹床前面看着她，有点手足无措，他们又没有教给我别的话，幸而用人把我牵走了。（《私语》）

母亲走了也就走了，并不感到有任何缺憾。有时母亲从英国寄衣服回来，保姆给她和弟弟穿上，新鲜得什么似的；有时寄玩具回来，姐弟俩一人一个，高兴得抱着玩具拍照。可是，在看似平静的表象背后，家庭的命运已经悄然发生了改变。

母亲走后，父亲养在外面小公馆里的姨太太干脆住进家里来。这姨太太本是妓女，名唤老八，苍白的瓜子脸，垂着长长的前刘海。她一来，张家顿时热闹起来，她从前的姐妹成天来来去去，家里时常有宴会，叫条子。姨太太不喜欢弟弟，但对张爱玲倒是格外抬举，时常带她到起士林看跳舞，还给她做了顶时髦的雪青丝绒的短袄长裙。但姨太太性情暴躁，动不动就打人，跟着她读书的侄儿常常被她打得鼻青脸肿。姨太太也与父亲吵架，有次动手打了父亲，用痰盂砸破了他的头。于是族里有人出面说话，逼着她走人。

在家里，父亲被姨太太折腾得狼狈不堪，在外面也弄得声名狼藉。父亲在津浦铁路局英文秘书的职务，本就是个闲差，他挂这个名，也不是为了赚那点薪水，而是在外交际应酬时好有个名头，因此所谓上班也不过是虚应故事而已。不规规矩矩地上班倒也罢了，他还吸鸦片、嫖妓，与姨太太打架，闹得乌烟瘴气，影响到了当初举荐他的堂兄张志潭的官誉。1927年初，张志潭被免去交通总长的职务，父亲也失了依托，只好离职。丢了差事对他刺激不小，再加上族人的干预，这才赶走了姨太太，又写信央求母亲回国，并答应戒除鸦片，不再纳妾。

8岁那年，张爱玲随父亲回到上海。她在《私语》一文中这样描写初到上海的心情："坐在马车上，我是非常侉气而快乐的，粉红地子的洋纱衫裤上飞着蓝蝴蝶。我们住着很小的石库门房子，红油板壁。对于我，那也有一种紧紧的朱红的快乐。"

然而父亲由于生活的诸多不如意，心情极度颓丧，注射了过量的吗啡针，几乎要死了。"他独自坐在阳台上，头上搭一块湿手巾，两目直视，檐前挂下了牛筋绳索那样的粗而白的雨。哗哗下着雨，听不清楚他嘴里喃喃些什么，我很害怕。"张爱玲第一次看到如此腌臜而又可怕的景象，这样不堪的画面深深地刻进她的记忆里，并随着时间的推移一步一步侵入她的内心生活，悄无声息地形塑着她日后的生活态度。不过眼下她还小，完全有理由沉浸在"朱红的快乐"里。

母亲回来了，她吵着要穿上自己认为最俏皮的小红袄去迎接母亲。当她看到母亲时，简直惊呆了，母亲穿着宝蓝色锦缎旗袍，外罩奶色网衫，有一种令人惊艳的清丽高雅。而母亲见到她的第一句话则是："怎么给她穿这样小的衣服？"不久她就做了新衣，一切都不同了。母亲归来的这段日子，是张爱玲自打有记忆以来最为惬意的生活。

母亲的归来使一切都起了变化。父亲也决意痛改前非，到医院戒掉吗啡。母亲开始按照西洋生活方式来改造这个家。他们搬到了一所花园洋房里。洋房共4层，客厅很宽大，还有壁炉，门前有个小花园，有狗，有花，有童话书，家里陡然添了许多蕴藉华美的亲戚朋友，客人们时常聚在客厅里弹琴唱歌。一次，

黄逸梵照片

母亲和一个胖伯母并坐在钢琴凳上模仿一出电影里的恋爱表演。她坐在地上看着，大笑起来，在狼皮褥子上滚来滚去。

姑姑每天在家里练习钢琴，“有时候我母亲也立在姑姑背后，手按在她肩上，‘啦啦啦啦’吊嗓子。……无论什么调子，由她唱出来都有点像吟诗（她常常用拖长了的湖南腔背诵唐诗），而且她的发音一来就比钢琴低半个音阶，但她总是抱歉地笑起来，有许多娇媚的解释。……她的衣服是秋天的落叶的淡赭，肩上垂着淡赭的花球，永远有漂堕的姿势。我总站在旁边听，其实我喜欢的并不是钢琴而是那种温馨感人的空气”。（《谈音乐》）

快乐的生活就像一幅崭新的画卷，在她的面前徐徐展开，触目都是新鲜的场景和有趣的细节。她写信给天津的一个玩伴，描写她的新屋，写了整整三张信纸，还画了图样，虽然未收到回信，但这丝毫不影响她的心情。“家里的一切我都认为是美的巅峰。蓝椅套配着旧的玫瑰红地毯，其实是不甚谐和的，然而我喜欢它，连带的也喜欢英国了，因为英格兰三个字使我想起蓝天下的小红房子，而法兰西是微雨的青色，像浴室的瓷砖，沾着生发油的香。母亲告诉我英国是常常下雨的，法国是晴朗的，可是我没法矫正我最初的印象。”

张家的生活似乎掀开了新的一页。家里的生活安顿停当，母亲开始把心思用在教育一双儿女上。她教张爱玲画画，弹钢琴，学英文，以及如何做西式淑女。母亲告诉她，画图的背景最避忌红色，背景看上去应有相当的距离，红的背景总觉得近在眼前。在这样的艺术氛围里，张爱玲的精神和心灵越发自由而明澈，甚至还充满了“优裕的感伤”，“看到书里夹的一朵花，听我母亲说起它的历史，竟掉下泪来。我母亲见了就向我弟弟说：‘你看姊姊不是为了吃不到糖而哭的！’我被夸奖着，一高兴，眼泪也干了，很不好意思”。张爱玲后来说：“大约生平只有这一个时期是具有洋式淑女的风度的。”（《私语》）

然而，家庭教育再好，也不能替代学校教育。张爱玲的父母都没有进过学校，一直由家里请私塾先生教学。父亲对她和弟弟的教育，也坚持沿用私塾教学的方式。可母亲在英国游学 4 年，受到西方思想的影响，意识到学校群体教育才是健康、多元的教育，坚持要把姐弟俩送进学校接受新式教育。本来，母亲决定回国，一来是为了挽救她的婚姻，二来就是担心孩子的教育，因此她不会轻易放弃自己的主张。两个人为此争吵多次，父亲大闹着不依。

更为严重的是，在子女教育以及生活方式之类的矛盾冲突中，父亲感觉到他一家之主的地位受到了挑战，而刚刚复合的婚姻也因此面临着解体的危机。也许正是诸如此类的问题，使父亲心绪恶劣，开始打破承诺，重新吸起了鸦片。母亲对婚姻彻底绝望了，不再凡事听父亲的意见，甚至不理睬他的大吵大闹，强行将张爱玲送进了美国教会办的黄氏小学。张爱玲还记得在填写入学证的时候，母亲一时踌躇着不知道填什么名字好。她的小名叫煐，而张煐这两个字嗡嗡的，不甚响亮。母亲支着头想了一会，说："暂且把英文名字胡乱译两个字罢。"于是，她便有了"张爱玲"这个"俗气"而又响亮的名字。

母亲的一意孤行让父亲既愤怒又忧心，他从母亲决绝的态度里隐约感到了某种危机，于是心生一计，不拿出生活费来，要母亲贴钱，想把她的钱逼光，那时母亲就无钱出走了。当初母亲和她的双胞胎弟弟分遗产时，弟弟分得了地产，母亲分得了首饰和古董。1924 年母亲出国时，变卖了一些古董，也带走了一些古董，这么几年下来，母亲的财产自然是逐年减少。父亲的算计使矛盾更加激化，两个人开始剧烈地争吵，有时还夹杂着母亲的哭声和不知是谁摔碎东西的声音。每逢此时，"吓慌了的仆人们就把小孩拉了出去，叫我们乖一点，少管闲事。我和弟弟在阳台上静静骑着三轮的小脚踏车，两人都不做声，晚春的阳台上，挂着绿竹帘子，满地密条的阳光"。（《私语》）

父母是协议离婚的。父亲本不想离婚，无奈自己违反了戒除鸦片的承诺。办离婚手续时，他绕屋徘徊，几次拿起笔来要签字，长叹一声又把笔放下。律师见此情景，便问母亲是否改变心意，母亲说："我的心已经像一块木头！"父亲听了这话，只好在离婚书上签了字。协议上写明：姐弟俩都归父亲监护和抚养，母亲还坚持张爱玲日后进什么学校，都要先征求她的同意，而教育费用则由父亲负担。这自然是出于财力的考虑，而世家大族也不可能让子女随母亲另嫁他姓。此时父亲财力尚厚，有汽车，有多幢洋房和田产，抚育子女不在话下，成人后的生活亦不必担心。而母亲只有从黄家带过来的珠宝古董，财力就单薄得多了。

与母亲一同回国的姑姑，一向看不惯父亲的堕落，因此随母亲一起从家里搬出来，住进了法租界的一幢西式大厦，租了一层有两个大套间的房子。那幢大厦住的大多是外国人。她们买了一部白色的汽车，雇了一个白俄司机和一个法国厨师，过起了精致而阔气的西式生活。不久，父亲也搬出了现在居住的花园洋房，在一条旧弄堂里简单地安了家，继续吸鸦片，逛戏院，泡赌场。一个刚刚聚合起来的家就这样再一次拆散了。对于父母的离异，张爱玲并不十分伤心，她说："他们的离婚，虽然没有征求我的意见，我是表示赞成的，心里自然也惆怅，因为那红的蓝的家无法维持下去了。幸而条约上写明了我可以常去看母亲。"（《私语》）看得出，此时的张爱玲和母亲的感情更近一些。

对于父亲的堕落，张爱玲虽然没有公开的指责，想必心里是有所怨怼的，当然，她对父亲不是没有理解甚至同情，在她的记忆里，父亲更像一个时运不济的"笼中困兽"。她说：

> 我父亲一辈子绕室吟哦，背诵如流，滔滔不绝一气到底，末了拖长腔一唱三叹地作结。沉默着走了没一两丈远，又开始背另一篇。听不出是古文时文还是奏折，但是似乎没有重复的。我听着觉得心酸，因为毫无用处。
>
> 他吃完饭马上站起来踱步，老女佣称为"走趟子"，家传的助消化的好习惯，李鸿章在军中也都照做不误的。他一面大踱一面朗诵，回房也仍旧继续"走趟子"，像笼中兽，永远沿着铁槛圈子巡行，背书背得川流不息，不舍昼夜。（《对照记》）

这正如袁良骏先生所言："张廷重饱读诗书，很多古经典可以倒背如流……他也并非一无所能，如果科举不废除，他没准儿可以'进士及第'；如果不是大清灭亡、民国成立，没准儿他也可在旧官场中混个一官半职。然而，一切都不存在了，他遇到了官僚世家的穷途末路，他的父亲、一代名臣张佩纶救不了他，他的外祖父、中堂大人李鸿章也救不了他。在这个社会大转型的非常时代，这位满脑子'子曰''诗云'的书呆子成了一个废物。正是在这个前提下，在时代的漩涡中他急剧下沉，抽大烟、嫖妓、讨姨太太，他什么都学会了，他成了时代的渣滓。”[5]张爱玲未必认定父亲是“渣滓”，至少他的学识以及他背后的家族记忆，连同他所拥有的物质财富，无论怎么说都是张爱玲成长的精神和物质土壤，只是这土壤既有养分，也散发着腐败的气息。她意识到父亲对待人生的态度是消极的，颓废的，是完全和这个时代脱节的，“就像唱歌唱走了板，跟不上生命的胡琴”；父亲的生活方式也是陈腐的，堕落的，他沉溺在先辈留下的富贵里，陶醉在先辈曾经的辉煌里，醉生梦死，坐吃山空，长此以往，父亲连同这个家的气数必将随着财富的耗尽而走向穷途末路。总之，父亲代表着的是一个不断下沉的世界。

而母亲呢，母亲是“美丽敏感”的，是“辽远而神秘”的，也是勇敢而顽强的，她崇尚独立，更喜欢自由，“我一直用一种罗曼蒂克的爱来爱着我母亲的”。(《童言无忌》）尤其让张爱玲欣喜的是，母亲在回国的这一两年中，为她打开了一扇通向外面世界的窗口，让她看到了微雨中的英格兰，晴朗的法兰西，看到了物质生活的光鲜，看到了自在而亮丽的人生面影。这是一个广阔而新鲜的世界，新的人生态度，新的生活方式，不无冒险，有点刺激，也不乏物质主义的享乐。这是母亲代表的世界，它新奇而美好，一切都是“美的巅峰”。

说到底，世界只有一个，但不同的人生态度和生活方式，会使这个世界呈现出不同的人生景观。那么，10岁的张爱玲究竟心仪哪一种人生景观呢？她要有所选择了。尽管犹疑，也不无撕裂的疼痛，但她还是依从了自己内心的感觉：

> 我父亲的家，那里什么我都看不起，鸦片，教我弟弟做《汉高祖论》的老先生，章回小说，懒洋洋灰扑扑地活下去。像拜火教的波斯人，我把世界强行分作两半，光明与黑暗，善与恶，神与魔。属于我父亲这一边的必定是不好的，虽然有时候我也喜欢。我喜欢鸦片的云雾，雾一样的阳光，屋里乱摊着小报，(直到现在，大叠的小报仍然给我一种回家的感觉。）看着小报，和我父亲谈谈亲戚间的笑话——我知道他是寂寞的，在寂寞的时候他喜欢我。父亲的房间里永远是下

午，在那里坐久了便觉得沉下去，沉下去。（《私语》）

家里不是没有一点温暖的感觉，对父亲的温情也不无难舍的伤感，但她不愿像父亲那样生活，待在这个没有生气的家里“沉下去，沉下去”。

对于母亲的家，张爱玲的感觉和态度则完全不同了。父母离异后，她头一回来到母亲和姑姑居住的公寓，“第一次见到生在地上的瓷砖浴盆和煤气炉子，我非常高兴，觉得安慰了”。（《私语》）最现代的公寓，最现代的浴具和灶具，它是新派生活方式的象征，也是她心向往之的地方，她觉得母亲和姑姑的家就应该是这样的，她们就该住在这样的地方，因此她“非常高兴”了，也“觉得安慰了”。

不久母亲又去了法国。尽管“母亲走了，但是姑姑的家里留有母亲的空气，纤灵的七巧板桌子，轻柔的颜色，有些我所不大明白的可爱的人来来去去。我所知道的最好的一切，不论精神上还是物质上的，都在这里了”。（《私语》）她毫不犹豫地走进了母亲的风景里，因为这里有她心仪的光鲜亮丽的生活。对这样的选择，她并未感到灵肉的对立和内心的冲突，仿佛这是极自然的事情。可是，在这选择的背后，她的人生命运已经悄然改变了方向。

表面上看，张家在经历了一场波澜之后，又渐渐地趋于平静。张爱玲继续上黄氏小学，每逢周末，家里派司机接她回来。后来，父亲又一次因打吗啡住院，姑姑张茂渊把他送进中西疗养院治疗，3 个月后才康复。出院后父亲把家搬到康乐村 10 号，和舅舅住的明月新村只有几步之隔。父亲虽与母亲离了婚，但和舅舅的来往并未受影响。舅舅也是靠吃遗产的遗少，舅舅和舅母也都吸鸦片。父亲常和舅舅一起吸鸦片聊天，两家的孩子也成了很好的玩伴。一到寒暑假，张爱玲就忙着剪纸、绘图，制作圣诞卡和新年卡片，并把最满意的圣诞卡拿给姑姑，让姑姑代寄给母亲。她平时也常去姑姑家，打听母亲在国外的情形。母亲写信给她，也都是寄到姑姑家转的。

张爱玲在小学读书的时候继续学钢琴，后来又到一个白俄老师家里学，一周一次。但父亲认为学费太贵，每次向他要学费，他总是磨磨叽叽，要给不给的样子。张爱玲还记得那种难堪的情形：“我立在烟铺跟前，

张爱玲（后排左三）在圣玛利亚女校的音乐课上

许久，许久，得不到回答。”后来她就不再学钢琴了。

压抑的生活里也不是没有一点乐子。一次，张爱玲从父亲书房里找到一本《海上花列传》，书中妓女讲的全是苏州土话（吴语），有些她看不懂，就缠着朱先生用苏州话朗诵其中的对白。朱先生是父亲请到家里来教弟弟念古文的塾师，六十多岁年纪，为人十分随和，他禁不住张爱玲的软磨硬泡，只得捏着嗓子学女声照读，逗得姐弟俩大笑不止。

也有让父亲高兴的事情。一个寒假，张爱玲仿照报纸副刊的形式，编写了一张以自家杂事为内容的副刊，还配上了一些插图。父亲看了很高兴，有亲戚朋友来就拿给他们看，不无得意地说：“这是小煐做的报纸副刊。”

1931 年，张爱玲小学毕业，升入圣玛利亚女中。这是一所美国教会学校，学费也很昂贵。进入中学之后，她开始设想自己的未来。“中学毕业后到英国去读大学，有一个时期我想学画卡通影片，尽量把中国画的作风介绍到美国去。我要比林语堂还出风头，我要穿最别致的衣服，周游世界，在上海自己有房子，过一种干脆利落的生活。”（《私语》）她的计划海阔天空，几乎就是母亲生活方式的复制。但这些计划还未来得及展开，她的家就发生了“一件结结实实的，真的事”——她的父亲又要结婚了。

父亲要娶的女人叫孙用蕃。孙家也是高门大族，孙用蕃的父亲孙宝琦，曾做过袁世凯的外交总长和段祺瑞的国务总理，有一妻四妾，膝下八男十六女。孙用蕃排行老七，是姨太太所生，为了在众多兄弟姊妹中争

孙宝琦像

晚年的孙用蕃

宠，养成了精明干练而争强好胜的个性，据说还善于理家和对外应酬。她和陆小曼是好友，跟“赵四风流朱五狂”的朱氏姊妹也交好。孙用蕃嫁给父亲时 36 岁，其父孙宝琦已过世四年了。与她兄弟姊妹的婚嫁比起来，她的这门亲事似乎有点低就。后来才知道，这位老小姐早已染上阿芙蓉癖(吸鸦片)，因此蹉跎了青春，难以和权贵子弟结亲。

对父亲的再婚，张爱玲的反应是激烈的。她在《私语》一文中说：

> 我父亲要结婚了。我姑姑初次告诉我这消息，是在夏夜的小阳台上。我哭了，因为看过太多的关于后母的小说，万万没想到会应在我身上。我只有一个迫切的感觉：无论如何不能让这件事发生。如果那女人就在眼前，伏在铁栏杆上，我必定把她从阳台上推下去，一了百了。

尽管担心、忧虑，甚至愤怒，但 14 岁的张爱玲是无可奈何的，不管这位后母将会给她的生活带来怎样的灾难，眼下能做的也只有顺从。她还是和亲友们一起参加了这场婚礼，默然面对这热闹哄哄的喜事。

后母进门后，家里立马起了变化。她不但收紧了日常生活开支，还辞退了家中原有的几个男仆和女仆，换上从孙家带来的男女仆人。她嫌现在住的洋房太小，父亲就把家搬回泰兴路上的别墅。这幢别墅建于清末民

泰兴路上的张家旧宅，张爱玲
就出生在这栋建筑里

初，仿欧式风格，总共有二十多个房间，楼下一层是储物间，后院还有一圈房子供用人居住。祖母李菊耦在世的时候，二伯父一家和姑姑、父亲都住在这幢别墅里，张爱玲和弟弟就出生在这里。后来分遗产，别墅归到二伯父名下。张爱玲一家和姑姑迁居天津后，二伯父嫌房子太大，也搬了出去，此后一直用于出租。

一家四口住这么大的房子，还要向二伯父缴纳昂贵的房租，按说并不合算，可是后母喜欢这样的豪华气派，当然她也许还有不便明说的原由——不愿和张爱玲的舅舅一家搅在一起。

张爱玲读中学的最后两年，就是在这所大房子里度过的。她不喜欢这个死气沉沉的家。在《私语》中她这样写道：

> 我后母也吸鸦片。结了婚不久我们搬家搬到一所民初式样的老洋房里去，本是自己的产业，我就是在那房子里生的。房屋里有我们家的太多的回忆，像重重叠叠复印的照片，整个的空气有点模糊。有太阳的地方使人瞌睡，阴暗的地方有古墓的清凉。房屋的青黑的心子里是清醒的，有它自己的一个怪异的世界。而在阴阳交界的边缘，看得见阳光，听得见电车的铃与大减价的布店里一遍又一遍吹打着《苏三不要哭》，在那阳光里只有昏睡。

这就是父亲和后母的家，模糊、阴森，没有一丝生命的活力，就好像一座清凉的古墓。庆幸的是，这时她寄宿在圣玛利亚女校，不用天天待在这个“古墓”里。星期一她坐父亲的车去学校，星期六司机又接她回来，保姆何干每周三给她送去换洗的衣服和她喜欢的食物。周末和寒暑假回到家里，有时去舅舅家找表姐妹聊天，更多的是到姑姑的公寓，她喜欢公寓里的雅致、清新和职业女性的生活方式，更重要的是她能从那里得到母亲的消息。

即便如此，她也很难摆脱后母的掌控。她在《童言无忌》一文中说：“有一个时期在继母治下生活着，拣她穿剩的衣服穿：永远不能忘记一件黯红的薄棉袍，碎牛肉的颜色，穿不完地穿着，就像浑身都生了冻疮；冬天已经过去了，还留着冻疮的疤——是那样的憎恶与羞耻。”圣玛利亚女校是一所贵族化的教会学校，学生也大多是上海有钱人家的女儿。张爱玲穿着那些领口都磨破了的过时衣衫，置身光鲜亮丽的同学中间，着实让一向爱美的她相当难堪。她暗自期望能穿上校服，摆脱“冻疮”的羞耻，与同学们保持一种衣着上的平等。

与她相比，弟弟的境况更惨。弟弟生性柔弱，在父亲和后母的粗暴管制下，几乎变成了一个无良少年。一次放假回去，张爱玲看见弟弟，吃了一惊。“他变得高而瘦，穿一件不甚干净的蓝布罩衫，租了许多连环图画来看。我自己那时候正在读穆时英的《南北极》与巴金的《灭亡》，认为他的口味大有纠正的必要，然而他只晃了晃就不见了。大家纷纷告诉我他的劣迹，逃学，忤逆，没志气。”她非常气愤，也十分痛心。更让她无法忍受的是父亲的暴戾。吃饭的时候，为了一点小事，父亲竟打了弟弟一个嘴巴子。“我大大地一震，把饭碗挡住了脸，眼泪往下直淌。我后母笑了起来道：‘咦，你哭什么？又不是说你！你瞧，他没哭，你倒哭了！’我丢下了碗冲到隔壁的浴室里去，闩上门，无声地抽噎着，我立在镜子前面，看我自己的掣动的脸，看着眼泪滔滔流下来，像电影里的特写。我咬着牙说：‘我要报仇。有一天我要报仇。’”（《童言无忌》）

说归说，张爱玲并没有爆发，她与后母还是保持着一种表面的礼貌，偶尔也有一些谈论天气和日常生活琐事的话语。一次暑假，她在父亲的书房里写作文，写完就放在那里去了舅舅家。后母无意中在书房里看到了她的作文，题目是《后母的心》，就好奇地看了下去。张爱玲在文章中对后母的处境和心态作了合情合理的描述，后母看了很是感动，夸她会写文章，懂事。其实张爱玲只是练习写作，并没有讨好后母的用意。父亲对此心知肚明，但为了使后母高兴，便随声附和，未加点破。

在这种刻意维持的平静下面，其实是高度的紧张和压抑。这样不堪的亲父后母，使张爱玲倍感郁闷而无奈，以至严重影响了张爱玲的生活与学习。后来，她的老师汪宏声在《记张爱玲》一文中详细描述了她在学校时的境况：点到张爱玲的名字，“便见在最末一只座位上站起一位瘦骨嶙峋的少女来，不烫发，衣饰也并不入时，走上讲台来的时候，表情颇为呆滞”。“于是我知道爱玲因了家庭里某种不幸，使她成为一个十分沉默的人，不说话，懒惰，不交朋友，不活动，精神长期的萎靡不振。说起懒惰，她是出名欠交课卷的学生。”老师问起不交课卷的原因，她的口头禅是“我忘了”。上课不听讲，总不停地在纸上画着，仿佛在记笔记，其实在画速写。“她不知修饰，她的卧室是最凌乱的一间。”

中学毕业那年，母亲从法国回来，这让张爱玲心里敞亮了许多。她经常朝母亲那里跑，跟母亲讲自己的事情，听母亲说国外的见闻。在这段时间里，张爱玲的心思都在母亲那里了，她自己不觉得，但父亲觉得了。对父亲来说，“这是不能忍受的，多少年来跟着他，被养活，被教育，心却在那一边”。（《私语》）

母亲托人找张爱玲的父亲谈女儿留学的事。这是当时离婚协议上写明了的，母亲自然有权过问。可是父亲避而不见，不得已，张爱玲只好自己去找父亲谈，没承想“我把事情弄得更糟，用演说的方式向他提出留学的要求，而且吃吃艾艾，是非常坏的演说。他发脾气，说我受了人家的挑唆。我后母当场骂了出来，说：‘你母亲离了婚还要干涉你们家的事。既然放不下这里，为甚么不回来？可惜迟了一步，回来只好做姨太太！’”（《私语》）留学的事就这样不了了之。

张爱玲中学毕业时的照片

这年夏天，日军突袭上海，淞沪抗战爆发。张爱玲的家邻近苏州河，夜里炮声不断，吵得她睡不着觉，就跑到母亲那里住了两个礼拜。她走的时候跟父亲说了，但没有和后母打招呼。回来那天，后母十分生气，认为没把她这个母亲放在眼里，不由分说就打了她一个嘴巴。张爱玲本能地要还手，被用人拉住了。后母尖叫着跑上楼去，夸张地喊着：“她打我！她打我！”父亲听到喊叫声，趿着拖鞋啪哒啪哒地冲下楼，揪住她拳打脚踢，嘴里吼道："你还打人！你打人我就打你！今天非打死你不可！"他把这些天来对她们母女的不满和愤怒全部发泄在她一个人身上。张爱玲一声不吭地承受着狂暴的击打，头偏到这边，又偏到那边，无数次，耳朵都震聋了，最后坐在地上，躺在地上，他还是揪着头发又踢又打。她心里记着母亲的话："万一他打你，不要还手，不然，说出去总是你的错。"她曾想到报警，可是大门被父亲锁上了，她又踢又叫，就是出不去，门外的岗警也不理会。她回到房里，父亲余怒未消，举起一只大花瓶向她掷过来。花瓶落在地上，溅了一屋子碎瓷片。父亲离开后，何干哭着对她说："你怎么会弄到这样的呢？"这时张爱玲才觉得满腔冤屈，气涌如山地哭起来。她独自在楼下的一间空房里哭了一整天，晚上就在红木炕床上睡了。

张爱玲的姑姑张茂渊

第二天，舅舅和姑姑来替她说情，顺便又提起让她去英国留学的事。后母冷笑着对姑姑说："是来捉鸦片的吗？"父亲则从烟铺上跳起来劈头打过去，把姑姑也打伤了。舅舅拉着她去医院，姑姑临走发誓说："以后再也不踏进你家的门！"姑姑走后，父亲把张爱玲关在楼下的一间空屋子里，声言除照料她生活的何干外，不许任何人跟她见面，还威胁要用手枪打死她。她想父亲不会真的打死她，"不过关几年，等我放出来的时候已经不是我了。数星期内我已经老了许多年。我把手紧紧捏着阳台上的木栏杆，放佛木头上可以榨出水来。头上是赫赫的蓝天，那时候的天是有声音的，因为漫天的飞机。我希望有个炸弹掉在我们家，就同他们死在一起我也愿意"。（《私语》）

张爱玲在这间幽暗的囚室里度过了 17 岁的生日，她此时的心情简直是糟透啦。透过窗子，她看见"花园里养着呱呱追人啄人的大白鹅，惟一的树木是高大的白玉兰，开着极大的花，像污秽的白手帕，又像废纸，抛在那里，被遗忘了，大白花一年开到头。从来没有那样邋遢丧气的花"（《私语》）。她打算逃出去，何干却再三叮嘱："千万不可以走出这扇门呀！出去了就回不来了。"但她还是丢不下逃走的念头，脑子里不断涌现出《三剑客》《基督山恩仇记》这些小说里逃跑的情节，还记起了《九尾龟》里用被单结成绳子，从窗口缒下去的法子，可这间房子没有临街的窗，只有从花园翻墙头出去。靠墙倒有一个鹅棚可以踏脚，只是更深夜静的时候，一旦惊动了两只鹅，叫将起来，事情就不好办了。

正在她愁肠百结，胡思乱想的时候，突然患了严重的痢疾，差一点死了。“我父亲不替我请医生，也没有药。病了半年，躺在床上看着秋冬的淡青的天，对面的门楼上挑起灰石的鹿角，底下累累两排小石菩萨——也不知道现在是哪一朝、哪一代……朦胧地生在这所房子里，也朦胧地死在这里吗？死了就在园子里埋了。”（《私语》）即使在这不知今夕何年的茫然与绝望里，她依然惦记着逃走的事情，想方设法将自己出逃的计划转告母亲。母亲则秘密传话给她说：“你仔细想一想。跟父亲，自然是有钱的，跟了我，可是一个钱都没有，你要吃得了这个苦，没有反悔的。”此时她虽然身陷牢笼，渴望自由，但母亲提出的这个问题仍让她痛苦了许久。留在父亲这边，过衣食无虑的生活，将来做个“女结婚员”，嫁个富贵人家打发一生。这个选项在父母离异的时候她已经完成了，何况她实在无法忍受亲父后母的暴虐，无法在这个坟墓般阴森的家里继续待下去。选择母亲，就意味着吃苦受穷，但她心仪母亲自由自在的新派生活，更期望通过自己的努力，“过一种干脆利落的生活”。对张爱玲来说，这是一次关乎她人生命运的重大选择，这一次，她依然听从了内心的召唤，决然放弃了张家的一切，放弃了最可靠的经济来源，逃到了母亲和姑姑合住的爱丁顿公寓。

张爱玲逃走后，打小照顾她的何干受到牵累，被遣回乡下。“我后母把我一切的东西分着给了人，只当我死了。这是我那个家的结束。”（《私语》）

逃出来不久，张爱玲就把自己被软禁的经过用英文写成文章，投到美国人办的《大美晚报》发表，编辑还替她这篇文章起了个很耸动的标题：*What a Life! What a Girl's Life!* 父亲看到文章后大为恼火。6年后，张爱玲在《私语》一文中旧事重提，那时她已是上海滩的当红作家了。

这一年的夏天，弟弟张子静也跑到母亲的公寓，还随身带了一双报纸包着的篮球鞋，说他也不回父亲家了。母亲给他解释自己经济能力有限，不可能同时负担姐弟俩的教养费用，再说他是张家的独生子，教育和继承遗产都不成问题。母亲知道弟弟在那边不快乐，但也别无选择，只好让他回去。弟弟哭了，张爱玲看见这一幕也哭了。后来弟弟还是回去了，带着那双篮球鞋。

此时张爱玲已中学毕业，接下来的路该怎么走，又成了亟待选择的问题。母亲根据自己的经济状况，提出了两个办法："如果要早早嫁人的话，那就不必读书了，用学费来装扮自己；要继续读书，就没有余钱兼顾到衣装上。"(《童言无忌》）张爱玲选择了继续读书。她开始复习功课，预备参加伦敦大学远东区的考试，到英国留学。因为数学不太好，母亲给她请了犹太裔的英国人补习数学，补习费每小时五美元，这在当时是一笔昂贵的费用。

学业之外，母亲给张爱玲两年的时间学习适应环境。她发现女儿除了读书聪慧，日常生活和待人接物的能力相当差。张爱玲自己也承认："我发现我不会削苹果。经过艰苦的努力我才学会补袜子。我怕上理发店，怕见客，怕给裁缝试衣服。许多人尝试过教我织绒线，可是没有一个成功。在一间房里住了两年，问我电铃在哪儿我还茫然。我天天乘黄包车上医院打针，接连三个月，仍然不认识那条路。总而言之，在现实的社会里，我等于一个废物。"（《天才梦》）母亲看到18岁的女儿成了这样一个生活的低能儿，心里既怜悯又自责。女儿4岁她就出国了，4年后方才回来，女儿10岁的时候又经历了父母婚变，家庭破裂，第二年她再次出国。在女儿18年的成长过程中，她大半时间不在女儿身边，没有尽到教养的责任。她对女儿说："我懊悔从前小心看护你的伤寒症，我宁愿看你死，不愿看你活着使你自己处处受痛苦。"这与其说是母亲对女儿的失望，倒不如说是一个失职母亲深深的愧疚和自责。她开始悉心地教张爱玲煮饭，用肥皂粉洗衣，走路的姿势，看人的眼色，点灯后记得拉上窗帘，照镜子研究面部表情，如果没有幽默天才，千万别说笑话……希望把女儿培养成有名门闺秀风范的淑女。这种速成式的培训，让张爱玲倍感艰难，也使她的"思想失去了均衡"，结果是"母亲的沉痛警告没有给我任何的影响"。她已经习惯了独自成长，习惯了在自我的世界里寻找生命的欢悦，她会在向晚的阳台上听苏格兰士兵吹风笛，在双层公共汽车上伸出手摘树顶的绿叶，享受微风中的藤椅，欣赏雨夜的霓虹灯，但无论如何也习惯不了那些刻板的淑女教程。

在这段时间的相处中，张爱玲对母亲的印象和情感也发生了微妙的变化。在这之前，张爱玲心目中的母亲，深目高鼻、薄嘴唇，长得像个外国人；她一句英文不懂，就敢远赴英国留学，还学会了油画和雕塑；她从小缠足，但照样穿高跟鞋，去阿尔卑斯山滑雪、游泳；她有着旧式名门闺秀的教养和仪态，又有西方淑女的趣味和生活方式；她象征着西洋、摩登和艺术，也代表着勇敢、自由与独立。也许是聚少离多的原因，张爱玲总是觉得母亲美丽而神秘，且有“一种生疏的刺激性”。她还发现“母亲是个清高的人，有钱的时候固然绝口不提钱，即至后来为钱逼迫得厉害的时候也还把钱看得很轻”。可是在这段亲密接触的日子里，张爱玲的感觉却不一样了。“问母亲要钱，起初是亲切有味的……可是后来，在她的窘境中三天两天伸手问她拿钱，为她的脾气磨难着，为自己的忘恩负义磨难着，那些琐屑的难堪，一点点地毁了我的爱。”尽管她知道母亲并不宽裕，可母亲在钱上的计较，却使她心中“清高”的母亲形象轰然倒塌了。她深深地意识到，“能够爱一个人爱到问他拿零用钱的程度，那是严格的试验”（《童言无忌》）。

当然，问题远不止一个“钱”字这么简单。多年后，她在《私语》中这样记述当时的感受：

> 同时看得出我母亲是为我牺牲了许多，而且一直在怀疑着我是否值得这些牺牲。我也怀疑着。常常我一个人在公寓的屋顶阳台上转来转去，西班牙式的白墙在蓝天上割出断然的条与块。仰脸向着当头的烈日，我觉得我是赤裸裸地站在天底下了，被裁判着像一切的惶惑的未成年的人，困于过度的自夸与自鄙。
>
> 这时候，母亲的家不复是柔和的了。

不错，母亲是为她牺牲了许多，可是同样出身于名门大族的母亲，也和父亲一样面临着坐吃山空的危机，也有自利的算计，尽管母亲愿意供养她，主动承担她的教育费用，但这种付出是有限的，不可能像传统的、草根阶层的母亲那样，为养育子女倾尽所有，甚至牺牲掉自己的幸福。何况母亲对她的前途心怀疑虑，对自己的付出是否值得也心生怀疑。而且，她从父亲家逃过来不久，就见到了母亲的美国男友，一向敏感的她清楚地感觉到，母亲在她之外又多了一份心思。果然，母亲又开始算计着去欧洲了，名义上是留学，实际上就是漂流，这需要花许多钱。她后来在香港大学读书时，才稍稍了解到母亲在国外的生活：用袁良骏先生的话来概括，就是吃喝玩乐谈恋爱交朋友性享受，这庶几就是中国早期的“女权主义者”和“性自由主义者”了。在《小团圆》中，和蕊秋（以母亲黄逸梵为原型）发生关系的中外男友不少于十人，甚至还暗示连九林（以弟弟张子静为原型）也是母亲的私生子。蕊秋不但厌恶乃德（以父亲张志沂为原型），对一双儿女也没有尽到一个母亲应尽的疼爱之心。九莉（以张爱玲为原型）对母亲由怨而愤，当她成为作家后，竟打算用二两黄金补偿母亲在她身上的花费，以此来了结母女亲情。对此，连楚娣（以姑姑张茂渊为原型）都不以为然。

母女关系的裂隙，使张爱玲真切地感觉到自己是“赤裸裸地站在天底下了”。这种孤单而无助的感觉，恰如她在《倾城之恋》中所描述的情景：“恍惚又是多年前，她还只十来岁的时候，看了戏出来，在倾盆大雨中和家里人挤散了。她独自站在人行道上，瞪着眼看人，人也瞪着眼看她，隔着雨淋淋的车窗，隔着一层无形的玻璃窗——无数的陌生人。人人都关在他们自己的小世界里，她撞破了头也撞不进去。”这或许就是她那时最真实的内心感受，先是父亲，后是母亲，都被这“无形的玻璃窗”隔开了，都成了熟悉的“陌生人”，她被孤零零地抛在一边，尽管天高地阔，可是她寻不到亲人了，找不到回家的路了。在此后的日子里，尽管母亲照常资助她去香港读大学，父亲也曾为她支付过一次圣约翰大学的学费，但无家可归的孤独，亲情浇薄的恐惧，乱世无常的虚无，已深深地刻印在她的生命记忆里，成了纠缠她一生的“惘惘的威胁”。

这种“惘惘的威胁”构成了张爱玲成年以后的基本心理走向。她对人世和生命怀有难以消释的怀疑和冷漠。她说这是一个“可爱又可哀的年月”。她说:“生命是残酷的。看到我们缩小又缩小的、怯怯的愿望，我总觉得有无限的惨伤。”（《我看苏青》）她还说:“生命是一袭华美的袍，爬满了虱子。”（《天才梦》）在她的生活中，生命里最温暖的亲情也充满着相互间的冷漠与隔膜。父女间的冷漠，母女间的隔膜，即便姐弟之情也在各奔东西中日渐冷落以至于无。1952 年 7 月，张爱玲悄然出走香港，行前竟没有和唯一的弟弟打一声招呼。张子静回忆说，一个月后，他从扬州出差到上海，“急急忙忙到卡尔登公寓找她。姑姑开了门，一见我就说：‘姊姊已经走了。’然后就把门关上了。我走下楼，忍不住哭了起来”[6]。在 1952 年的夏天，张爱玲就这样和她曾经倍加疼爱与呵护的弟弟永远地别离了，没有一声道别，没有一句叮嘱。这是一个寒凉彻骨的家庭，一个在世道的挤压之下分崩离析的家庭。在这个家庭里，张爱玲遭受了不应有的冷漠，也习惯了冷漠，甚至学会了冷漠。或许还有一个例外，那就是姑姑张茂渊给予她的温情。她曾经说过：“乱世的人，得过且过，没有真的家。然而我对于姑姑的家，却有一种天长地久的感觉。”（《私语》）直到生命的最后，她对姑姑仍怀着一份温馨的记忆。

可以说，在张爱玲最初的人生阶段，既有温暖的童年记忆，也有灰冷的少年记忆。这些冷暖色调的记忆交融在一起，构成了张爱玲灰暗的生命底色。她从家族的兴衰中看到了人世无常，她从身边的生活中发现了人的自私与腌臜，她从自身的遭际中体悟到生命的轻微与短暂。于是，她即将展开的生命图景里，充满着怀疑的色彩和虚无的情绪。

“五四”时代的主流文人，大多也是怀疑主义的，但他们在怀疑的同时或之后，寻到了“别的信仰”，说到底他们不过是站在怀疑主义这块巨大的垫脚石上，去寻找并拥抱新的民族国家。可张爱玲不同，世家大族的历史记忆和“生于末世运偏消”的身世之感，使她对旧朝新国有着一种近于本能的疏离和暧昧。这种拒绝选择和认同的人生姿态，使她游离于社会的边缘，沦为自生自灭的“多余人”。正是这样的身世和处境，才使她自觉不自觉地置身“世”外，对一国之内的党争派斗了无兴趣，对异国的侵略视若无睹。在动荡不休的乱世之中，她更为关心的是个人的成败得失，而民族国家的宏大理想，只是遥遥无期的来世图景。“她一心要抓住那一切可以给她带来安稳感受的事物。她特别爱钱。她特别注意那些短暂的但可以给人暂时安慰的欢乐事物。她爱热闹的音乐。她喜欢颜色、线条、气味。她不关心他人，因为她自顾尚且不暇。”[7] 她试图用这些现世生活中充满烟火气的物质享乐，为这个苍凉的世界平添一丝暖意，为乱世中的个体生命寻找一丝慰藉，借以冲淡她对人世和生命的悲观与虚无。

不管怎么说，生活还得继续。1939 年，张爱玲以远东区第一名的成绩考取英国伦敦大学，可此时正值“二战”全面爆发，英国是去不成了，她只好凭成绩单改读香港大学。

不久，张爱玲拎着母亲出洋时的旧皮箱，独自乘船去了香港，带着她 19 年沉甸甸的生命记忆，带着对未来的迷茫和期待……

/ 注释 /

[1] 张佩纶一生三娶。元配朱芷芗，生子志沧、志潜，1879 年去世。继室边粹玉，未生养，1886 年病逝于北京。张佩纶戍满回京时，李鸿章曾“分俸千金，以资归葬”。李菊耦为第三任妻子，小张佩纶 19 岁。

[2][4][6] 张子静、季季：《我的姐姐张爱玲》，吉林出版集团有限责任公司 2009 年版。

[3] 冯祖贻：《百年家族：张爱玲》，河北教育出版社 2000 年版。

[5] 袁良骏：《张爱玲的自传体小说——〈小团圆〉》，载《新文学史料》2009 年第 3 期。

[7] 张均：《张爱玲十五讲》，文化艺术出版社 2012 年版。

第二章 天才非梦

> 我是一个古怪的女孩，从小被目为天才，除了发展我的天才外别无生存的目标。然而，当童年的狂想逐渐褪色的时候，我发现我除了天才的梦之外一无所有——所有的只是天才的乖癖缺点。世人原谅瓦格涅的疏狂，可是他们不会原谅我。
>
> ——《我的天才梦》

张爱玲逃出了陈腐而阴森的父亲的家，又走出了精致、美丽却“不复柔和”的母亲的家，终于一个人踏上了自己的追梦之旅。7 年前，她就曾在自己的习作里描画过这样的梦想：小说中的“她”年轻、孤傲而酷爱自由，为追求独立自主的生活，“她”不辞而别，悄然踏上了漂泊四方的前程。“她”在留别好友的纸条上写道：“别了！人生聚散，本是常事，无论怎样，我们总有藏着泪珠撒手的一日！”（《不幸的她》）而今小说中的故事变成了现实，她真的要别了，与那个流淌在她血液里的“古老的记忆”，与爱并恨着的亲人，与橙红色的童年和伤心的少年；她只带着一个清晰复模糊的梦想，奔向千里外中国土地上的英国属地。那是一个陌生的世界，有陌生的人，陌生的事，有刺激的、犯冲的、不调和的色彩与情调，有完全独立、自在的新生活。那是她梦想升起的地方。

香港大学坐落在半山腰的一座法国修道院内。透过宿舍的窗口，可以看到不时变换着色彩的大海，在大海的对面，是隐约可见的新界的山顶。整个校园花木竞秀，鸟飞蝶舞，蝙蝠和猫头鹰在潮湿的夜空悄然滑翔，即使到了冬天，校园内外也是一派葱茏。

张爱玲来港大的时候，母亲和姑姑托她们在香港的老朋友李开弟作监护人。李开弟是姑姑张茂渊的初恋情人，二人在留洋途中相遇，一见钟情。后来各自东西，李开弟去了香港，另立家室；张茂渊回了上海始终独身。直到 1979 年，二人才重续前缘，喜结连理。张爱玲入港大不久，李开弟便转去重庆，行前转托他的朋友照应张爱玲。李开弟的这位朋友也是工程师，在港大教书，兼任男生宿舍舍监。一次张爱玲去见这位舍监和他太太，他打量了张爱玲一下，忽然笑着用福建人蹩脚的国语说："有一种鸟，叫什么……？"

张爱玲略怔了怔，笑道："鹭鸶。"

"对了。"他不好意思地笑着。

张爱玲心里想：丑小鸭变成了丑小鹭鸶，而且也不小了。是的，她长大了，尽管还只是个细长腿的鹭鸶，但她已经学会了如何把握自己。她把心思都用在功课上，为了学好英文，三年里她坚持只用英文记笔记，连给母亲和姑姑的家信，也用英文来写。同学们相约一起去游山玩水，她只是偶尔去一次，连谈天、看人之类的日常交往，心里都很不情愿，以为是糟蹋了时间。一个聪慧的人，又如此用心，自然"每一样功课总是考第一"，而且一人独得文科二年级的两个奖学金，毕业之后还有希望免费送到牛津大学深造。

港大的学生多来自东南亚诸国的富侨家庭，本地和大陆的学生也大都是富贵人家的子弟，与他们比起来，张爱玲算是穷学生了。她来香港之后，母亲就去了新加坡，大概是和她的美国男友一起去做皮货生意。做生意是需要钱的，母亲的家底本就那么点古董首饰之类的遗产，这些年国内国外地漂来漂去，已经耗费了许多，所以为张爱玲提供港大读书的费用，对母亲来说并不轻松。张爱玲也明白这些情况，因此平日里生活十分节俭。在学校里，“只有她没有自来水笔（只能用蘸水笔），总是一瓶墨水带来带去，非常触目”。（《小团圆》）为了节省开支，她不敢参加社交活动。在港大三年，她甚至连跳舞都没有学会，因为她没有多余的钱来置办跳舞的裙子。宿舍里有个叫周妙儿的女生，父亲很有钱，买了一座小岛，并在岛上建了幢豪华别墅。她邀请班上的同学去玩。去岛上要乘小轮船，来回每人要负担十几港元船费。张爱玲舍不得这份额外的支出，便向修女告假不去。修女不明就里，一再追问缘由，张爱玲只好如实相告。谁知修女又将此事告诉了院长，最后竟弄到众人皆知的境地，这令张爱玲十分难堪。

对于异常敏感的张爱玲来说，这样的难堪刻骨铭心。在回到上海两年之后，她还在梦中重复着类似的尴尬和羞窘。她在《我看苏青》里记述过这样一个梦：“梦见我又到香港去了，船到的时候是深夜，而且下大雨。我狼狈地拎着箱子上山，管理宿舍的天主教尼僧，我不敢惊醒她们，只得在黑漆漆的门洞子里过夜。(也不知道为什么我要把自己刻画得这么可怜，她们何至于这样地苛待我）风向一变，冷雨大点大点扫进来，我把一双脚直缩直缩，还是没处躲。忽然听见汽车喇叭响，来了阔客，一个施主太太带了女儿，才考进大学，以后要住读的。汽车夫砰砰拍门，宿舍里顿时灯火辉煌，我趁乱向里一钻，看见舍监，我像见晚娘似的，陪笑上前称了一声‘Sister’。她淡淡地点了点头，说：‘你也来了？’我也没有多寒暄，径自上楼，找到自己的房间。”

这个梦让张爱玲很久不能释怀，每每说起，都禁不住伤心落泪。读书期间经济没有保障的惶恐，以及因此而带来的安全感的缺失与个人尊严的损伤，都给她造成不小的心理伤害。

好在她也为自己争取到一些补偿的机会。拿到两个奖学金后，“为我母亲省下了一点钱，觉得我可以放肆一下了，就随心所欲做了一些衣服，至今也还沉溺其中”。(《童言无忌》）在家里的时候，张爱玲一直到十六七岁都没有单独到店里买过东西，她说自己没有这个习惯，也没有这个欲望。可是来港大之后，凡事都要自己处理，且没有了父母的管制和约束，她一下变得轻松、自由了许多，心情也如从阴郁的屋子里走到明朗广阔的原野上。闲暇的时候，她可以逛街看电影，可以用一些小钱买自己喜欢的小东西，也可以到处走走看看。与阴旧的上海比起来，这里的山水风物别有一番色彩与情调，蓝的海、红土的山崖、泼辣妖异的植物，以及殖民地社会的怪异风情，都给予她新鲜的刺激。

大学时代的张爱玲和炎樱

这里的人也让她觉得既陌生又有趣。她的同学多半来自英、法殖民地国家，印度的、越南的、马来西亚的、南洋华侨的子弟、英国移民的后裔、欧亚混血儿都有，他们的种族、文化背景不同，心理和行为方式也千差万别。有个叫金桃的马来西亚女孩，有许多不太文明的生活习惯，为人也有点小家子气，但张爱玲觉得她教同学们跳马来舞的样子十分可爱。她让男女同学排成两行，踏着碎步轻轻摇摆，女生挥着手帕柔声细语地唱着："沙扬啊！沙扬啊！"(马来语"爱人"的意思）金桃的歌声简单悠长，像安详的絮语，让张爱玲感受到太平盛世里人生安好的动人韵味。

青年男女们聚合在一起，也有恣意放任的时候，就如同一丛一丛的野火花，张扬着青春的活力。张爱玲在《小团圆》里描述道："夏夜，男生成群的上山散步，距她们宿舍不远便打住了。互挽着手臂排成长排，在马路上来回走，合唱流行歌。有时候也叫她们宿舍里女生的名字，叫一声，一阵杂乱的笑声。"

月女是个天真的香港女孩，曾在修道院念过书，她老是忘不掉在修道院洗浴时令人难堪甚至羞耻的情景。她父亲是个商人，后来迷上了一个不正经的女人，于是时常回家找茬打孩子。她不懂得强奸是怎么回事儿，可老是怕被强奸，整天整夜地担惊受怕，把自己弄得憔悴不堪。香港沦陷时，大家都不敢露面，月女反而倚在阳台上看排队走过的大兵，还大呼小叫地让女孩子都来看。张爱玲对这样一个娇弱而思想简单的女孩不禁心生怜惜，一个如此精神空虚的人，还满脑子奇奇怪怪的念头，偏又活在一个丝毫不简单的荒乱年月，这样单薄而脆弱的生命，怎禁得住风吹雨浸呢？

然而，对于沉静孤傲的张爱玲来说，这样的热闹里一定不会有她的身影。她晚年曾回忆说：“我是孤独惯了的，以前在大学里的时候，同学们常会说他们听不懂我在说什么，但我也不在乎。我觉得如果必须要讲，还是要讲出来的，我和一般人不太一样，但是我也不一定要和别人一样。”[1] 她不想“和别人一样”，也就很难和周围的人打成一片，只有一个人是例外，这就是炎樱。

炎樱是锡兰人，原名莫黛。“炎樱”是张爱玲为她取的名字，叫人联想到热力四射、浓烈与不合时令的叛逆。她是个性格鲜明而又大胆泼辣的女孩。港战期间，她“冒死上城去看电影——看的是五彩卡通——回宿舍后又独自在楼上洗澡，流弹打碎了浴室的玻璃窗，她还在盆里从容地泼水唱歌，舍监听见歌声，大大地发怒了。她的不在乎仿佛是对众人的恐怖的一种嘲讽”。（《烬余录》）

炎樱体形娇小而丰满，她聪慧、热情、淘气，能言善辩，又干脆利落，这些跟身材修长、性格内向、不擅言语和交往的张爱玲形成强烈的反差，也许正是这种性格的巨大差异引起了张爱玲的兴趣，她们很快就成了形影不离、无话不谈的好朋友。两个人也有许多共同的喜好，比如绘画、服装，以及看电影、逛街、买零食之类女孩子通常会有的小情趣。她们时常一起作画，张爱玲勾画，炎樱着色。张爱玲特别佩服炎樱的用色，蓝绿色的精心搭配令她想起李商隐的诗句，“沧海月明珠有泪，蓝田日暖玉生烟”，叫人有一种说不出的感伤意味。张爱玲觉得炎樱有一种大气的美，她为炎樱画过一幅肖像，许多人为之叫好，一位俄籍教授甚至愿意出五美元买下来。更为有趣的是，“炎樱也颇有做作家的意思”，这使两个人更多了一层志同道合的关系。

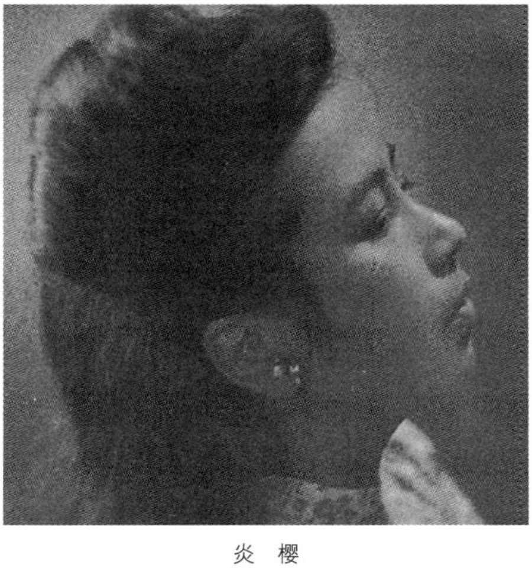

炎　樱

炎樱的家也在上海，父亲在上海做生意，母亲是中国人，她自己也能讲几句中国话。正是这种混血身份和背景，使得她在香港有许多各色人种的朋友。张爱玲时常跟着她逛街，买东西，看电影，接触到各类人物，也听闻了许多新鲜的故事。在这类学业之外的消闲活动中，张爱玲对复杂的香港社会有了更细微的观察，对乱世人生也有了更深刻的体味和思考。

一次炎樱拖她去市中心看电影，在影院门口见到一个瘦骨嶙峋的印度人。这人叫潘那矶，是炎樱父亲的朋友，个子高高，穿着件已过时一二十年的白外套。他原本是请炎樱看电影的，手里只有两张票，见她们来了两个人，便把两张票和一包东西塞到炎樱手里，神色窘迫地转身离开。炎樱要自己去补一张票，他执意不肯。进了剧院，炎樱才恍然大悟道："他带的钱只够买两张票。"

返校的路上，炎樱讲了潘先生的遭遇：他是帕西人，先前做过很大的生意。有个麦唐纳太太，本来是广东人家的养女，先后有过三任姘夫，第三次同居的是个苏格兰人，叫麦唐纳，所以自称麦唐纳太太。这位麦唐纳太太生了一大堆孩子，硬要把大女儿宓妮嫁给潘先生。那时候宓妮才 15 岁，在学校读书，不肯答应。她母亲就骑在她身上打，硬逼着嫁了过去，结果 22 岁就离了婚。有一个儿子，宓妮带着，不让潘先生见。潘先生偏偏喜欢这儿子，从此无心做生意，越来越蚀本。宓妮在洋行做事，儿子有 19 岁了，跟她像姊妹兄弟一样。

有一天宓妮请炎樱吃饭，炎樱又拖了张爱玲一起去。宓妮看上去二三十岁，穿着洋服，中等身材，体态轻盈，有点深目高鼻，薄嘴唇，张爱玲觉得宓妮的长相非常像自己的母亲。这个偶然的发现让她对母亲的血统也多了一份好奇，激发了她日后研究人种与文化的兴趣。帕西人与麦唐纳太太母女的故事，在张爱玲的脑子里潜伏浸润了好几年，最终成了小说《连环套》里的人物和情节。

香港给张爱玲观看世界提供了一个新鲜而陌生的空间，丰富了她的故事和人物，也丰富了她对乱世人生的认识。那时她恐怕不会想到，这些让她觉得新鲜和刺激的人、事、物，会在几年后陆续走进她的文学世界。在最初发表的《沉香屑：第一炉香》《沉香屑：第二炉香》《茉莉香片》《倾城之恋》等小说中，就有不少香港的景物：半山区、浅水湾、港大宿舍，以及充满着泼辣情欲的野火花。虽说那时她为了学业，暂时压抑了文学写作的冲动，但若无三年港大生活的经历，她小说里的异国情调，乖戾而苍凉的人生故事，未必会有如此真实的呈现。这正应了她自己所说的话："走马看花固然无用，即使去住两三个月，放眼搜集地方色彩，也无用，因为生活空气的浸润感染，往往是在有意无意中的，不能先有个存心。文人只须老老实实生活着，然后，如果他是个文人，他自然会把他想到的一切写出来。"（《写什么》）

在港大期间，张爱玲只用中文创作了一篇文章，这就是她早期作品里最脍炙人口的一篇——《我的天才梦》。另外还有一篇译作《谑而虐》。这样的写作成绩几乎可以忽略不计，但在张爱玲的内心深处，文学始终是她挥之不去的梦想。她对学业的专注，对英文写作的刻苦训练，就是在为自己即将开始的文学旅程默默地做着准备。据张子静回忆，张爱玲在"中学时代就梦想有一天像林语堂那样，在美国写英文小说成名，所以在香港读书期间尽量不使用中文，写信、作笔记都用英文"。[2]

林语堂是最具国际知名度的现代作家。20 世纪 30 年代初，当张爱玲在圣玛利亚女校读书时，林语堂正在《论语》《人间世》上力倡"性灵"与"幽默"，同时为《中国评论周报》英文专栏撰写文章。他的英文文章机智而幽默，得到美国著名作家赛珍珠的激赏。赛珍珠建议他写一部向西方读者讲述中国的书。林语堂经过十个月的努力，用英文写成《吾国与吾民》。赛珍珠亲自为该书作序，并将其推荐给第二任丈夫李柴特·华尔希出版。1935 年，《吾国与吾民》在美国一炮而红，四个月中就连续印刷了七次，位列畅销书榜单之首。1937 年，林语堂应出版者之请完成《生活的艺术》一书，出版后更是风靡美国，其受欢迎的程度远超《吾国与吾民》，重印四十多版，并被译成十几种文字，一时之间，林语堂成了爆红于国际的著名作家。

林语堂

如日中天的林语堂，自然成了怀揣文学梦想的张爱玲的超级偶像。当时，张爱玲正受着母亲和姑姑的影响，对西方的一切充满好奇和向往，而林语堂在西方世界获得的成功，也就格外令这个十六七岁的中学生神往。尤其林语堂是从上海圣约翰大学走出去的学生。这所大学和张爱玲就读的圣玛利亚女校，同属美国圣公会创办的大学预科性质的学校。这些学校中成绩优异的学生，有机会到英美著名大学深造。林语堂就是在 1916 年以第二名的优异成绩，由校方推荐到清华学校任英文教员，然后又由清华资助，进入美国哈佛大学比较文学研究所深造。林语堂的成长经历和成才道路，让张爱玲觉得她心中的偶像并不神秘，理想也并非遥不可及。而眼下，张爱玲正是走在这样一条留学之路上，一步一步接近着自己的文学梦想。

更有意思的是，二人都酷爱《红楼梦》。林语堂曾想把《红楼梦》译成英文，但反复思量又觉得条件不成熟，于是采用《红楼梦》的笔法，写了一部现代版的《红楼梦》——英文小说《京华烟云》。而张爱玲呢，小小年纪，已把《红楼梦》读得烂熟，也无师自通地写了一部《摩登红楼梦》。这一偶然巧合的同嗜同好，无形之中进一步拉近了两人的距离。从林语堂身上，张爱玲似乎看到了自己的未来。林语堂从《红楼梦》中获得启示和灵感，成功地写出第一部小说《京华烟云》；张爱玲在她日后的小说创作中，更是从人物、技法、语言甚至服饰穿着这类细枝末节上效仿《红楼梦》。到了晚年，二人都致力于《红楼梦》研究。林语堂先后写了《平心论高鹗》的六万字长篇论文和一系列短文，还英译了《红楼梦》(未出版)，了却了平生夙愿。张爱玲则十年如一日，完成了《红楼梦魇》一书。

这篇《我的天才梦》，是专为参加《西风》杂志创刊三周年的征文比赛而创作的。《西风》创刊于 1936 年 9 月，它以“译述西洋杂志精华，介绍欧美人生社会”为宗旨，强调趣味性、可读性，栏目五花八门，风格近于美国的《读者文摘》。林语堂在发刊词中说：“每读西洋杂志文章，而感其取材之丰富，文体之活泼，与范围之广大，皆足为吾国杂志模范。又回读我国杂志，而叹其取材之单调，文体之刻板，及范围之拘束，因每愤而有起办《西风》之志。”当时倾慕西式生活方式的中上层体面人家，常以读《西风》为时髦。《西风》还聘请林语堂做首席顾问，并率

以《天才梦》为书名出版的文集封面

先将他的《生活的艺术》一书译成中文，在杂志上连载。这大概也是张爱玲关注这份杂志的重要原因。

《我的天才梦》在近七百篇征文中脱颖而出。文章寄出不久，张爱玲就接到《西风》杂志社的通知，说她“得了首奖，就像买彩票中了头奖一样”。可等到获奖名单正式公布时，却连前十名都未进入，只获得三个荣誉奖中的第三名。[3] 这一出尔反尔的结果让张爱玲耿耿于怀，十分“怨愤”，半个世纪后仍把这事看作“一只神经死了的蛀牙”，败坏了她对获奖“应有的喜悦”。但文章到底还是得到了认可，并与其他获奖作品一起出版面世，书名即采用张爱玲文章的标题《天才梦》。

在《我的天才梦》一文中，张爱玲以揶揄的笔调来讲述自己的天才梦。她说：“我是一个古怪的女孩，从小被目为天才，除了发展我的天才外别无生存的目标。然而，当童年的狂想逐渐褪色的时候，我发现我除了天才的梦之外一无所有——所有的只是天才的乖癖缺点。”天才而乖癖，这似乎是一个问题。她最初在文学方面展露了自己的天才：3 岁会背唐诗，7 岁就写了两个关于家庭和失恋悲剧的小说，8 岁又尝试写了一部类似乌托邦的小说。她对色彩、音符、字眼极为敏感，想象力也超乎常人，这些艺术家必备的天分她都具有，完全可以在艺术的领域里自由选择。9 岁时她踌躇着不知道应当选择音乐还是美术做自己的终身的职业，当看了一部描写穷困画家的影片后，她哭了一场，决定做一个钢琴家，在富丽堂皇的音乐厅里演奏。

可是，这个天赋异秉的神童却是生活上的低能儿，她不谙女红，怕与人打交道，也不懂日常生活中的种种常识，在现实的社会里，俨然一个“废物”。这些“乖癖缺点”让她心生烦恼，但她能从日常生活里发现美，享受美，“在没有人与人交接的场合，我充满了生命的欢悦”。如果“生命是一袭华美的袍”，那么，那些“乖癖缺点”就如同袍里的虱子，给人带来“咬啮性的小烦恼”。

张爱玲是俏皮的、机灵的，她以不无风趣的揶揄语调，讲述自己的“天才”和梦想，曲折含蓄地表达了对自己的天分和追求的那份自信与肯定。

张爱玲的音乐梦，因得不到父亲在金钱上的充分支持，最终不了了之。她在美术上的努力，虽有所成就，但终究不是她牵挂一生的事业。唯有文学成了她一生的追求，给她带来荣耀，也给她带来无尽的烦恼和磨难。

如果执意要把张爱玲说成一个文学神童，那么我们在她的散文《存稿》中，可以发现她学步的足印。从这些歪歪扭扭甚至残缺不全的足迹中，可以看出她在文学上异乎常人的早慧和天分。她“从初识字的时候起，尝试过各种不同体裁的小说，如‘今古奇观’体，演义体，笔记体，鸳蝴派，正统新文艺派等”[4]。7 岁写的第一篇小说是一个家庭伦理悲剧，写一个小康之家，哥哥出门经商去了，小姑乘机设下计策来陷害嫂嫂。写的时候，遇到笔画复杂的字，就跑去问她家的厨子怎么写。但故事刚开了个头就放下了，转而去写一篇历史小说，开头套用章回小说的句式“话说隋末唐初的时候”。她觉得那是一个兴兴轰轰的时代，应该有许多轰轰烈烈的故事。她用墨笔在一个旧账簿上写满了一张，就再也没能继续下去。

8 岁的时候，她写了一篇类似乌托邦的小说，题名《快乐村》。“快乐村是一好战的高原民族，因克服苗人有功，蒙中国皇帝特许，免征赋税，并予自治权。所以快乐村是一个与外界隔绝的大家庭，自耕自织，保存着部落时代的活泼文化。”（《天才梦》）她还特意为这个快乐村画了多幅插图，介绍这种理想社会的服务、建筑、室内装修，包括图书馆、演武厅、巧克力店、屋顶花园。公共餐厅是荷花池里一座凉亭。她特地把半打练习簿缝在一起，预期一本洋洋大作，可是不久她就对这一“伟大”题材失去了兴趣。

9 岁时，她“开始向编辑先生进攻了”，散文集《流言》中收录了她当时的一封投稿信。信中写道：

记者先生：我今年 9 岁，因为英文不够，所以还没进学堂。现在先在家里补英文，明年大约可以考四年级了。前天我看到附刊编辑室的启事，我想起我在杭州的日记来，所以寄给你看看，不知你可嫌它太长了不？我常常喜欢画画子，可是不像你们报上那天登的孙中山的儿子那一流的画子，是娃娃古装的人。喜欢填颜色，你如果要我就寄给你看看。

稿子投到上海《新闻报》，并未得到回应，但她仍然兴致不减。刚进入圣玛利亚女校读书时，她在课业之外继续写小说，终于写成一篇有头有尾的故事。这是一个由三角恋而酿成悲剧的故事，表姐芳婷爱上了女主角素贞的情人，结果素贞愤而投水自杀。小说用铅笔写在一本笔记簿上，同学们睡在蚊帐里传阅翻看，摩来摩去，字迹都擦模糊了。故事中的负心汉叫殷梅生，班上一个姓殷的同学很不乐意地说："他怎么也姓殷？"提起笔来就改成了王梅生，张爱玲又改回来，这样改来改去，纸也擦穿了。

在学校里作文，另有一种新的台阁体写法，大约就是当时流行的新文艺腔，矫揉造作，"哟"声连连，张爱玲也写了一篇这种风格的小说，题目是《理想中的理想村》，其中一行警句："那醉人的春风，把我化成了石像在你的门前。"多年之后，她读到这个翻译体的欧化句子，禁不住大摇其头，简直不相信是自己写的。事实上即便在当时，张爱玲也不喜欢这种张资平式的文风，但风气所趋，也不免用几个情感洋溢的"哟"字。张爱玲记得："我有个要好的同学，她姓张，我也姓张；她喜欢张资平，我喜欢张恨水，两人时常争辩着。"（《存稿》）这位要好的张姓同学叫张如谨，是圣玛利亚校刊《凤藻》的编辑，高中时写过一部长篇小说《若馨》，张爱玲还写了一篇《〈若馨〉评》发到校刊上。张如谨后来结了婚，不再写作。张爱玲对此十分惋惜，在毕业年刊上的调查表"最

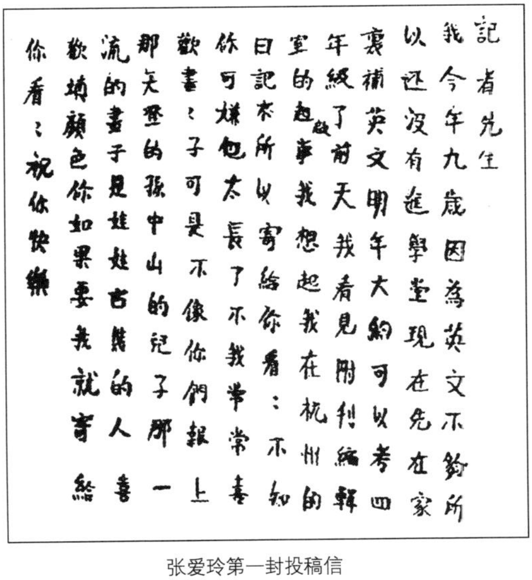
記者先生
我今年九歲因為英文不夠所以還沒有進學堂現在先在家裏補英文明年大約可以考四年級了前天我看見附刊編輯室的啟事我想起我在杭州的日記來所以寄給你看看不知你可嫌他太長了不我常常喜歡畫畫子可是不像你們報上那天登的孫中山的兒子那一流的畫子是娃娃古裝的人喜歡填顏色你如果要我就寄給你看看祝你快樂

张爱玲第一封投稿信

恨”一栏里，她写道：“一个天才的女子忽然结了婚。”

读中学时，张爱玲写了部长篇小说《摩登红楼梦》。这是一部纯粹鸳蝴派的章回体小说，回目由父亲代为拟定，共计六回：“沧桑变幻宝黛住层楼，鸡犬升仙贾琏膺景命”；“弭讼端覆雨翻云，赛时装嗔莺叱燕”；“收放心浪子别闺帏，假虔诚情郎参教典”；“萍梗天涯有情成眷属，凄凉泉路同命做鸳鸯”；“音问浮沉良朋空洒泪，波光骀荡情侣共嬉春”；“陷阱设康衢娇娃蹈险，骊歌惊别梦游子伤怀”。这是一部现代版的《红楼梦》，贾府里的一干人穿越时空，来到20世纪30年代的上海，贾政乘上了火车，贾琏当了铁道局长，尤二姐请下律师要控告贾琏诱奸遗弃，主席夫人贾元春主持新生活时装表演，芳官藕官加入歌舞团，引来贾珍父子的追求；宝玉闹着要和黛玉一同出洋，未获准许，两人便负气出走，贾母王夫人只好答应。这个“大话”红楼的故事热热闹闹，颇具娱乐性，细究也无甚主旨深蕴，但其语言相当老成，叙事对话有板有眼，与原作颇有几分神似。如对贾琏得官、凤姐置酒相庆一段的描写：

> 凤姐自己坐了主席，又望着平儿笑道：“你今天也来快活快活，别拘礼了，坐到一块乐一乐吧！”三人传杯递盏……贾琏道：“这两年不知闹了多少饥荒，如今可好了……”凤姐瞅了他一眼道：“钱留在手里要咬手的，快去多讨两个小老婆罢！”贾琏哈哈大笑道：“奶奶放心，有了你和平儿这两个美人胎子，我还讨什么小老婆呢？”凤姐冷笑道：“二爷过奖了！你自有你的心心念念睡里梦里都不忘记的心上人放在沁园村小公馆里，还装什么假惺惺呢？大家心里都是透亮的了！”贾琏忙道：“尤家的自从你去闹了一场之后，我听了你的劝告，一趟也没有去过，这是丰儿可以作证人的。”凤姐道：“除了她，你外面还不知养着几个堂子里的呢！我明儿打听明白了来和你仔仔细细算一笔总账！”平儿见他俩话又岔到斜里去了，连忙打了个岔混了过去。（《存稿》）

张爱玲的这些习作，大多未能终篇，虽见一定的文字功底，亦不过是文学爱好者的乘兴之作，只能在同学和家人之间传观，但这对她的写作能力无疑是个很好的锻炼。在圣玛利亚女校的几年间，她还写了不少“较雅驯的东西”，发表在学校的年刊《凤藻》和本校“国光会”主办的《国光》上，其中有散文、小说，也有文学和电影评论。短篇小说《不幸的她》，刊于1932年《凤藻》总第12期，据考是迄今发现的张爱玲最早发表的作品，只一千四百余字，是一篇极短的小说。随后还发表了散文《迟暮》、《秋雨》，影评《论卡通画之前途》，小说评论《〈若馨〉评》，以及英文小品《牧羊者素描》和《心愿》等。《牛》和《霸王别姬》则分别发表在《国光》创刊号和第9期上，张爱玲称这两篇作品是“新文艺腔很重的小说”。

张爱玲说：“《牛》可以代表一般‘爱好文艺’的都市青年描写农村的作品，也许其志可嘉，但是我看了总觉不耐烦。”(《存稿》）20世纪30年代正是乡村小说大行其道的时代，主流知识分子大多从对底层民众的同情中获取道德力量，寻求民族国家理想的合法性依据。身居教会校园的张爱玲虽对乡村生活不甚了了，也不免受此风气影响，依样画葫芦地写了这篇《牛》。小说写农人禄兴家道艰难卖掉了自己的耕牛，来春只好拿出自家的两只鸡租牛耕田，谁知蛮牛不听使唤，将禄兴顶翻刺死。最后是牛没了，鸡没了，人也没了。禄兴娘子“哭得打噎——她觉得她一生中遇到的可恋的东西都长了翅膀，在凉润的晚风中渐渐飞去”。“展开在禄兴娘子面前的生命就是一个漫漫的长夜——缺少了吱吱咯咯的鸡声和禄兴的高大的在灯前晃来晃去的影子的晚上，该是多么寂寞的晚上呵！”(《存稿》)

这篇小说是《国光》创刊号的重头文章，编者十分看重，在《编辑室谈话》中作了特别说明：“本期里张爱玲君的《牛》是难得的收获，编者除向张君表示谢意外，特别推荐给读者。”同期还刊载了张爱玲的三篇读书札记，分别冠以《读书报告》、《书评》和《书籍介绍》的小标题，评论林纾译《烟水愁城录》、林疑今著《无轨列车》和丁玲著《在黑暗中》三本书。文章虽篇幅短小，却显示出张爱玲准确的判断力和鉴赏力。她认为丁玲的小说有着“特殊的简练有力的风格”，称赞《莎菲女士的日记》“细腻的心理描写、强烈的个性、颓废美丽的生活都写得极好。女主角那矛盾的浪漫的个性，可以代表‘五四’运动时代一般感到新旧思想冲突的苦闷的女性们”。而对《梦珂》则提出了大胆的批评，认为这篇小说文笔散漫枯涩，主旨模糊。

《霸王别姬》是一篇历史小说，其思想和技巧都强过《牛》。据张爱玲的中学老师汪宏声说，这篇小说“大概是受了我在课上介绍历史小品之后根据《项羽本纪》写的”[5]。小说独辟蹊径，以现代眼光重新审视这个家喻户晓的历史故事。依然是英雄美人，依然是四面楚歌气短情长的悲剧情节，张爱玲却并不着力于英雄的悲怆，而是以细腻的笔触揭示虞姬的内心世界：一场酣战之后项羽睡去，虞姬走出帐篷，倚着营寨的栅栏陷入沉思：“十余年来，她以他的壮志为她的壮志，她以他的胜利为她的胜利，他的痛苦为她的痛苦。然而每逢他睡了，她独自掌了蜡烛出来巡营的时候，她开始想起她个人的事来了。她怀疑她这样生存在世界上的目标究竟是什么。他活着，为了他的壮志而活着。他知道怎样运用他的佩刀、他的长矛和他的江东弟子去获得他的冠冕。然而她呢？她仅仅是他的高亢的英雄的呼啸的一个微弱的回声，轻下去，轻下去，终于死寂了。”现在，他是她的太阳，她是月亮，反射他的光。果真有一天他得了天下，有了三宫六院，便有无数的流星飞入他们的天宇，到那时即使她做了贵妃，前途也未可乐观。虞姬不肯随项羽突围，怕分了他的心，拔出刀来刺进自己的胸膛。她躺在项王的怀里，用最后一丝力气说了一句他听不懂的话：“我比较喜欢那样的收梢。”

编者在该期“编辑室谈话”中，对这篇小说作了很高的评价：

> 爱玲君的《霸王别姬》用新的手法新的意义，重述了我们历史上最有名的英雄美人故事，写来气魄雄豪，说得上是一篇“力作”。编者曾看过郭沫若用同样题材写的《楚霸王自杀》，爱玲君的作品决不会因了文坛巨人的大名而就此掩住的，所以编者在这里说一声老三老四的话：“爱玲勉之！”

《霸王别姬》刊出后，也得到国文老师汪宏声的赞许，他在《记张爱玲》一文中提到，这篇小说“技巧之成熟使全校师生为之吃惊。我在上课时大加赞赏，说爱玲的《霸王别姬》与郭沫若的《楚霸王之死》相比较，简直可以说一声有过之无不及”。如此高的评价，大概有老师对弟子偏爱与鼓励的成分，但也表明此时张爱玲的写作才能已相当突出。

张爱玲1931年秋至1937年夏就读于圣玛利亚女校。在这所贵族化的教会学校里，学生大都家境优裕，“在这样的学校环境里产生的毕业生，往往是装束入时，每晚出入于舞厅、大饭店之门的社会交际花或买办资产阶级与外交官的太太之类，英语说得熟极而流，而欲以本国文字发表则是连一张便条也写不通的”[6]。也就是说，这所学校并不重视中文教育，至于中文写作的教育，更是无从谈起。即便有几个张如谨这样颇具天分的文学爱好者，也大多把写作当成自娱和消遣，并不指望以此谋生，一旦有好的去处，便毫不犹豫地弃之而去。张如谨就早早地嫁了人，让好友张爱玲为此恨恨不已。所幸张爱玲没有随波逐流，她有更浓厚的文学情结，当一个作家是她最绚丽的梦想，尽管这个梦让她痛苦而纠结，如她在《天才梦》里所诉说的那样。

1936年，学校里冷清的文学气氛有了意外的改变。这年秋天，汪宏声出任中文部主任兼高中国文教师，为了扭转重英文、轻国文的畸形教育现状，他大力改订国文课程，首开“中国新文学”选修课，并采用与学生互相讨论的新教学方法；同时在校图书馆添置大量中文书刊，鼓励学生课外阅读和写作，提倡作文自由命题。他还“发动出版卅二开的小型刊物，题名曰《国光》”，“努力为学生争取用本国文字发表的机会”[7]。对张爱玲来说，汪宏声的这些举措可谓正中下怀，她后来曾说：“中学时代的先生我最喜欢的一个是汪宏声先生，教授法新颖，人又是非常好的。”[8]而汪宏声也对张爱玲的作文大为推重，赞其为文感情真挚，文笔“绚烂瑰丽”，多次向全班学生推荐，并鼓励她向《国光》投稿。张爱玲虽不是在《国光》上发文最多的作者，却是老师和同学最为看重的一人。

毫无疑问，中学期间较为严谨的文学训练，为日后张爱玲的创作打下了坚实的基础。然而一个作家的成长是由多种因素促成的，回观张爱玲的文学创作历程，可以清楚地发现她幼时所受的良好教育，尤其是家庭文学氛围的熏陶，则是她走上文学之路的直接诱因。优裕的物质生活，丰厚的家族文化底蕴，都为张爱玲的文学启蒙提供了优越的条件和背景。与她的生活直接相关的李氏和张氏两个家族，都是科举入仕的翰苑之家。李鸿章24岁中进士，27岁授翰林院编修，生前就编有文集行世。张氏家族中，张爱玲的曾祖张印塘举人出身，祖父张佩纶 23 岁中进士，同年授翰林院编修。张佩纶后来官场失意，仍不失学者的坚守，在流放期间研习不倦，留下大量的著述刊布于世。张爱玲的这些先人们都是他们那个时代最成功的读书人，正是他们的努力和发达，才使一个普通的书香门第，最终成了煊赫一时的名门巨族。

张爱玲从小就对自己的家族充满好奇，读小学时便抱着历史小说《孽海花》读来读去，[9] 试图从中读出先人的面目，寻索到先人的事迹。有时她向父亲求证爷爷的事，父亲则悻悻地说："爷爷的全集在这里，自己去看好了。"她在《对照记》中记述了自己阅读爷爷文集的情形：

> 几部书页较小的暗蓝布套的线装书。薄薄的一本本诗文奏章信札，充满了我不知道的典故，看了半天看得头昏脑涨，也看不出所以然来。……他（张佩纶）的诗属于艰深的江西诗派，我只看懂了两句："秋色无南北，人心自浅深。"我想是写异乡人不吸收的空虚怅惘。有时候会印象淡薄得没有印象，也就是所谓"天涯若梦中行耳"。

她还听姑姑说："爷爷奶奶唱和的诗集都是爷爷作的，奶奶就只有一首集句是她自己作的：四十明朝过，犹为世网萦。蹉跎暮容色，煊赫旧家声。"令她更为新奇的是爷爷和奶奶还曾合写过一部武侠小说《紫绡记》。没人知道这些林林总总的"家学"，在多大程度上催生了张爱玲的文学梦，但有一点是可以肯定的：先人的气韵与性情，古旧的文墨和书香，正是通过她孩童时充满好奇的阅读和寻索，悄然进入了她的血液。

张家的子弟都受过极好的教育，这是书香大族的传统和风气。张爱玲的父亲和姑姑在发蒙之初，家中便按习惯请了塾师来教授读书习文之道，也请了懂西学的人教外文，为的是子弟们能继承先人的事业，所以父亲与姑姑的旧学根底和英文都不错。父亲一生不事生产，中年以前的大部分时光都在书房里消磨。他历史知识丰富，阅读趣味广泛，不仅喜欢古典文学，也读张恨水等人的流行小说。《胡适文存》这类学人专著他也爱看，原版外国文学作品和英文报刊，也在他涉猎的范围之内。据张爱玲讲，父亲在担任津浦铁路局英文秘书期间，她曾看到家里有本萧伯纳的《心碎之屋》，空白处留有他的英文题识："天津，华北。一九二六。三十二号路六十一号。李提摩太·C.张。"父亲广泛的阅读兴趣和丰富的藏书，为张爱玲幼年时的文学阅读做了很好的示范，也提供了充足的便利。可以说，"张爱玲的文学天赋得以发挥，他的早期'诗教'起了很大作用。很多重要的文学作品，少年张爱玲正是从他的书案上拿看甚至偷看的"[10]。张爱玲曾说："我是熟读《红楼梦》的，但我同时也曾熟读《老残游记》《醒世姻缘》《金瓶梅》《海上花列传》《歇浦潮》《二马》《离婚》《日出》。"[11]这个书单上的半数作品，都是在父亲的书房里拿看的。她还在父亲的书桌上读到《胡适文存》，了解了胡适的文学观念，这才有了后来二人之间的文学交流。

应该说，父亲很早就发现了张爱玲的文学天分，为鼓励女儿更自由地读书，他从不干涉女儿到自己的书房里看书，还时常和她谈一些读书的感想。张子静在《我的姐姐张爱玲》一书中回忆："我记得姐姐最爱谈的是《红楼梦》。曹雪芹创作这部书的时代背景，他的家庭以及书中主要人物的刻画，我父亲都曾详细地分析给她听。关于高鹗的续作，他们谈论得最多。"张爱玲还说："我父亲对于我的作文很得意，曾经鼓励我学做诗。一共做过三首七绝，第二首咏《夏雨》，有两句经先生浓圈密点，所以我也认为很好了：'声如羯鼓催花发，带雨莲开第一支。'第三首咏花木兰，太不像样，就没有兴致再学下去了。"（《私语》）对于张爱玲的写作爱好，父亲总是以不同的方式给予关心和支持。她14岁时的习作《摩登红楼梦》，回目就是父亲代拟的，每个回目由偶句构成，或七言或八言或九言，规整如联语，由此可看出父亲对她写作热情的呵护，也显示出父亲的旧学素养。

姑姑是新派女性，也酷爱读书。张爱玲在《忆胡适之》一文中曾说道："我姑姑有个时期跟我父亲借书看，后来兄妹闹翻了不来往，我父亲有一次忸怩地笑着咕噜了一声：'你姑姑有两本书还没还我。'我姑姑也有一次有点不好意思地说：'这本《胡适文存》还是他的。'还有一本萧伯纳的《圣女贞德》，德国出版的，她很喜欢那米色的袖珍本，说：'他这套书倒是好。'"(《忆胡适之》）从张爱玲透露的这些细节中，可以看出姑姑读书的喜好。在张爱玲的心目中，姑姑大概是唯一一个让她感到温暖的亲人，她不仅喜欢姑姑独立自存的职业女性的生活方式，还特别佩服姑姑的锐思智语（张爱玲曾写过一篇《姑姑语录》的散文），在她成为职业作家后，姑姑又成了她的文学知己——她作品的第一个重要读者。

而她的母亲，也对文学有着持久的热情，“《小说月报》上正登着老舍的《二马》，杂志每月寄到了。我母亲坐在抽水马桶上看，一面笑，一面读出来，我靠在门框上笑。所以到现在我还是喜欢《二马》，虽然老舍后来的《离婚》《火车》全比《二马》好得多。”（《私语》）母亲也是她最有耐心的文学启蒙者。张爱玲7岁时写过一个女郎因失恋从上海跑到西湖自杀的故事，母亲批评说：如果她要自杀，决不会从上海乘火车到西湖去自溺。母亲说的是小说情节的合理性问题，可是张爱玲还不懂这类基本的文学常识，仍然“因为西湖诗意的背景，终于固执地保存了这一点”（《天才梦》）。

提到张爱玲的成长，弟弟张子静说过这样的话：“在她发展天才梦的过程中，我母亲与我父亲的角色是推动者，我姑姑的角色则是照顾者。这三个人对姐姐文学志业的发展，每一阶段都有很深的影响。”[12]虽说张爱玲的父母在养育子女上皆有自私的成分，也有不甚尽责的失误，但在对张爱玲文学才华的呵护和培育上，应该说是尽了各自的一份心力的。正如有论者指出的那样：“从幼儿时代起，张爱玲便在父母对立的夹缝中成长，父母唯一的共同点是喜欢文学，因此，文学成为张爱玲生命中唯一肯定的、一贯的、持续的存在，成为她一生唯一的支柱。”[13]

除了家庭的文学熏陶之外，张爱玲就读的圣玛利亚女校、香港大学，也都是当时极少数人才能享有的优质教育资源，这些都为她“发展天才梦”提供了良好的条件。同时，辉煌不再的世家大族给她带来的失落和不安，少年时代家庭生活的种种不愉快，乃至家族生活方式的浮华与纷扰，也使内向、早慧、敏感、多思的她对世事人生有了更多的体味，对复杂的人性有了更为深刻的观察，这可能是促成她文学写作的重要动因——书写个人成长的深刻记忆。

从表面上看，张爱玲的家世经历并不复杂，然而超乎常人的早熟和敏感，却使她从看似狭小的家族生活中获得了深刻的人性体验，进而形成了相对完整的经验世界。世家大族的生活看似光鲜体面，也不无热闹，然而各房之间，嫡庶之间，为了地位名分，为了族房田产，往往形成或明或暗的纷争。尤其是姑嫂婆媳，周旋于狭小的生活空间，更易陷入没完没了的算计之中。张爱玲自小就生活在这样的家庭环境里。她的二伯父张志潜与父亲和姑姑分家时，欺弟妹年少，乘机多占家产，后来兄妹三人对簿公堂，双方争着贿赂法官。其后父亲为了自己的利益私下与二伯父言和，最后姑姑败诉，一无所获。张爱玲的父母之间也彼此算计。母亲提出离婚时，父亲故意不拿家用钱，想逼着母亲把自己的钱花光，断了她离婚的后路。如此这般的争斗和算计，最终使兄妹反目，夫妻离异。据张子静回忆，1953年父亲去世时，他打电话告诉姑姑，姑姑只“哦”了一声，就把电话挂断了，终究未到跟前看一眼。兄妹情薄，以至于此。张均先生把家族生活中晦暗的这一面概括为一种“文化”。他说：“在此类文化中，亲戚盼的不是对方的幸福欢悦，而是希望听到他们的笑话，找到嘲讽和满足的机会。生长于此类文化中的人，面对社会时也往往情感淡薄，对国家、民族无甚兴致。他们中间有魅力的男人是善于弄钱、擅于‘高等调情’，有智慧的女人是能够将这样的男人抓在手里，读大学没什么价值，但可以增点面子，多交点朋友，‘做事’就是‘出山’(做官)，而不是做什么教师、职员，那太丢人，也不济事，如无官做，大家就都‘赋闲’着。至于‘五四’‘五卅’‘抗日’啊，那都是‘外头的人’，头脑简单闹着玩的……”[14]家族生活中世故冷漠的这一面，使张爱玲感受到“惘惘的威胁”和不安，也深刻地影响了她对他人、社会及政治的基本态度。

张爱玲对人性的幽深和人与人之间的利益纠葛，有着近乎本能的敏感。据张子静回忆：“我姐姐早慧，观察敏锐，那么幼小的年纪，已经知道保姆的勾心斗角，从而‘想到男女平等的问题’。我虽只比她小一岁，对这些事一直是懵懂无知的，觉得保姆都差不多：无非是照顾我们起居生活，吃饱穿暖，陪我们玩耍，不让我们去打扰大人的生活。她的天赋资质本来就比我优厚。”[15]诸如此类的世相观察和体验，不仅悄无声息地形塑着张爱玲的人生态度和价值取向，同时也成为她创作素材及创作灵感的源泉。

在去香港之前，张爱玲一直处在家族生活的狭小天地里，因此家族日常生活中的应酬往来、婚丧嫁娶，以及日子的贫富穷通，遗老遗少的恩怨情仇、荒唐正经……都在她敏锐的旁观静察中凝聚成宝贵的阅世经验。比如她在很小的时候，就被父亲或用人带了出入暧昧的场所，使之小小年纪就熟悉了欢场的规矩、习俗，乃至打情骂俏的隐喻。诸如此类的生活印象和经验，如涓涓细流融汇为她对生活的主观感受，幻化成她未来虚构世界里的生动场景、鲜活感觉和原汁原味的人生故事。

旧式家族生活的经历和由此而生成的个人经验，在张爱玲的早期习作中就有所体现。散文《迟暮》写一个“曾经在海外壮游，在崇山峻岭上长啸，在冻港内滑冰，在广座里高谈”，如今红颜老去的中年妇人“黄卷青灯，美人迟暮，千古一辙”的喟叹。文中的妇人，或许与她那时对母亲的观察和“辽远而神秘”的想象不无关联。

步入文坛之初，张爱玲主要从她的经验世界里寻找素材和灵感。她曾在《谈看书》一文中说：“在西方近人有这句话：‘一切好的文艺都是传记性的。’当然事实不过是原料，我是对创作苛求，而对原料非常爱好，并不是‘尊重事实’，是偏嗜它特有的一种韵味，其实也就是人生味。”而她能体味出“人生味”的“事实”，差不多都在她置身其中的旧式家族生活里。她承认小说集《传奇》中的人物和故事大都“各有其本”，其中多数脱胎于她所熟悉的遗老遗少们的故事。张子静则认为，张爱玲小说的这一取材特点，可能与她的创作动机紧密相关。他说：“我们从小就活在遗老、遗少的家庭阴影中，见到、听到的，都是那些病态的人、病态的事。

张爱玲自绘的《金锁记》中的人物曹七巧

张爱玲自绘的《金锁记》中的人物姜长安

在我的感觉里，这种阴影是我姐姐和我，以及我的表哥、表姐、表弟、表妹这一代人最沉重的压力。因为我们生活的上空一直浮荡着黑色的云雾，让人觉得苦闷，有时几乎要窒息。”“我姐姐的这些小说，是她宣泄这种苦闷的一种方式。”[16]

不管怎么说，“她的小说人物，可说俯拾即来，和现实人物的距离只有半步之遥。在她生活周边的知情者，一看她的小说就知道她写的是哪一家的哪一个人”[17]。张子静在《我的姐姐张爱玲》一书中回忆说：“我一看就知道，《金锁记》的故事、人物，脱胎于李鸿章次子李经述的家中。因为在那之前很多年，我姐姐和我就已经走进《金锁记》的现实生活中，和小说里的‘曹七巧’‘三爷’‘长安’‘长白’打过照面。”小说中的二爷，是李国杰的三弟李国罴，“天生残废（软骨症），又其貌不扬，不易娶到门当户对的官家女子。眼看找不到孙媳妇，这一房的香火就要断绝”，于是找了一个乡下姑娘。这姑娘就是小说中的曹七巧，丈夫死后分了家，带了一子一女搬到威海路的一栋二层楼房里住。张爱玲姐弟喊这曹七巧“三妈妈”，而长安是“康姐姐”，长白是“琳表哥”。这琳表哥“号李玉良，长得马脸猴腮，说话油腔滑调。有一个时期，他常到我家来和我父亲一起吸大烟，两人在烟榻上海阔天空胡聊一气”。李国杰的妻子（大奶奶玳珍）“出身清末御史杨崇伊的家中。当年名门婚嫁，都由父母安排做主；这位大奶奶相貌平平，难获李国杰的宠爱。李国杰被杀后，她就带着独子过着寡居的生活。晚年的时候，家境也不怎么宽裕，没事就常到几个谈得来的亲戚家中串门子，说些家族往事和变化，借此散散心。我姐姐就是从她的闲谈中，得知外人不知道的李鸿章大家庭中的秘密韵事”。后来这位寡居亲戚的经历，就变成了《小艾》中景藩和五太太的故事。张爱玲也曾说过，《花凋》是写她舅舅家的表妹，《创世纪》是写她祖母的妹妹。

家庭的文学熏陶，学校的写作训练，个人的成长记忆，人性的幽微体察，丰满了张爱玲的文学羽翼，她要张开梦想的翅膀，向着广远深邃的天空飞翔。《我的天才梦》就是张爱玲的第一声啼鸣，第一次振翅。

1941年，《我的天才梦》由上海西风出版社出版，同年6月，她又在上海《西书精华》第6期发表了译作《谑而虐》。[18] 正当张爱玲的文学梦渐次展开之时，12 月 18 日，太平洋战争爆发，日军对香港发动进攻，18 天后，香港沦陷。香港之战不仅中断了她的学业，也扰乱了她的文学梦。然而，也许正是香港的陷落成全了她。她对从小就浸淫其中的家族生活体察入微，熟稔无比，而对广阔的社会生活却少有直接的接触。来港大之后，她虽于校园内外，积累了一些阅人阅世的新鲜经验，但让她始料未及的是，战争一下子将常态下的社会生活撕开，把血淋淋的世界呈现在了她的眼前，使她在“身世之感”以外，对战乱中的世态人性有了更为真切的体验。

在战争中，张爱玲体验到了人生的安稳何其脆弱。她回忆围城中的感受时这样说：“什么都是模糊，瑟缩，靠不住。回不了家，等回去了，也许家已经不存在了。房子可以毁掉，钱转眼可以成废纸，人可以死，自己更是朝不保暮。像唐诗上的‘凄凄去亲爱，泛泛人烟雾’，可是那到底不像这里的无牵无挂的虚空与绝望。”（《烬余录》）先前家庭生活的遭际，使她觉得自己是“赤裸裸地站在天底下”，而在远离家乡的香港，面对硝烟弥漫的世界，她更强烈地感受到了求安稳而不得的虚空与绝望。她真切地意识到，在人类集体制造的社会动荡面前，个人就如同一粒微不足道的草芥，只能听命于不可知力量的拨弄，根本无从掌控自己的命运。

佛朗士教授的死，让她对个人命运的沉浮变幻，产生了更深的惶惑和迷惘。佛朗士教授是被他们自己人打死的。像其他英国人一样，港战爆发后，他也被征入伍。那天，他在黄昏后回到军营里去，大约是在思索着一些什么问题，没听见哨兵的吆喝，哨兵就开了枪。

佛朗士是张爱玲最喜欢的一位港大教授，他豁达幽默，颇有点不拘细谨的名士做派。他能写一手不错的中国字，还爱喝酒。一次和中国教授们同游广州，竟跑到名声不大好的尼庵去看小尼姑。他在人烟稀少处造了三幢房屋，一幢专门用来养猪；家里不装电灯自来水，因为不赞成物质文明；汽车倒有一辆，破旧不堪，是给仆人买菜赶集用的。他有孩子似的肉红脸，瓷蓝眼睛，伸出来的圆下巴，头发已经稀了，颈上系一块暗败的蓝字宁绸作为领带。他嗜烟，上课时嘴上也叼着一支烟，跷板似的一上一下，可是总也掉不下来，吸完了就顺手将烟蒂朝窗外一甩，从女学生蓬松的鬈发上飞过，很有着火的危险。

他研究历史有自己独到的见解，讲起课来风趣而机智。张爱玲回忆："官样文章被他耍着花腔一念，便显得十分滑稽，我们从他那里得到一点历史的亲切感和扼要的世界观，可以从他那里学到很多很多，可是他死了——最无名目的死。第一，算不了为国捐躯。即使是'光荣殉国'，又怎样？他对于英国的殖民地政策没有多大同情，但也看得很随便，也许因为世界上的傻事不止那一件。每逢志愿兵操演，他总是拖长了声音通知我们：'下礼拜一不能同你们见面了，孩子们，我要去练武功。'想不到'练武功'竟送了他的命——一个好先生，一个好人。人类的浪费……"（《烬余录》）

战争对个体生命的裹挟、操弄和毁灭，使张爱玲感到了人类行为的荒诞和不可理喻。

战争破坏了正常的生活，也暴露了人性的阴暗与自私。这给了她一个检视人性的良机，她冷眼观察着别人，也无情地审视着自己。她发现了人性的盲目与偏执，人人都龟缩在自己的壳里，在严峻的现实面前依然故我："我们对于战争所抱的态度，可以打个譬喻，是像一个人坐在硬板凳上打瞌盹，虽然不舒服，而且没结没完地抱怨着，到底还是睡着了。能够不理会的，我们一概不理会。出生入死，沉浮于最富色彩的经验中，我们还是我们，一尘不染，维持着素日的生活典型。有时候仿佛有点反常，然而仔细分析起来，还是一贯作风。"（《烬余录》）在急难中，她的同学苏蕾珈并没有忘记把她最显焕的衣服收拾起来，做看护时也要穿着织锦缎棉袍蹲在地上劈柴生火；飞机在天上扔炸弹，门洞子里躲空袭的人还在不停地争来吵去；一个受轻伤的青年因暂时成了众人注意的中心而得意洋洋；"警报解除之后，大家又不顾命地轧上电车，唯恐赶不上，牺牲了一张电车票"。（《烬余录》）战时的种种麻木与恐惧，虚荣与自私，自我中心与心冷如铁，真如一场世态剧。

别人在忙着争柴争米，而张爱玲则在飞机轰炸的当口，一边读着《官场现形记》，一边"担心能够不能够容我看完"。在大学临时医院里当看护，她对于病人的痛苦和哀求视而不见，甚至还痛恨那个病人。这种自私的心态是普遍存在的，她回忆道：

这人死的那天，我们大家都欢欣鼓舞。是天快亮的时候，我们将他的后事交给有经验的职业看护，自己缩到厨房里去，我的同伴用椰子油烘了一炉小面包，味道颇像中国酒酿饼。鸡在叫，又是一个冻白的早晨。我们这些自私的人若无其事地活下去了。（《烬余录》）

她不是一个尽责的看护。然而张爱玲并不怎样地自责，也许她觉得人性中本就有冷酷的一面，只是在战争这种特殊的环境下方可见到而已。

由于战争期间特殊空气的感应，张爱玲画了许多画，而且画得很好，连她自己看了都欢喜赞叹。她觉得这种超常的能力是战争激发出来的，不久就会随着战争的结束而失去。由此“我得到了教训——老教训：想做什么，立刻去做，都许来不及了。‘人’是最拿不准的东西”（《烬余录》）。人生短暂，世事无常，尤其是在这样的乱世中。这就是战争给予她的“老教训”，几年后她“出名要趁早”的话，与此如出一辙。

和别人不同的是，张爱玲并不留意战争本身，而是更为关注战争背景下人的生存处境与人性的阴暗。困在学校里的学生无事可做，成天就是买菜、烧菜、调情，无聊地在玻璃窗上涂满“家，甜蜜的家”的字样，或者干脆厮混在一起，“以致医院院长想到‘战争小孩’(战争期间的私生子)的可能性，极其担忧”。这也许就是寻常少见的人性本相，“去掉了一切的浮文，剩下的仿佛只有饮食男女这两项”。她不禁怀疑“人类的文明努力要想跳出单纯的兽性生活的圈子，几千年来的努力竟是枉费精神吗?”（《烬余录》）然而事实竟就如此。这种怀疑的态度成了张爱玲审视人性的又一个稳定的视角，她总能发现现代人机智和体面背后的空虚，探察到“文明人”的本相。

18 天的围城之后，香港沦入日军之手，可人们反倒沉浸在喜悦之中。“冬天的树，凄迷稀薄像淡黄的云；自来水管子里流出来的清水，电灯光，街头的热闹，这些又是我们的了。……我们暂时可以活下去了，怎不叫人欢喜得发疯呢?”（《烬余录》）这是战后特有的一种精神状态。张爱玲跟炎樱天天带了莫名的兴奋到城里逛街，走很远的路去寻找冰激凌和唇膏。后来她说自己就是在这段时间里学会了以买东西当做一件消遣。而整个香港也在一夜间发现了“吃”的欣悦，满街都是小吃摊，“每隔五步十步便蹲着个衣冠楚楚的洋行职员模样的人，在小风炉上炸一种铁硬的小黄饼。……所有的学校教员、店伙、律师、帮办，全都改行做了饼师。我们立在摊头上吃滚油煎的萝卜饼，尺来远脚底下就躺着穷人的青紫的尸首"(《烬余录》)。这样的经历，这样的场景，除了让张爱玲感到人性的盲目和可笑之外，再就是人性中可怕的冷漠。

战争是短暂的，但人在特定处境下的孤独、空虚和绝望，人性中的自私、冷漠和愚蠢，给张爱玲留下了深刻的印象，产生了“切身的、剧烈的影响”。她不想对自己的冷漠和“没良心”自遣自责，也无意对战时的众生相作出道德判断。在兵荒马乱的日子里，每一个人都是渺小的、愚蠢的、悲哀的，他们面对着死亡，不管不顾，没心没肺，喝牛奶、烘面包、看小说、讲恐怖故事、结婚乃至偷欢，他们试图攥紧日常生活中的一切，来抵抗内心的恐惧，寻找“生”的感觉。这是他们的自由和权利，抑或人之生存的本相。她不认为人性是可以改变的，因为人生来就是孤独的，所以她说：

> 时代的车轰轰地往前开。我们坐在车上，经过的也许不过几条熟悉的街衢，可是在漫天的火光中也自惊心动魄。就可惜我们只顾忙着在一瞥即逝的店铺的橱窗里找寻我们自己的影子——我们只看见自己的脸，苍白，渺小；我们的自私与空虚，我们恬不知耻的愚蠢——谁都像我们一样，然而我们每一个人都是孤独的。(《烬余录》)

这就是张爱玲的港战经验——特殊背景下的灰暗人性，以及人的孤独处境。

如果说早年不愉快的家庭生活经验，让早熟而敏感的张爱玲看到了家庭中纠缠不清的矛盾和冲突，看到了亲人们的自私和冷漠，感受到了“赤裸裸站在天底下”的孤独，那么港大三年的读书生活，则让她看到了更为广大的社会众生的生存本相，看到了文明的毁灭，人性的萎缩，人类虚空的前景，以及满目疮痍的世界里无处不在的悲哀。至此，张爱玲通过对家庭与社会的体察与认知，拥有了一个相对完整的经验世界，形成了稳定而成熟的价值观：乱世之中，处处磨难，而人生短暂，岂容等待，每个人都应抓住这转瞬即逝的时光，追求生存，享受快意的日常生活，用生命的瞬间绽放，照亮黯淡的岁月。这种独特的人生态度和价值理念，为其日后在一片肃杀的沦陷区横空出世，提供了精神的慰藉和思想的依托。

同时，这个经验世界也成了张爱玲开掘不尽的创作源泉。在《倾城之恋》中，她将港战的经历和自己对命运无从把握的无奈与悲凉的人生体验，寄寓在主人公身上，借助人物形象的演示传达出来。她笔下人物的许多感受经常来自她本人的具体经验。比如《沉香屑：第一炉香》中，葛薇龙的许多心理活动都传达出她在香港读书时的感受。她小说中的人物，也多来自生活中的某个原型。可以说，上海与香港两个场景的生活经验和人生感受，共同构成了她日后创作的两翼。两年后，她振翼起飞，以高度个人化的方式倾诉着战乱中的社会、历史、伤痛，诉说着个人的成长记忆，在梦想中的文学天空孤独地高翔，划出一道耀眼的轨迹。

/ 注释 /

[1] 殷允芃：《访张爱玲》，见《华丽与苍凉》，台湾皇冠出版社 1995 年版。

[2][12][15][16][17] 张子静、季季：《我的姐姐张爱玲》，吉林出版集团有限责任公司 2009 年版。

[3] 据陈子善教授考证，本次征文第一名现金 50 元，第二名现金 30 元，第三名现金 20 元。第四名至第十名除稿费外，并赠全年《西风》或《西风副刊》全年一份。其余录取文字概赠稿费。

[4][11]《女作家座谈会》，载《杂志》(上海) 1944 年 4 月号。

[5][6][7] 汪宏声：《记张爱玲》，载《语林》(上海) 1944 年第 1 卷第 1 期。

[8] 参见 1944 年 12 月 25 日出版的《语林》第 1 卷第 1 期。

[9] 李鸿章（小说中的威毅伯）和张佩纶（小说中的庄仑樵）的事迹均被写进小说《孽海花》，书中与李、张相关的情节多传奇色彩，不足信。但小说作者曾朴与李、张两家素有交谊，其中也未必没有真实的成分。

[10] 袁良骏：《张爱玲的自传小说——〈小团圆〉》，载《新文学史料》2009 年第 3 期。

［13］邵迎建：《传奇文学与流言人生：张爱玲的文学》，三联书店 1998 年版。

［14］张均：《张爱玲十五讲》，文化艺术出版社 2012 年版。

［18］《谑而虐》为美国作家哈尔赛 *With Malice Toward Some* 一书的摘译，全文约 3500 字，是迄今发现的张爱玲最早的翻译作品。《西书精华》是《西风》杂志社 1940 年 3 月创刊的一份季刊，该刊以"译述西书精华，介绍欧美读物为目标，对西洋文化作进一步之介绍"。

第二章 乱世传奇

香港的陷落成全了她。但是在这不可理喻的世界里，谁知道什么是因，什么是果？谁知道呢，也许就因为要成全她，一个大城市倾覆了。

——《倾城之恋》

香港沦陷后，港大无限期停课，张爱玲被迫中断学业，于 1942 年夏天回到上海。

在第一次鸦片战争之后的一百年间，上海由一个滨海小镇迅速蜕变为一座国际化大都会，成为世界上最富有动感和蛊惑力的城市之一。伴随着上海发展壮大的，是蜂拥而至的西方人，他们在中心城区划地为界，兴建豪华饭店、酒吧、咖啡馆、百货商场，还有一排排西式风格的宅邸和大厦，形成了不受中国法律管辖的英租界和法租界。随后北美人也进入上海，并将其管辖的社区与英租界合并，扩充成所谓的公共租界。有钱人、作家和知识分子都选择住在租界里，因为那里有现代都市生活的便利，也有不受中国人管治的自由。

1937 年淞沪会战之后，上海的公共租界和法租界仍由西方人控制。这两处租界被驻扎在上海外围的日本军队所包围，形成了一种类似“孤岛”的局面。太平洋战争爆发后，日本军队在进攻香港前九天（1941 年 12 月 9 日），突袭上海公共租界，“孤岛”随告沦陷。

在去香港读书之前，张爱玲一直生活在租界里，可当她从沦陷的香港回来时，却发现“孤岛”已不复存在，上海也完全沦陷了。

她住进了姑姑家，那是静安寺赫德路 192 号爱丁顿公寓的 6 楼 65 室。母亲在去新加坡之前，就和姑姑住在这里。太平洋战争爆发之后，母亲的男友死于战火，母亲也行踪不明，姑姑便成了张爱玲唯一的依靠。

在所有的张家人中间，张爱玲唯独对姑姑还算亲近。在张家，姑姑与母亲的感情最好，她们一同出洋留学，母亲离婚后姑嫂又相伴而居。母亲再次出国后，姑姑又承担起母亲之责，悉心关照姐弟俩的生活与健康。张爱玲曾风趣地说：“她（姑姑）对我们张家的人没有多少好感——对我比较好些，但也是我自动沾附上来，拿我无可奈何的缘故。”（《姑姑语录》）

姑姑一直过着单身职业女性的生活，起先在英商怡和洋行做事，上海沦陷后被裁员，又到电台做新闻播报员，后来转到大光明戏院做翻译。她一个人住在公寓里，自己挣钱自己花，清清静静，无牵无挂，过着一种清爽、利落的生活，这样独立自主的生活态度和生活方式，倒是和张爱玲的理想生活十分接近，这大概也是她乐意与姑姑同住的原因之一。

张爱玲称姑姑是“轻度知识分子”，“说话有一种清平的机智见识”。从她的《姑姑语录》等散文中可以看出，姑姑的性情似乎也比母亲平易、随和，且不乏幽默感。在此后近十年的时间里，姑侄二人相依为命，关系十分融洽。她时常“押着”姑姑读自己的作品，有什么心事也愿意向姑姑唠叨。她对姑姑的感情和依赖，也许比对母亲还深。

弟弟张子静得知姐姐回来的消息，就跑来看她。他回忆见面时的印象说：“三年多不见，姐姐的模样改变了很多。她长发垂肩，穿着香港带回来的时髦衣服，看起来更瘦削高挑，散发着飘逸之美。”[1] 她的确成熟了许多。弟弟问她今后作何打算，张爱玲说，港大毕业本可去英国深造，却不想中途辍学，如今只差半年毕业，很想转入圣约翰大学，至少拿张毕业文凭，可是学费没着落。她叹了口气说：“姑姑没有钱。”

姑姑当初也分得了一份丰厚的遗产，但她留学回来后做了一些投资，结果偏逢时局不稳，货币贬值，投资基本上打了水漂。此后姑姑一直靠工薪维持生计，一个人倒还宽裕，若要负担张爱玲的学费和生活，就有点捉襟见肘了。

姑姑的意见是让父亲来负担这半年的学费。姑姑对张爱玲说，当初父母离婚时，本来就议定她的教育费用由父亲承担。港大三年的学习费用他一分钱没出，全部由母亲负担，现在只剩下半年，理应由他来出这个钱。但张爱玲对此犹豫不定，因为自她1938年底逃出父亲的家后，四年里与父亲不通音问，而此时突然回去开口要钱，这对于性格倔强的她来说，实在是一件难为情的事。

但是弟弟赞成姑姑的意见。他说服姐姐，然后回家瞅了个后母不在跟前的机会，婉转地向父亲说明姐姐眼下的处境和学费的问题。父亲听后，沉吟了片刻，说："你叫她来吧。"

过了几天，张爱玲就来到家里。此时父亲的境况也明显不如从前，住处也由当初她出走时的大别墅，搬到了小洋房。张爱玲见了父亲，神色淡漠，只简略地把要到圣约翰大学续学的事说了一遍。父亲这次倒显得相当宽容，别的话也不多说，只叫她先去报名考转学，"学费我再叫你弟弟送去"。学费是答应给了，但父女俩显然也无话可说。待了不到十分钟，张爱玲就起身离去。弟弟回忆说："那是姐姐最后一次走进家门，也是最后一次离开。此后她和我父亲就再也没见过面。"[2]

当年秋天，张爱玲转入圣约翰大学文学系四年级。令人意外的是，她转学考试时竟然国文不及格，需要去补习国文。也许是她在香港三年只用英文，真的把国文荒疏了。但张爱玲只把这事当做一个笑话，她对自己的国文修养是有足够自信的。果然开学后不久，她就从国文初级班跳到了高级班。

弟弟也在这一年进了圣约翰大学经济系，姐弟俩在校园里时常见面。和张爱玲一起由香港搭船回上海的炎樱，也转来圣约翰大学就读。那时炎樱的父亲在南京路上开了一家颇有名气的珠宝店，家境还算富裕。张子静时常在校园里见到姐姐和炎樱。他回忆说："她（炎樱）和姊姊走在一起，是个强烈的对比。她矮胖而黑，姊姊瘦高而白；她开朗健康，姊姊沉郁柔弱；她多话，姊姊少言。"[3] 两个人形影不离，仍和以前那样逛街，买零食。《炎樱语录》里的许多“趣话”，就产生自这段时间。

出人意料的是，这样惬意的校园生活刚过了两个多月，张爱玲就退学了。弟弟从炎樱那里听说了这个消息，就跑到姑姑家打听原委。张爱玲先是淡淡地说圣约翰大学里没有几个好教授，提不起她上课的兴趣，又说香港大学的教授如何会教课，她拿了多少奖励。说来说去，到末了还是吐露了实情：退学的根本原因是钱的困扰。虽说学费的问题是解决了，可生活费用却没有着落。在去香港之前，她与姑姑同住，那时母亲还未去新加坡，房租和生活费用都由母亲来付，而现在母亲不在身边，这些费用自然就落在姑姑头上。张爱玲是个敏感而倔强的人，况且以往的遭际也告诉她，依赖别人养活的日子并不好过，即使待她最好的姑姑，也让她觉得压力很大，心里老是过意不去。后来她曾经这样表白过：“用别人的钱，即使是父母的遗产，也不如用自己赚来的钱来得自由自在，良心上非常痛快。”[4] 她想早点赚钱，做一个自食其力的人。

弟弟这次没有劝她去找父亲要生活费，因为父亲的家境也每况愈下，再加上后母的干预，即便去要，也未必能够如愿。可是要自谋生路，干什么呢？

“你可以去找个教书的工作。”弟弟说。

她摇了摇头说：“不可能。”

“你英文、国文都好，怎么不可能呢？”

她说教书不止要程度好，还要善于表达，能把肚子里的墨水说出来，“这种事情我做不来”。

弟弟想想也是，姐姐一向怕见陌生人，又不爱说话，让她天天和一群孩子打交道，也确实难为她了。于是弟弟又建议她到报馆找个编辑的工作。但她说：“我替报馆写稿就好，这一阵子我写稿也赚了些稿费。”

弟弟这才知道，姐姐已经悄没声地开始卖文了。以写作为业，自己挣钱养活自己，过一种干脆利落的生活，这是她久蓄心底的愿望。港大三年她刻苦学习英文，渴望着到国外深造，也是为了将来像林语堂那样用英文写作。这些年里，不论生活多么艰难，道路如何曲折，她一刻都没有放弃这个理想。即使港大辍学回到上海后的茫然时刻，她依然念念不忘写作。弟弟回忆说：“她时常和我谈到写作。那时她尚未成名，但谈起写作已像一个经验老到的作者。现在回想起来，当时她已为成名做好了周全的准备。”她还将自己练习写作的经验告诉弟弟：

> 积累优美词汇和生动语言的最佳方法就是随时随地留心人们的谈话；不管是在路上、车上、家里、学校里、办公室里，一听到后就设法记住，写在本子里，以后就成为你写作时最好的原始材料。
>
> 要提高英文和中文的写作能力，有一个很好的方法，就是把自己的一篇习作由中文译成英文，再由英文译成中文。这样反复多次，尽量避免重复的词句。如果能常做这种练习，一定能使你的中文、英文都有很大的进步。[5]

正是这样的积累和训练，使张爱玲一出手就赢得了行内人的赞赏。

张爱玲最初卖的是洋文。从香港回上海不久，她就尝试着给英文《泰晤士报》写一些剧评和影评。电影是张爱玲文学之外的另一大爱好，她学生时代订阅的杂志中，也以电影刊物居多。据弟弟回忆，她的床头上，与小说并列的就是美国电影杂志，如 *Movie Star*、*Screen Play* 等。有一个时期，她对电影简直到了迷恋的程度。一次，弟弟和她到杭州去玩，住在后母娘家的老宅里。刚到的第二天，她就从报纸广告上看到谈瑛主演的电影正在上海某影院上映，立刻就要赶回上海去看。亲戚朋友怎么拦也拦不住，弟弟只好陪她坐火车回上海，直奔那家影院，一连看了两场。上海沦陷后，外国电影受到日本人的控制，国产片也因胶片稀缺而出品不多，话剧趁机兴起。张爱玲回上海后，常去看话剧，《雷雨》《日出》《大马戏团》《秋海棠》《浮生六记》等剧她都很喜欢。电影虽少，但每有新片，她都尽量去看。此外还偶尔看一些京剧和越剧。观赏之余，她开始用英文写作影剧评论，发表在英文版的《泰晤士报》上。这些文章虽未引起怎样的反响，但这无疑增强了她靠写作谋生的信心。很快她就写成了一篇万字长文，还亲自绘制了十二幅发型、服饰插图，投寄给当时在上海颇有影响的英文杂志《二十世纪》。

《二十世纪》的主编克劳德·梅涅特是德国人，柏林大学博士，曾担任过驻莫斯科记者，还在加州柏克莱大学和夏威夷大学教过历史，太平洋战争爆发前夕来到上海。上海是当时最后一个没被交战国任何一方完全控制的国际城市，交战各国的公民和各种政治团体同城共处。梅涅特敏锐地发现，这种特殊的局面需要一个沟通和客观分析的园地，因此于 1941 年 10 月创办了《二十世纪》英文月刊。这是一份综合性杂志，除时事报道外，还有小品、风光旅游、书评影评等内容。读者对象为居留亚洲的西方人，重点是上海租界里的外国人。撰稿人也来自多个国家。

1943 年 1 月，《二十世纪》刊载了张爱玲这篇长达八页的文章，题目是 *Chineses Life and Fashions*，译成中文就是《中国人的生活和时装》(同年 12 月译为中文，题名《更衣记》，发表在《古今》半月刊上)。文章行文典雅，款款道出中国时装的流变，从时装的颜色、点缀和款式上揭示出中国服饰文化的审美趣味，以及中国人的生活态度。文中写道：“这里聚集了无数小小的有趣之点，这样不停地另生枝节，放恣，不讲理，在不相干的事物上浪费了精力，正是中国有闲阶级一贯的态度。惟有世上最清闲的国家里最闲的人，方才能够领略到这些细节的妙处。制造一百种相仿而不犯重的图案，固然需要艺术与时间；欣赏它，也同样地烦难。”进入民国之后，时装更是千变万化，日新月异。“在政治混乱期间，人们没有能力改良他们的生活情形。他们只能够创造他们贴身的环境——那就是衣服。我们各人住在各人的衣服里。”这篇长文引起梅涅特极大兴趣，他在该期“编者例言”中向读者郑重推荐，认为张爱玲“与她不少中国同胞差异之处，在于她从不将中国的事物视为理所当然；正由于她对自己的民族有深邃的好奇，使她有能力向外国人诠释中国人”，并赞誉张爱玲为“极有前途的青年天才”。

梅涅特的赞许和读者的好评，无疑使张爱玲有了更多的自信。起初她为英文报刊写稿，只是急于挣钱，尽早开始自谋生路的独立生活，而英文报刊的稿酬比中文报刊的稿酬高得多，她可以挣到更多的钱。可令她欣喜不已的是，《二十世纪》不仅让她挣到了钱，还给了她一个展示和验证自己文学才华的空间，于是她一鼓作气，连续在《二十世纪》上发表了多篇文章。1943 年 5 月号上，刊登了她的 *Wife*，*Vamp*，*Child*（即《妻子，荡妇，孩童》，后译为《借银灯》)，评《梅娘曲》和《桃李争春》两部电影；6 月号发表 *The Opium War*（《鸦片战争》)，评电影《万世流芳》；7 月号评电影《秋之歌》和《浮云遮月》；8、9 月合刊号发表 *Mother and Daughters-in-law*（《婆婆和媳妇》），评《自由魂》《两代女性》《母亲》三部影片；10 月号则为一篇无题文章，评李丽华、严俊、王丹凤主演的《万紫千红》和刘琼自编自导自演的《回春曲》；11 月号发表 *China Educating Family*（《中国的家庭教育》，后收入《流言》，改题名《银宫就学记》）。自 5 月号开始至年终，每一期都有张爱玲的影评文字，这足见梅涅特对张爱玲文章的激赏。

然而，与她轻巧流丽的影评比起来，梅涅特似乎更推重她的大块文章。1943 年 6 月，张爱玲发表了 *Still Alive*（直译为“依然活着”，中文题名《洋人看京戏及其它》）。文章开篇写道：“用洋人看京戏的眼光来看看中国的一切，也不失为一桩有意味的事。头上搭了竹竿，晾着小孩的开裆裤；柜台上的玻璃缸中盛着‘参须露酒’；这一家的扩音机里唱着梅兰芳；那一家的无线电里卖着癞疥疮药；走到‘太白遗风’的招牌底下打点料酒……这都是中国。纷纭，刺眼，神秘，滑稽。”张爱玲一上来就把自己置于旁观者的位置，冷眼审视日常生活中的人生世相，继而透过热闹的京戏来反思和批判中国人的某些文化根性。在她看来，颂扬英雄薛平贵的《红鬃烈马》，不过是“无微不至地描写了男性的自私”；《纺棉花》的成功，只是迎合了中国人喜欢犯规、爱讨便宜的心理；而《空城计》中的诸葛亮，为了“先帝爷”的一点知遇之恩，抛下卧龙岗的自在生涯出来干大事，舍命忘身地替阿斗争天下，为此忙白了胡子。她为这个老军们绝对信仰着的古今完人“只想掉泪”，但内心里是一种“凄凉的况味”和“不值得”的感慨。在她看来，中国文化一向漠视个体生命的价值，常常在一种集体无意识下压抑或忽视了生命中真正美好的事物，意识不到“锣鼓喧天”之外，还应有另外一种明丽丰满的内心生活的存在。她透过远离现实的京剧世界里美而狭小整洁的道德系统，看到了历史在日常生活中的延续；看到了“因为缺少私生活，中国人的个性里有一点粗俗”；看到了“中国的悲剧是热闹，喧嚣，排场大的，自有它的理由”；看到了中国人“循规蹈矩的怪癖”和因不守规矩而左右失据的尴尬。不过，她也从京戏的新趋向里发现了一种孩子气的力量，而这种力量恰恰“合了我们内在的需要”；发现了充满活力的中国人青春永驻的秘密，这恰恰是“我们的文化过于随随便便之故”。

张爱玲站在旁观者的位置上，以高度个人化的方式来解读中国文化和生活，不无嘲讽也不无热爱。这种态度在她后来的创作中越来越明显。讥讽的话语，理解的宽容，世故的睿智，没有“我”的世界里荒诞的悲喜剧，皆源自这种位置意识。

《洋人看京戏及其它》再度受到编者和读者的好评。梅涅特在《编者按》中指出，张爱玲之“备受赞赏”，皆因“她不同于她的中国同胞，她从不对中国的事物安之若素；她对她的同胞怀有的深邃的好奇心使她有能力向外国人阐释中国人”。同年 12 月，张爱玲又发表了 *Demons and Fairies*（直译为“神仙鬼怪”，中文题名《中国人的宗教》），这是她在《二十世纪》上发表的最后一篇长文，谈的是中国人的信仰。梅涅特在该期编者按中赞扬道：“作者神游三界，妙想联翩，她无意解开宗教或伦理的疑窦，但以她独有的妙悟的方式，成功地向我们解说了中国人的种种心态。”

张爱玲发现，中国人似乎并无真正的信仰，有的只是因怀疑而生的虚无。她写道：

> 就因为对一切都怀疑，中国文学里弥漫着大的悲哀。只有在物质的细节上，它得到欢悦——因此《金瓶梅》《红楼梦》仔仔细细开出整桌的菜单，毫无倦意，不为什么，就因为喜欢——细节往往是和美畅快、引人入胜的，而主题永远悲观。一切对于人生的笼统观察都指向虚无。

更糟糕的是，人们只停留在虚无中享受现世的欢悦，并不去思考和探究人之终极关切：

> 世界各国的人都有类似的感觉，中国人与众不同的地方是：这“虚无的空虚，一切都是虚空”的感觉总像个新发现，并且就停留在这阶段。一个一个中国人看见花落水流，于是临风洒泪，对月长吁，感到生命之暂，但是他们就到这里为止，不往前想了。

受过教育的中国人认为人一年年地活下去，并不走到哪里去；人类一代一代下去，也并不走到哪里去。那么，活着有什么意义呢？不管有意义没有，反正是活着的。我们怎样处置自己，并没多大关系，但是活得好一点是快乐的，所以为了自己的享受，还是守规矩的好……不论在艺术里还是人生里，最难得的就是知道什么时候应当歇手。中国人最引以自傲的就是这种约束的美。

也许正因为如此，“对于生命的来龙去脉毫不感兴趣的中国人，即便感到兴趣也不大敢朝这上面想”。他们只将注意力集中在“眼面前热闹明白的，红灯照里的人生小小的一部”，除此之外，“只有不确定的、无所不在的悲哀。什么都是空的”。至于宗教，也不过是中国人现世生活里的一剂养生药。这是中国人对待信仰的态度，然而，这又何尝不是张爱玲自己的处世观呢？

张爱玲在近一年的英文写作中，更多地将目光聚焦于中国人的生活、心态和趣味，充分显示了她对中国社会和文化的深刻洞悉。这种能力的获得，源自她的身世经历，她对旧式家庭生活的熟悉，以及她自小所受的传统文学艺术的熏陶。另外，母亲、姑姑西式生活方式和文化观念的影响，港大三年系统的西方式教育，使她获得了一个新的文化参照系，使她能自如地借助洋人的眼光来打量中国人的生活，发现中国人的种种毛病。她对国人的这些毛病有调侃，有讥讽，但没有鲁迅“哀其不幸，怒其不争”的沉痛，也没有主流作家的愤怒与批判，她只是想清楚地了解，更深地懂得。诚如她之所言：“多数年轻人爱中国而不知道他们所爱的究竟是一些什么东西。无条件的爱是可钦佩的——唯一的危险就是：迟早理想要撞着了现实，每每使他们倒抽一口凉气，把心渐渐冷了。我们不幸生活于中国人之间，比不得华侨，可以一辈子安全地隔着适当的距离崇拜着神圣的祖国。那么，索性看个仔细罢……有了惊讶和眩异，才有明了，才有靠得住的爱。”（《洋人看京戏及其它》）

应该说，张爱玲这一阶段的英文写作，基本上仿效的是林语堂的写作路数[6]，用清丽活泼而饶有风趣的文字向外国人介绍中国文化和中国人的生活。这也多半是受刊物性质的影响，《二十世纪》的读者对象以租界

鸳鸯蝴蝶派代表作家周瘦鹃

1940 年代的《紫罗兰》杂志

里的外国人为主，他们对置身其中的这个国家的文化与生活有了解的兴趣，却没有深究的雅兴，因此杂志少有专深的研究论文，也不设诗歌、小说之类的文学栏目。尽管梅涅特对张爱玲赞赏有加，但《二十世纪》已无法满足她文学表达的需要。事实上，张爱玲在给《泰晤士报》和《二十世纪》供稿的同时，已开始用中文写作小说了。

1943 年 3 月末，通过母亲的亲戚、园艺家黄岳渊老人的引荐，张爱玲带着《沉香屑：第一炉香》和《沉香屑：第二炉香》两篇小说，拜访了《紫罗兰》杂志主编周瘦鹃。

周瘦鹃是鸳鸯蝴蝶派重要作家，曾在周刊《礼拜六》担任主编，该杂志以消遣娱乐为旨趣，以“宁可不讨小老婆，不可不读《礼拜六》”相号召，张爱玲的母亲和姑姑都是这份杂志的忠实读者。鸳蝴派虽一直受到新文学阵营的激烈批判和打压，但在上海休闲生活中仍然占据着重要地位。40 年代初，鸳蝴派文学又出现了复兴的势头，这一派的刊物和作家在沦陷区的文化生活中再次扮演了重要角色。他们不断挖掘文学新人，重新定义通俗文学，积极培育和扩大中层读者群，这些举动，使因沦陷而凋敝的上海文化园地重新出现了一缕生机。上海文坛的这种局面和变化，对有志创作的张爱玲来说，自然会看在眼里。

周瘦鹃虽为鸳蝴派作家，但他精通英文，还曾翻译过西洋小说，因此文学观念并不保守陈旧，鉴赏力也有过人之处。他看了张爱玲送来的两篇小说，甚是欣喜。单看篇名就起得好，既无旧派文学的陈腐气，也无新文学的文艺腔；他还从小说里看到了《红楼梦》的影响和英国作家毛姆的影子，于是决定在《紫罗兰》复刊号（该杂志1922年由周瘦鹃创办，后因故停刊，1943年5月复刊）和第2期上刊发。

迈向文坛的第一步竟然如此顺利，这也许是张爱玲没有想到的。出于对前辈的尊重和感激，她邀请周瘦鹃到家里喝下午茶。不久后的一个下午，周瘦鹃如约前来，张爱玲和姑姑用英国人的方式款待了他。周瘦鹃在编辑例言中对这次会面作了如下追述：

> 茶是牛酪红茶，点心是甜咸俱备的西点，十分精美，连茶杯和点碟都十分精美的。我们三人谈了许多文艺和园艺上的话，张女士又拿出一份她在《二十世纪》杂志中所写的一篇文章《中国人的生活和服装》来送给我，所有妇女旧服装的插图，也都是她自己画的。我约略一读，就觉得她英文的高明，而画笔也十分生动，不由不深深地佩服她的天才。

《沉香屑》在《紫罗兰》上发表之时，周瘦鹃作了郑重推荐，他说：“如今我郑重地发表了这篇《沉香屑》，读者共同来欣赏张女士一种特殊情调的作品，而对于当年所谓上等华人那种骄奢淫逸的生活，也可得到一个深刻的印象。”小说刊载已过，他又在编者按里说：“我真有些舍不得一次烧完它，何妨留一半儿下来，让那沉香屑慢慢的，化为灰烬，让大家慢慢的多领略些幽香呢。”珍爱之情，可谓溢于言表。然而张爱玲并未继续为《紫罗兰》写稿，她在这个通俗文艺杂志上作了个精彩的亮相之后，就将目光投向了她更为钟情的刊物。

张爱玲的“两炉香”并没有产生惊艳上海滩的效果，但其文学才华引起了《万象》主编柯灵的注意。柯灵是以编剧和杂文名世的新文学作家，也是一位资深编辑，先后编辑过《世纪风》、《浅草》和《草原》等副刊。上海沦陷后，新文学作家各奔东西，柯灵却继续坚守阵地。1943年，他接编了《万象》杂志。《万象》原主编陈蝶衣和其老板平襟亚都是鸳蝴派人物，因此刊物以往发表的作品大多是鸳蝴派小说和其他都市通俗小说作家的创作。柯灵接手后召回了一些新文学阵营里的作家，如王统照、郑振铎、楼适夷、傅雷、王元化、李健吾、唐弢、师陀等人，使这份靠市场生存的杂志既保留了符合大众口味的通俗性，又兼具了新文学的严肃性和批判性。与此同时，柯灵还留意物色新起的作家，为刊物增添新鲜血液。正是在这期间，柯灵偶尔翻阅《紫罗兰》杂志，奇迹似的发现了《沉香屑：第一炉香》。他大喜过望，当即决定请张爱玲写稿，但又不知此人何方神圣，怎样与她联系。他自然认识《紫罗兰》主编周瘦鹃，只是觉得通过周瘦鹃来邀请张爱玲，未免有横刀夺爱之嫌。正在柯灵踌躇之际，张爱玲竟然主动找上门来。

30 多年后，柯灵回忆起二人见面时的情景，仍然历历如昨。他说：

> 那大概是 7 月里的一天，张爱玲穿着丝质碎花旗袍，色泽淡雅，也就是当时上海小姐普通的装束，肋下夹着一个报纸包，说有一篇稿子要我看看，那就是随后发表在《万象》上的小说《心经》，还附有她手绘的插图。会见和谈话很简短，却很愉快。谈的什么，已很难回忆，但我当时的心情，至今清清楚楚，那就是喜出望外。虽然是初见，我对她并不陌生，我诚恳地希望她经常为《万象》写稿。[7]

《心经》很快就发表在8 月号的《万象》杂志上。从这一期开始直到 1944 年元月，几乎每一期《万象》都刊有张爱玲的作品。《心经》之后是《琉璃瓦》，接着是长篇小说《连环套》的连载。

《万象》杂志

在张爱玲拜访柯灵的前后，她的另一篇小说《茉莉香片》，也在《杂志》11 卷第 4 期上发表。《杂志》的背景较为复杂。在沦陷后的上海，出版物中除了自生自灭的同仁刊物，更多的是商业性刊物和以某种政治势力做后台的刊物。商业性刊物走的是市场的路子，看重的是销量，像《小说月报》《紫罗兰》《万象》等，均属于这一类刊物。它们都以商业出版来保持政治上的洁身自好和象征性的抵抗立场，宁愿在都市商业中寻找赞助，也不愿与日本人或汪伪势力扯上关系。而《杂志》附属于《新中国报》，该报的后台是日本驻沪领事馆。有趣的是，《新中国报》的社长袁殊、主编鲁风又都是中共地下情报人员。不过他们只是利用这份报纸作掩护，自然不会改变它亲日的面目。《杂志》虽然也免不了为日伪文化活动撑场面，但它并不刊登政治时局方面的敏感文章，而是坚持“严肃”态度，走纯文艺路线。它所发表的各类实地报道、人物述评、专辑、座谈会记录等，也的确很有自己的特色，在当时的上海算得上首屈一指的文艺刊物，其名气、影响和财力，皆非《紫罗兰》《万象》这类商业性刊物所能比。张爱玲之所以在《杂志》上发表作品，也许是看重这份刊物的纯文艺性质和影响力，也许仅仅是四面出击，以使自己的作品在更多的刊物上出现，助其迅速成名。但不管怎样，政治之类的因素是不在她的考虑范围之内的，“她考虑的只有个人的成功，生命中那种飞扬的感受，那种完美的境界。她渴望的是梦想中的飞翔，而对可能会有的时代的责难，根本来不及去考虑”[8]。

40年代的《杂志》月刊封面

此后，张爱玲将大部分作品发表在《杂志》上，如小说《倾城之恋》《金锁记》《花雕》《红玫瑰与白玫瑰》《殷宝滟送花楼会》《留情》《创世纪》，以及散文《到底是上海人》《论写作》《说胡萝卜》《姑姑语录》等，而《杂志》也不遗余力地为张爱玲捧场造势。就在《茉莉香片》发表不久，《杂志》社就安排她与女作家苏青

1944年《杂志》月刊刊登的张爱玲生活照

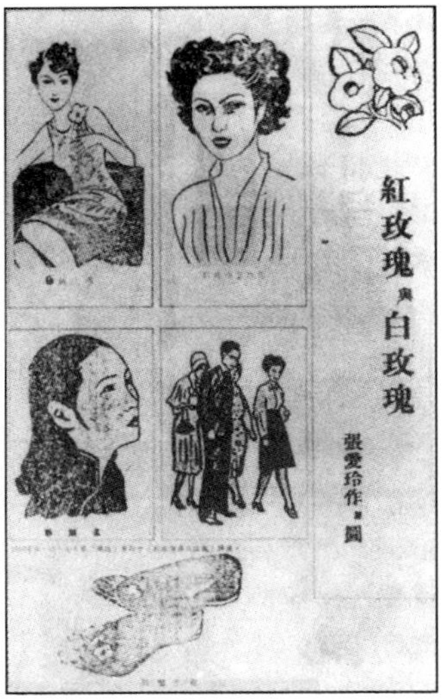

张爱玲自绘小说插图

一起，出席朝鲜女舞蹈家崔承喜的欢迎会，借宣传演艺明星的机会推出新作家。为了吸引读者持续而广泛的关注，《杂志》每期编者按中，几乎都有推许张爱玲小说的文字。比如《倾城之恋》，除在《杂志》上重点推出外，还在《新中国报》的文艺副刊《学艺》上刊载，同时组织“女作家座谈会”，邀请当红女作家苏青、潘柳黛、关露等参加座谈。借助《杂志》的推动，张爱玲以惊人的创作力连续在多家刊物上推出作品，“很快登上灿烂的高峰，同时转眼间红遍上海”[9]。

在沦陷时期的上海这种错综复杂的文化环境中，张爱玲在不同政治倾向和文学趣味的圈子里，迅速得到普遍的褒奖和接纳，几乎一夜之间成了上海滩大红大紫的女作家，这样的奇迹也许是她始料未及的。她想过出名，想过靠写作成就梦想。她承认自己有强烈的“世俗进取心”(《我看苏青》)。早在中学时代，她就想成为林语堂那样的作家，幻想着靠自己的努力过一种干脆利落的生活。她甚至连成名后的具体情形都想好了。在不久后出版的《传奇再版序》中，她毫不隐晦地表白道：“以前我一直这样想着：等我的书出版了，我要走到每一个报摊上去看看，我要我最喜欢的蓝绿的封面给报摊子上开一扇夜蓝的小窗户，人们可以在窗口看月亮，看热闹。我要问报贩，装出不相干的样子：‘销路还好吧？——太贵了，这么贵，真还有人买吗？’”没有想到的是，在沦陷区上海这个复杂而怪异的文坛上，当很多文人作家或销声匿迹，或改名换姓，或选择沉默的时候，她一个年仅23岁的女性，竟如一颗耀眼的明星腾地而起，成为上海滩各家杂志竞相邀稿的名作家。这情形就连蛰居上海的著名文艺评论家傅雷先生也说：“在一个低气压的时代，水土特别不相宜的地方，谁也不存什么幻象，期待文艺园地里有奇花异卉探出头来。然而天下比较重要一些的事故，往往在你冷不防的时候出现……张爱玲女士的作品给予读者的第一个印象，便有这情形。‘这太突兀了，太像奇迹了！’”[10]

这奇迹令张爱玲欣喜不已，亦不无得意。一向拙于言辞的她也开始在公众场合放言高论，品评古今作家，并开始为自己的作品定位。在 1944 年 3 月《杂志》社主办的一次女作家座谈会上，当她被问到自己最喜爱的女作家是谁的时候，她答道："古代的女作家中最喜欢李清照……近代的最喜欢苏青，苏青之前，冰心的清婉往往流于做作，丁玲的初期作品是好的，后来略有点力不从心。踏实地把握住生活情趣的，苏青是第一个的。她的特点是'伟大的单纯'。经过她那俊洁的表现方法，最普通的话成为最动人的，因为人类的共同性，她比谁都懂得。"[11] 评点别人，也意味着剖白自身。在翌年发表的《我看苏青》一文中，她干脆直截了当地说："如果必须把女作者特别分作一栏来评论的话，那么，把我同冰心白薇她们来比较，我实在不能引以为荣，只有和苏青相提并论是我甘心情愿的。"当同样的问题问及苏青时，苏青的回答则是："女作家的作品我从来不大看，只看张爱玲的文章。"

两位当红女作家的惺惺相惜和相互褒扬，自然是难得的文坛佳话，而诸如此类的座谈、访谈及大量的人物介绍、照片、漫画形象等传媒报道，则进一步提升了张爱玲的知名度，使之几乎成了上海滩家喻户晓的文化明星。

当然，成名也给她带来一些小小的"烦恼"。炎樱发表在《杂志》上的《浪子与善女人》一文中提到，张爱玲成名后，她们再一起逛街的时候就不那么清静随便了。有一次，一帮小女生跟着喊："张爱玲！张爱玲！"大一点的女孩子也好奇地回头看。还有一次，一个外国绅士老跟在后面，可怜兮兮地递上一份杂志让张爱玲签名。炎樱叹息道："从前有许多疯狂的事现在都不便做了，譬如我们喜欢某一个店里的栗子粉蛋糕，一个店的奶油松饼，另一家的咖啡，就不能买了糕和饼带到咖啡店去吃，因为要被认

张爱玲为苏青的《救救孩子》所作的插图

出，我们也不愿人家想着我们是太古怪或是这么小气地逃避捐税，所以至多只能吃着蛋糕，幻想着饼和咖啡；然后吃着饼，回忆到蛋糕，做着咖啡的梦；最后一面啜着咖啡，一面冥想着蛋糕与饼。”从这些不期而至的打扰与不敢随便的烦恼中，足可见出张爱玲在上海“倾国倾城”的情形。

这样的“烦恼”，想必也是张爱玲乐意受用的，因为这是她多年来的职业梦想。她不愿做教师，甚至也不愿当编辑，她觉得自己“生来就是写小说的”。她从内心里喜欢这种“卖文生涯”，自由自在，无牵无绊，只需听命于自己的内心，“苦虽苦一点，我喜欢我的职业；‘学成文武艺，卖与帝王家’，从前的文人是靠着统治阶级吃饭的，现在情形略有不同，我很高兴我的衣食父母不是‘帝王家’而是买杂志的大众。不是拍大众的马屁的话——大众实在是最可爱的雇主，不那么反复无常，‘天威莫测’；不搭架子，真心待人，为了你的一点好处会记得你五年十年之久。而且大众是抽象的。如果必须要一个主人的话，当然情愿要一个抽象的”（《童言无忌》）。

然而现实并不像张爱玲说的那么简单，尽管她无须听命于某一个具体的人，亦无须依靠某一个强大的后台，她只需用手里的笔，就可以过上自己想要的生活。但她毕竟生活在乱世，置身于一座被占领的城市，一不留神就有可能掉进陷阱，稍不经意就可能误入歧途，而且这样的复杂局面和人生风险，也不可能用一个“抽象”就可以消弭于无形。事实上，当张爱玲在上海滩大红大紫出尽风头的时候，正有一些人在暗暗地为她担心。柯灵回忆道：看到她迅速红遍上海，“我一则以喜，一则以忧，因为环境特殊，清浊难分，很犯不着在万牲园里跳交际舞——那时卖力地为她鼓掌拉场子的，就很有些背景不干不净的报章杂志，兴趣不在文学而在于替自己撑场面”[12]。一些滞留隐居上海的文学界前辈，出于对这位文学新秀的爱护，也要柯灵劝说张爱玲，不要到处发表作品，并建议她写了文章，暂时交开明书店保存，由开明付给稿费，等河清海晏再印行。但张爱玲似乎并不在意，她向来就不屑于理会政治，认为自己只是一个靠写作谋生的职业作家，付出的是辛劳，收获的是大众给予的回报，清清爽爽，干干净净，没有必要躲躲闪闪，扭扭捏捏。

张爱玲照旧以惊人的速度写作，每月发表二至三篇小说或散文，到

1944 年8 月，她已在上海的《万象》《杂志》《天地》《学艺》《古今》等主要刊物发表短、中、长篇小说十七部，散文四十二篇。中央书店老板平襟亚建议她将小说结集出版。张爱玲写信给柯灵征询出版小说集的意见。柯灵婉言劝阻，认为以她的才华，不愁不见知于世，实在犯不着在一个品味不高的书店出版，希望她静待时机，不要急于求成。然而张爱玲却等不及了，她决计“趁热打铁”，随将小说集转由《杂志》出版。她的第一部小说集《传奇》就这样诞生了。

《传奇》收入小说十篇，依次是《金锁记》《倾城之恋》《茉莉香片》《沉香屑：第一炉香》《沉香屑：第二炉香》《琉璃瓦》《心经》《年青的时候》《花凋》《封锁》。初版很快销售一空。这样火爆的情形令张爱玲欣喜不已：“出名要趁早呀！来得太晚的话，快乐也不那么痛快……快，快，迟了来不及了，来不及了！”（《〈传奇〉再版序言》）她毫不掩饰自己要出名的急切心情。毕竟出名是她久蓄心底的愿望，早在中学时代她就立志“要比林语堂还出风头”，如今得随所愿，自然心喜欲狂。而这种急于出名的心态，也与她对于世事人生的悲观看法不无关系。她解释道：

> 个人即使等得及，时代是仓促的，已经在破坏中，还有更大的破坏要来。有一天我们的文明，不论是升华还是浮华，都要成为过去。如果我最常用的字是“荒凉”，那是因为思想背景里有这惘惘的威胁。（《〈传奇〉再版序言》）

正是这种不无宿命的态度，使她预感到“更大的破坏”的临近，感受到了“惘惘的威胁”，因此她必须争分夺秒，抓住仓促的时代的尾巴。应该说，张爱玲是异常敏感的，她的焦虑和急迫也绝非杞人之忧。时至今日，回望悠长的过往时光，回望张爱玲蹀蹀躞躞的人生履迹，不能不说她的预言与历史事实有着惊人的一致性。

《传奇》的素材和创作灵感，来自张爱玲家庭和港大两个场景的生存记忆和生活体察——1944 年她将这两段经历分别写成《私语》和《烬余录》——这些记忆和生活，在偶然机缘的触发下，幻化成一个个鲜活的传奇故事。

在初版《传奇》扉页上，张爱玲题写了这样一行字："书名叫传奇，目的是在传奇里面寻找普通人，在普通人旦寻找传奇。"这句话是解读《传奇》的一把钥匙。书中的十个故事，写的是没落世家大族的男女，十里洋场的男女，受过新式学校教育的男女，侨居南洋的男女，总之都是些在"乱世"里沉浮的庸常男女。而故事的情节，也无非是父女反目、毒母食子、姐妹相残、兄妹相煎，以及"高等调情"之类的日常生活中的恩怨情仇。

《传奇》里的"普通人"，是和英雄、超人相对峙的形象。张爱玲在《自己的文章》中一再强调，她刻意要写的只是"凡人"，是"生老病死"和"男女之间的小事情"，是"人生安稳的一面"。除了《金锁记》里的曹七巧，她的人物"全是些不彻底的人"，既不"极端病态"，又不"极端觉悟"。《沉香屑：第一炉香》中的葛薇龙，《倾城之恋》里的白流苏、范柳原，《红玫瑰与白玫瑰》里的佟振宝，《金锁记》里的童世舫，这些人或是旧式富贵人家的子弟，或是接受了西洋教育的新派人物，但都是"普通人"。尽管他们遭遇了一个天地翻覆的乱世，却依然将世俗生趣——谈婚论嫁、娶妻生子、赚钱谋生、日常消遣、迎来送往等安稳的现世追求作为理想，在看似平静的日常生活中，展开扣人心弦的戏剧性冲突，上演一幕幕看似热闹、实则悲凉的传奇故事。

张爱玲的《传奇》故事，具有很浓的苍凉感，这和作者的人生态度不无关系。王安忆说："张爱玲的人生观是走在了两个极端之上，一头是现时现刻的具体可感，另一头则是人生奈何的虚无。"[13] 在她的小说世界里，既有世俗人生的烟火缤纷，亦有生命的苍凉与虚无。

《花凋》里描写了一个女孩川常的爱情和人生。川常的父亲是个吃遗产的遗少，一个"酒精缸里泡着的孩尸"。川常姊妹七八个，她夹在中间，人又老实、柔弱，就常被有心计的姐妹们欺哄。她爱音乐，爱静，爱父母，人也长得漂亮，痴心想着等爹有了钱能送她进大学。可在爹爹看来，"女儿的大学文凭原是最狂妄的奢侈品"。进不了大学，像她这样"体面"人家的孩子又不能去当女店员，女打字员，就只好等着做"女结婚员"。大姐给她介绍了一个学医的留学生，人好，她也爱他。谁想到了谈婚论嫁的时候，她却突然得了痨病。未婚夫等了两年，见她没有好起来的希望，就另寻了个护士结婚了。然后，父母连为她买药治病的钱也开始计较起来，甚至还连连抱怨。她受不了这样的刺激，就起了自杀的念头，却买不起安眠药。她只得坐着黄包车兜了个圈子，吃一顿西餐，看一场电影。她要最后看一眼繁华的上海，享受一下奢华的生活。末了，她虽然病得下不了床，却又做了两双绣花鞋，一双皮鞋，还认真地试穿一下，说：“这种皮看上去倒很牢，总可以穿两三年。”三个星期后，她死了。这就是俗世的人生，都死到临头了，还顽固地留意着这些现世生活里的小感觉、小期待，对“现时现刻的具体可感”恋恋不舍。

《花凋》中的人物郑先生的原型
——舅舅黄定柱

《花凋》未免悲凉了些。在其他传奇故事里，张爱玲笔下的凡人的生活更多了一些热闹和光鲜，多了些你来我往的算计和缠斗，但其情形不过是在行将翻覆的乱世中蜗牛壳里做道场，终将逃不过“白茫茫大地真干净”的结局。李新民先生指出，“物欲、情欲、虚荣，对人生一切物质层面上琐屑的计较、饱满的享受、热闹的追逐，正是基于精神深处对生命无常的恐惧，所以，才拼命想要攀住它们。生之喜悦和生之悲哀交织在一起，拥有与虚无彼此印证着，这就是张爱玲式的荒谬和苍凉”[14]。

张爱玲对乱世中芸芸众生的生存境遇，投入了深切的同情与悲悯，形成了“苍凉美”的悲剧基调。她自言喜欢悲壮——大红大绿的对照，但她更喜欢苍凉。苍凉是参差的对照，是葱绿配桃红。《倾城之恋》中的白流苏和范柳原，被命运掷色子般掷到一起，各打着自己的小九九，周旋着、试探着、欲擒故纵着，却不料港战的突然爆发，阴差阳错地让两个人成了夫妻。小说在结尾处写道:“香港的陷落成全了她。但是在这不可理喻的世界里，谁知道什么是因，什么是果？谁知道呢，也许就因为要成全她，一个大都市都倾覆了。成千上万的人死去，成千上万的人痛苦着，跟着是惊天动地的大改革……流苏并不觉得她在历史上的地位有什么微妙之点，她只是笑吟吟地站起身来，将蚊烟香盘踢到桌子底下去。传奇里的倾国倾城的人大抵如此。”这是张爱玲传奇故事里少有的圆满结局，颇有些喜剧的色彩。然而这貌似喜剧的热闹背后，却是卑弱可怜的人性，是悲哀而荒凉的生命图景，这便有了些“葱绿配桃红”的意味。

张爱玲讲故事的方式是通俗的，有点传统话本小说的意思。在《沉香屑：第一炉香》中，她开篇写道：“请您寻出家传的霉绿斑斓的铜香炉，点上一炉沉香屑，听我说一支战前香港的故事。您这一炉沉香屑点完了，我的故事也该完了……”《沉香屑：第二炉香》《茉莉香片》都采用这种形式，之后的其他小说虽然隐去了第一人称，但给人感觉还是在讲故事，读来分外亲切，有点像市井小说。

正是这样娓娓道来的乱世传奇，说出了沦陷中的上海人共同的心理体验和生命感受，因此小说一面世，便引起轰动，四天即告售罄。

1944年的八九月间，随着《传奇》的一版再版，张爱玲成了上海文坛红极一时的明星作家。当然，在一片叫好声中，也有批评的声音。早在这年的5月初，傅雷就以迅雨的笔名在《万象》上发表长文，对张爱玲的小说进行了严肃的批评。

在文章的第一部分，傅雷肯定了《金锁记》这篇小说。认为它“是张女士截至目前为止的最完满之作，颇有《猎人笔记》中某些故事的风味。至少也该列为我们文坛最美的收获之一”。而对其余作品一律给予严厉的批评。他认为《倾城之恋》华靡空洞，《琉璃瓦》有轻薄气，《封锁》和《年轻的时候》有炫技之嫌，而《连环套》则内容贫乏。在这些小说中，“遗老遗少和小资产阶级，全都为男女问题这恶梦所苦。恶梦中老是淫雨连绵的秋天，潮腻腻的，灰暗，肮脏，窒息与腐烂的气味，像是病人临终的房间。烦恼，焦急，挣扎，全无结果。恶梦没有边际，也就无从逃避。零星的磨折，生死的苦难，在此只是无名的浪费。青春、热情、幻想、希望，都没有存身的地方”[15]。总之，这些作品皆因“没有悲剧的严肃、崇高，和宿命性”，“情欲没有惊心动魄的表现”，而招致傅雷的否定。

傅雷是一个具有英雄主义情结的翻译家，他崇尚力之美，赞赏不屈不挠的斗争精神，喜欢壮烈的史诗性作品。而张爱玲则把自己定义为“小市民”，从不讳言自己喜欢钱，也不否认自己和他人人性中的阴暗与自私。她承认人的现世欲望的合理性，承认快乐主义与功利主义是人生的基本法则。她认为在一个世俗化的社会里，“人生安稳的一面则有着永恒的意味”(《自己的文章》)。

由于她的自身经历积淀了太多的否定性感情，她对历史文明发展充满着悲观的看法和虚无的情绪，总觉得时代“在影子似地沉没下去，人觉得自己是被抛弃了”(《自己的文章》)。对于这种梦魇般的乱世，张爱玲没有寄予希望。在她看来，那种大气磅礴的新时代是没有的，因而她写不出“时代的纪念碑”那样的作品，也不打算尝试。

基于以上原因，张爱玲并不在她的小说里强调力、崇高、紧张、英雄和壮烈之类的史诗元素，不“强调人生飞扬的一面”和“超人的气质”，她只如实地展现“软弱的凡人”的“那种不明不白、猥琐、难堪、失面子的屈服”之中“有挣扎、有焦愁、有慌乱、有冒险”的生存体验，如实地表现他们的愿望、痛苦、矛盾、敷衍甚至苟且。她在意的是贴近事实。在“《倾城之恋》里，从腐旧的家庭里走出来的流苏，香港之战的洗礼并不曾将她感化成为革命女性；香港之战影响范柳原，使他转向平实的生活，终于结婚了，但结婚并不使他变为圣人，完全放弃往日的生活习惯与作风。因之柳原与流苏的结局，虽然多少是健康的，仍旧是庸俗；就事论事，他们也只能如此”(《自己的文章》)。这样的故事既无“人生飞扬的一面”，也没有“把人生剥出一个血淋淋的面目来”。她要给予读者的，是来自真实社会人生的“启示”，而非居高临下的“启蒙”。可以说，“她写小说，无意通过文字去疗救或改变什么。生命如此脆弱，最要紧的是抓住眼前的一些欢悦和细节。所以，她的小说或许和鲁迅等一样开头，但她的归途不在于指证这个社会的破灭或毁去的命运，而在于让我们明白生命的本质，‘看破’这个世界”[16]。因此，她说：“我不喜欢壮烈。我是喜欢悲壮，更喜欢苍凉。壮烈只有力，没有美，似乎缺少人性。悲壮则如大红大绿的配色，是一种强烈的对照。但它的刺激性还是大于启发性。苍凉之所以有更深长的回味，就因为它像葱绿配桃红，是一种参差的对照。”如果说“悲壮是一种完成”，那么“苍凉则是一种启示”。(《自己的文章》)

对生逢乱世的不幸，张爱玲有着超乎常人的体察，所以她对于热热闹闹地挣扎着的芸芸众生，总是怀有深切的同情和悲悯。她说："我写到的那些人，他们有什么不好我都能够原谅，有时候还有喜爱，就因为他们存在，他们是真的。"（《我看苏青》）"因为懂得，所以慈悲"，这就是张爱玲对待她笔下人物的态度和立场。而正是这种态度和立场，使她小说中所描绘的苍凉的现世图景里，弥散着脉脉的温情。

在《自己的文章》中，张爱玲对傅雷的批评作了认真的回应，但她并不打算改变自己的写作立场。1944年底，她又把创作之路延伸至剧本写作，将自己的小说《倾城之恋》改编成舞台剧，连演八十场，场场爆满，她在上海滩的声名达到了顶峰。

当张爱玲迅速走向成功的时候，身居同城的父亲张志沂，却因挥霍无度、坐吃山空而家产将尽，不但卖掉了最后一辆汽车，家也从豪华洋房搬到了普通公寓，昔日世家遗少的奢华生活已成过去。这期间，弟弟张子静也因身体原因从圣约翰大学辍学，天天待在家里无所事事，便找来姐姐发表的作品阅读。读过之后想找姐姐交流，可姐姐不是外出就是忙于写作，很少腾出时间和他见面。

对于张爱玲的成名，"父亲的心理是矛盾的"，张子静回忆说："记得我把《紫罗兰》创刊号拿回家，告诉他姐姐发表了一篇小说，他只'唔——'了一声，接过书去。他有没有看《沉香屑：第一炉香》，或几时看完的，后来都没有听他提起，也不知他的观感如何。"[17]或许，父亲的心里也不无欣慰，他毕竟喜欢过这个聪明的女儿，也曾对她的文学天赋倍加呵护且充满厚望。然而，不管这位落魄的父亲作何感想，如今名满上海的女儿已与他毫不相干。在此后的日子里，他们或许在某个场合里相互提及，或许在某个夜深人静的时刻彼此想起，但他们再也没有过一次相见。"乱世的人，没有真的家"，乱世的家，竟有这样的"亲情"。张爱玲的这些人生经历，若放进她笔下的《传奇》故事里去，似乎也不需要怎样的文学润饰。

/ 注释 /

[1][2][3][5][17] 张子静、季季：《我的姐姐张爱玲》，吉林出版集团有限责任

公司 2009 年版。

［4］见《苏青与张爱玲对谈》，原刊于 1945 年 3 月《杂志》月刊第 14 卷第 6 号。

［6］20 世纪 30 年代后期至 40 年代，林语堂在美国和欧洲从事双语创作，主要是用散文笔法介绍中国文化，用英文出版过三四十种书。其中，《生活的艺术》(1937) 在美国印刷 40 次，并翻译成法、德、意、西、荷等多种文字，畅销半个多世纪；另一本著作《吾国与吾民》也影响巨大。他以娴熟的英语表达，深入浅出地将中国人的一般人生理想、中国古代的哲学体现在普通百姓生活中的关系、中国人的生命观念、中国人直观的思维方式、中国各种民间风俗等介绍给西方人。他认为自己的长处就是对外国人讲中国文化，对中国人讲外国文化。

［7］［9］［12］柯灵：《遥寄张爱玲》。

［8］张均：《张爱玲传》，文化艺术出版社 2006 年版。

［10］［15］迅雨（傅雷）：《论张爱玲的小说》，载《万象》1944 年第 3 卷第 11 期。

［11］参见《女作家聚谈》，载《杂志》1944 年第 13 卷第 1 期。

［13］王安忆：《世俗的张爱玲》，见刘绍铭、梁秉钧、许子东编《再读张爱玲》，山东画报出版社 2004 年版。

［14］李新民：《张爱玲小说的讽刺艺术》，载《宝鸡文理学院学报》2005 年第 2 期。

［16］张均：《张爱玲十五讲》，文化艺术出版社 2012 年版。

第四章 流言人生

秋凉的薄暮，小菜场上收了摊子，满地的鱼腥和青白色的芦粟的皮与渣。一个小孩子骑了自行车冲过来，卖弄本领，大叫一声，放松了扶手，摇摆着，轻倩地掠过。在这一刹那，满街的人都充满了不可理喻的景仰之心。人生最可爱的当儿便在那一撒手罢？

——《更衣记》

1945 年，张爱玲出版了第一部散文集《流言》。和小说集《传奇》不同，该书由她亲自操刀，自己找出版社，自备纸张，亲自跑印刷，还自办发行。书中收入长短散文三十余篇，并配有作者亲绘速写多幅图片作为插页。初版本中还选用了作者三帧衣着不同、姿态各异的生活照。封面由炎樱设计，画面中的女性没有任何面部特征，身着一件清末风格的肥大长衣，袖子宽宽，前襟上绘有云纹或如意图案，其款式、格调与张爱玲自己时常穿着的一件袍子一般无二。

这是一部精巧别致的文集，为此张爱玲用了不少心思，也费了不少力气。放在往常，张爱玲未必愿意去做跑印刷、作校对这类琐屑的事务，此番却事必躬亲，且

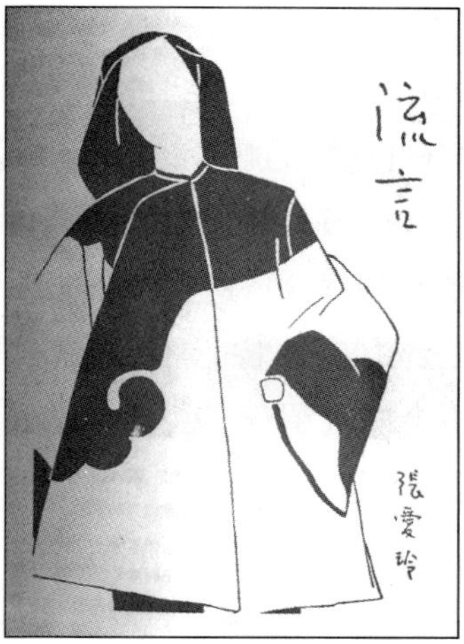

《流言》封面设计

《流言》中的张爱玲生活照

乐此不疲，这大概反映了她成名之后愉悦的心境。这种难掩的喜悦，在她的《“卷首玉照”及其它》一文中表露无遗：

……在印刷所那灰色的大房间里，立在凸凹不平搭着小木桥的水泥地上，听见印刷工人道：“哪！都在印着你的书，替你赶着呢。”我笑起来，说：“是的吗？真开心！”突然觉得他们都是自家人，我凭空给他们添出许多麻烦来，也是该当的事。电没有了，要用脚踏，一个职员说：“印这样一张图你知道要踏多少踏？”我说：“多少踏？”他说：“十二次。”其实就是几百次我也不以为奇，但还是说：“真的？”叹诧了一回。

《流言》的内容驳杂，从京戏的历史到衣装的演变，从烟火缭绕的市井生活到阳春白雪的各种话题，从舞蹈到现代派绘画，从古典文学到战时上海的流行文化等，涉及甚广。余斌先生借用张爱玲的书名和文章标题，将其分为“张看”和“私语”两类。用张爱玲自己的话说，“‘张看’就是张的见解或管窥——望里面张望——最浅显的双关语”（《〈红楼梦魇〉自序》），比如《更衣记》《洋人看京戏及其它》《中国人的宗教》等，更多张看的成分。而那些自传性的文字，如《童言无忌》《私语》《烬余录》《我看苏青》等，则更像是与二三知己低声细语。但无论是“张看”还是“私语”，我们都可以通过她极富个性化的表达，窥见她个人生活的身影行踪以及她对这个世界的态度和看法。

关于书名“流言”，张爱玲三十多年后有过这样的解释：“《流言》是引一句英文——诗？Written on water（水上写的字），是说它不持久，而又希望它像谣言传得一样快。”（《〈红楼梦魇〉自序》）这反映了张爱玲当时矛盾的心态。一方面她希望自己的散文一纸风行，像《传奇》那样广受欢迎；另一方面她又觉得这些作品似乎不会永久留存。乱世之中，人生是无常的，生命是脆弱的，何况文章呢？后一层意思，表明了她在面对即将来临的大毁灭、大破坏时的绝望心境。这种悲凉的情绪在书中时有流露。在一组自绘的本人肖像速写下端，她写道：“青春——嬉笑，噪闹，认真，苦恼的；在着的时候不觉得；觉得的时候，只觉得它澌澌流走。”而在一幅自己的肖像照插页中，她又写道：“然而现在还是清如水明如镜的秋天，我应当是快乐的。”《流言》里的文字，记录了她的青春记忆和人生感悟，然而在她看来，这些文字都将随水而去，一如她正在流走的青春。其实，流走的何止文字、青春，这个世界不是也在向着荒凉的严冬流走吗？然而现在毕竟还是秋天，要抓住当下，在这个虚无纷乱的时代中“抓住一点真实的，最基本的东西”（《自己的文章》）。“我应当是快乐的”，因为“生在现在，要继续活下去而且活得称心，真是难，就像‘双手擘开生死路’那样的艰难巨大的事，所以我们这一代的人对于物质生活，生命本身，能够多一点明了与爱悦，也是应当的”(《我看苏青》)。

这些复杂的情绪纠结在一起，构成了《流言》的基调。在张爱玲的这些散文中，时常晃动着战争和动乱的阴影，到处弥散着毁灭将至的危机感和阴霾感。在《公寓生活记趣》中，她这样记述人们赖以栖身的公寓：

读到“我欲乘风归去，又恐琼楼玉宇，高处不胜寒”的两句词，公寓房子上层的居民多半要感到毛骨悚然。屋子越高越冷。自从煤贵了之后，热水汀早成了纯粹的装饰品。构成浴室的图案美，热水龙头上的H字样自然是不可少的一部分；实际上呢，如果你放冷水而开错了热水龙头，立刻便有一种空洞而凄怆的轰隆轰隆之声从九泉之下发出来，那是公寓里特别复杂，特别多心的热水管系统在那里发脾气了。即使你不去太岁头上动土，那雷神也随时地要显灵。无缘无故，只听见不怀好意的“嗡……”拉长了半晌之后接着“訇訇”两声，活像飞机在顶上盘旋了一会，掷了两枚炸弹。在战时香港吓细了胆子的我，初回上海的时候，每每为之魂飞魄散。若是当初它认真工作的时候，艰辛地将热水运到六层楼上来，便是咕噜两声，也还情有可原。现在可是雷声大，雨点小，难得滴下两滴生锈的黄浆……然而也说不得了，失业的人向来是肝火旺的。

煤价高涨，没有热水，空洞的水管发出嗡嗡訇訇的低鸣高吼，让人想到头顶盘旋的飞机和撂下的炸弹。这就是公寓居民的日常生活感受，这就是张爱玲置身其中的生存境况。这样的乱世图景，总让她觉得一切努力都属徒劳，再大的成功也是云烟。

我一个人坐着，守着蜡烛，想到从前，想到现在，近两年来孜孜忙着的，是不是也注定了要被打翻的……我应当有数。（《我看苏青》）

对人生意义的怀疑，正在一点一点地改变着她对这个世界的看法。

我一个人在黄昏的阳台上，骤然看见远处的一个高楼，边缘上附着一大块胭脂红，还当是玻璃窗上落日的反光，再一看，却是元宵的月亮，红红地升起来了。我想道：“这是乱世。”晚烟里，上海的边疆微微起伏，虽没有山也像是层峦叠嶂。我想起许多人的命运，连我在内的；有一种郁郁苍苍的身世之感。“身世之感”普通总是自伤、自怜的意思罢，但我想是可以有更广大的解释的。将来的平安，来到的时候已经不是我们的了，我们只能各人就近求得自己的平安。（《我看苏青》）

对乱世人生的恐惧，对将来的无望，使她越来越清晰地感受到这个世界的虚无。那么，生活在这样一个荒凉时代的张爱玲，该怎样求得人生的安稳呢？她只有采取“活在当下”的现世主义的生存态度，在烟火蒸腾的世俗生活里寻得安稳与快乐，并以此来“证实自己的存在”了。（《自己的文章》）为此，她不惜给自己挂上“小市民”的标签。

在《公寓生活记趣》中，她津津有味地描述了一系列日常景致，以及生活中微不足道的欢悦。她喜欢听市声，非得听见电车打着哑嗓子的铃“回家”才可入睡。买臭豆腐干也成了一件乐事，听到楼下的叫卖声，“便抓起一只碗来，噔噔奔下六层楼梯，跟踪前往，在远远的一条街上访到了臭豆腐干担子的下落，买到了之后，再乘电梯上来，似乎总有点可笑”。没事的时候，就跟开电梯的师傅学煮红米饭：“烧开了，熄了火，停个十分钟再煮，又松，又透，又不塌皮烂骨，没有筋道。”连买菜做菜之类的杂事，也自有其乐趣。“看不到田园里的茄子，到菜场上去看看也好——那么复杂的，油润的紫色；新绿的豌豆，熟艳的辣椒，金黄的面筋，像太阳里的肥皂泡。把菠菜洗过了，倒在油锅里，每每有一两片碎叶子粘在篾篓底上，抖也抖不下来；迎着亮，翠生生的枝叶在竹片编成的方格子上招展着，使人联想到篱上的扁豆花。其实又何必‘联想’呢？篾篓子的本身的美不就够了吗？”

在战云密布的生存环境里，在“惘惘的威胁”中，公寓的居民们仍固执地坚守着安稳的日常生活，努力从琐屑的日常细节里，发掘俗世生活的真趣。这种对生趣的执著，令张爱玲在一片苍凉中感受到一丝暖意。

尽管由于战乱，物价飞涨，公寓的居住条件恶劣，但公寓仍是“最合理想的逃世的地方。厌倦了大都会的人们往往记挂着和平幽静的乡村，心心念念盼望着有一天能够告老归田，养蜂种菜，享点清福。殊不知在乡下多买半斤腊肉便要引起许多闲言碎语，而在公寓房子的最上层你就是站在窗前换衣服也不妨事!”更有意思的是到了夏季，“家家户户都大敞着门，搬一把藤椅坐在风口里。这边的人在打电话，对过一家的仆妪一面熨衣裳，一面便将电话上的对白译成了德文说给他的小主人听。楼底下有个俄国人在那里响亮地教日文。二楼的那位太太和贝多芬有着不共戴天的仇恨，一捶十八敲，咬牙切齿打了他一上午；钢琴上倚着一辆脚踏车。不知道哪一家在煨牛肉汤，又有哪一家泡了焦三仙”。

和传统的独门独院的清静居所不同，都市的公寓是开放的、喧闹的、嘈杂的，人与人之间少了些防范，少了些计较，也少了些相互的窥测。是的，在这样慌乱的年景，有什么比安稳地活着更重要呢？大家都看开了，放下了，因为他们知道“长的是磨难，短的是人生”。既然人生苦短，既然世事多艰，何不将“长的磨难”掐头去尾，只留下鼻子底下的一点安稳与享乐呢。这些芥子壳里的生活，虽然局促、寡淡甚至平庸，却有世俗人生的真滋味。就这个，解救了张爱玲，使她不至于堕入虚无的深渊。

可以看出，张爱玲对于这个世界和人生的看法是充满了矛盾和纠结的。世界是苍凉的，人生是虚无的，而俗世生活又有许多让人迷恋的温馨与美好。对此，孔范今教授作过如下精辟的分析：“张爱玲出身于贵族之家……家庭环境给予张爱玲的体验必然是双重的、分裂的：一方面那种众星捧月、悠游自在的生活使张爱玲比常人更能感受到一种实在的物欲的愉悦和温暖，使她更能理解琐碎生活中包含的生命情趣，这种体验形成张爱玲思想中的世俗趋向与市民趣味；另一方面，笼罩着家庭的那种颓废没落、压抑、滞缓的气氛又使张爱玲切身地感到生活的虚无、荒诞以及命运的无常，特别是由于她与继母的冲突而导致的父亲对她的关押、威胁——父亲扬言要用手枪打死她——使她更加深切地认识到所谓人伦亲情的虚伪与冷酷，从而对人生以及人性产生深刻的怀疑，而那种过早产生的死亡意识、死亡威胁使张爱玲清醒地认识到世界整体存在的空无。可以说，对人类生存背景和世界的整体性意义产生深刻的怀疑与否定以及对自我、现在、生活细节、生命过程的肯定，构成张爱玲人生观中分裂、对峙的两面。”[1]

诚如孔范今教授所言，张爱玲对世俗生活的拥抱，与她人生观的分裂和对峙有关，也与她少小时代优渥的生活环境有关。这从《私语》记述的大量饮食起居的细节中可以看出，这种算得上奢华的生活，使她体验到了物质享受的愉悦。家人的影响也是一个重要的原因。比如张爱玲对颜色的敏感，对服装的喜爱，都与母亲密切相关，她甚至认为自己对蓝色的偏爱，是来自母亲的遗传。至于喜爱衣着打扮，她说得更明白：“因为我母亲爱做衣服，我父亲曾经咕噜过：‘一个人又不是衣裳架子！’我最初的回忆之一是我母亲立在镜子跟前，在绿短袄上别上翡翠胸针，我在旁边仰脸看着，羡慕万分，自己简直等不及长大。”（《童言无忌》）另外还有一个重要的因素，那就是叛逆的心理。她在《童言无忌》中说：“我母亲是个清高的人，有钱的时候固然绝口不提钱，即至后来为钱逼迫得厉害的时候也还把钱看得很轻。这种一尘不染的态度很引起我的反感，激我走到对面去。因此，一学会了'拜金主义'这名词，我就坚持我是拜金主义者。"

这倒不是说张爱玲是到世俗生活里寻找精神的慰藉，用标榜拜金主义来显示自己的特立独行。她的确喜欢平民的那种有苦有乐的细碎生活，乐意从物质细节里品咂生活的滋味，从烟火灿烂的世俗场景里发现人生的乐趣。在她的散文里，随处可见这样的情景：她兴致勃勃地从一家店铺转到另一家店铺，将一块块衣料比来划去，琢磨着买还是不买；她一会儿在五光十色的橱窗前流连，一会儿又在小摊上买下自己中意的小玩意；她频繁地进出电影院，偶尔也独自溜出去看绍兴戏、蹦蹦戏，为戏里"谁家的灶门里不生火，哪一个烟囱里不冒烟"之类的唱词叫好；她兴兴头头地装扮自己，兴兴头头地拍照，兴兴头头地布置房间……

不但吃、穿、玩、花钱让她感到快乐，就连声、色、味也能给她带来莫名的快感。

气味也是这样的。别人不喜欢的有许多气味我都喜欢，雾的轻微的霉气，雨打湿的灰尘，葱，蒜，廉价的香水。像汽油，有人闻见了要头昏，我却要特意要坐在汽车夫旁边，或是走到汽车后面，等它开动的时候"布布布"放气。每年用汽油擦洗衣服，满房都是那清刚明亮的气息；我母亲从来不要我帮忙，因为我故意地把手脚放慢了，尽着汽油大量蒸发。

牛奶烧糊了，火柴烧黑了，那焦香我闻见了就觉得饿。油漆的气味，因为簇新，所以是积极奋发的，仿佛在新房子里过新年，清冷，干净，兴旺。火腿咸肉花生油搁得日子久，变了味，有一种"油哈"气，那个我也喜欢，使油更油得厉害，烂熟，丰盈，如同古时候的"米烂陈仓"。香港打仗的时候我们吃的菜都是椰子油烧的，有强烈的肥皂味，起初吃不惯要呕，后来发现肥皂也有一种寒香。战争期间没有牙膏，用洗衣服的粗肥皂擦牙齿我也不介意。（《谈音乐》）

色泽的调和，中国人新从西洋学到了"对照"与"和谐"两条规矩——用粗浅的看法，对照便是红与绿，和谐便是绿与绿。殊不知两种不同的绿，其冲突倾轧是非常显著的；两种绿越是只推扳一点点，看了越使人不安。红绿对照，有一种可喜的刺激性。可是太直率的对照，大红大绿，就像圣诞树似的，缺少回味……

日本花布，一件就是一幅图画。买回家来，没交给裁缝之前我常常几次三番拿出来赏鉴：棕榈树的叶子半掩着缅甸的小庙，雨纷纷的，在红棕色的热带；初夏的池塘，水上结了一层绿膜，飘着浮萍和断梗的紫的白的丁香，仿佛应当填入“哀江南”的小令里；还有一件，题材是“雨中花”，白底子上，阴戚的紫色的大花，水滴滴的。

……有一种橄榄绿的暗色绸，上面掠过大的黑影，满蓄着风雷。还有丝质的日本料子，淡湖色，闪着木纹、水纹；每隔一段路，水上漂着两朵茶碗大的梅花，铁画银钩，像中世纪礼拜堂里的五彩玻璃窗画，红玻璃上嵌着沉重的铁质沿边。（《童言无忌》）

气味总是暂时的，偶尔的；长久嗅着，即使可能，也受不了。所以气味到底是小趣味。而颜色，有了个颜色就有在那里了，使人安心。颜色和气味的愉快性也许和这有关系……

我最怕的是凡哑林，水一般地流着，将人生紧紧把握贴恋着的一切东西都流了去了。胡琴就好得多，虽然也苍凉，到临了总像着北方人的“话又说回来了”，远兜远转，依然回到人间。（《谈音乐》）

张爱玲有着异乎常人的敏感和细腻，她善于从日常生活里捕捉这类细微的感觉，并将看似寻常的声、色、味的快感转化为精神上的愉悦。她“懂得怎么看‘七月巧云’，听苏格兰兵吹 bagpipe，享受微风中的藤椅，吃盐水花生，欣赏雨夜的霓虹灯，从双层公共汽车上伸出手摘树巅的绿叶”（《天才梦》），无师自通地从最易被人忽略的细节里，从慌乱年景的世俗生活里，去发现看似微不足道的诗意，去体味生命的欢悦。

夏天房里下着帘子，龙须草席上堆着一叠旧睡衣，折得很齐整，翠蓝夏布衫，青绸裤，那翠蓝与青在一起有一种森森细细的美，并不一定使人发生什么联想，只是在房间的薄暗里挖空了一块，悄没声地

留出这块地方来给喜悦。我坐在一边，无心中看到了，也高兴了好一会。（《谈音乐》）

上海所谓的牛肉庄是可爱的地方，雪白干净，瓷砖墙上丁字式贴着“汤肉××元，腓利××元”的深桃红纸条。屋顶上，球形的大白灯上罩着防空的黑布套，衬着大红里子，明朗得很。白外套的伙计们个个都是红润肥胖，笑嘻嘻的，一只脚踏着板凳，立着看小报。他们的茄子特别大，他们的洋葱特别香，他们的猪特别的该杀。门口停着塌车，运了两口猪进来，齐齐整整，尚未开剥，嘴尖有些血渍，肚腹掀开一线，露出大红里子。不知道为什么，看了绝无丝毫不愉快的感觉，一切都是再应当也没有，再合法、再合适也没有。我很愿意在牛肉庄上找个事，坐在计算机前面专管收钱。那里是空气清新的精神疗养院。（《童言无忌》）

她真切地意识到，“活在中国就有这样的可爱：脏与乱与忧伤之中，到处会发现珍贵的东西，使人高兴一上午，一天，一生一世”（《诗与胡说》）。她甚至为自己不再嫌弃“脏”而高兴，为自己能更像一个普普通通的人而自喜：“上街买菜去，大约是带有一种落难公子的浪漫的态度罢？然而最近，一个卖菜的老头称了菜装进我的网袋的时候，把网袋的绊子衔在嘴里衔了一会儿。我拎着那湿濡的绊子，并没有什么异样的感觉。自己发现与前不同的地方，心里很高兴——好像是一点踏实的进步，也说不出是为什么。”（《童言无忌》）

对世俗生活的喜爱，对普通人的认同，使她对那些衣食男女有了更贴近的认识和理解。在她看来，上海人的油滑奸诈、趋炎附势、奉承拍马、浑水摸鱼等人性中的小奸小坏，在那个年代都是可以宽恕和谅解的。这是因为“上海人是传统的中国人加上现代高压生活的磨练，新旧文化种种畸形产物的交流，结果也许是不甚健康的，但是这里有一种奇异的智慧”。这种智慧就是“文理清顺，世故练达”。说到底，他们不过是一群软弱的凡人，“看不起人，也不大看得起自己。然而对于人与己依旧保持着亲切感”。（《到底是上海人》）所以张爱玲不仅原谅，甚至还喜欢他们。

从小民百姓卑微而平庸的世俗生活里，张爱玲认识到了人生安稳的可贵，体验到了烟熏火燎的日子里自有一份平实的温馨与愉悦。这种温馨与愉悦，让她感受到了自我的生命存在。

但仅止于此，张爱玲就不是张爱玲，因为她还有飞扬恣肆的一面——她享受成名的感觉，她喜欢奇装炫人，她清高孤傲，她特立独行，她不甘于平庸也不安于清贫。她曾经对弟弟说："一个人假使没有什么特长，最好是做得特别，可以引人注意。我认为与其做一个平庸的人过一辈子清闲生活，终其身，默默无闻，不如做一个特别的人，做点特别的事，大家都晓得有这么一个人，不管他人是好是坏，但名气总归有了。"[2]

张爱玲以诗意的眼光去端详芸芸众生的生活和人生，但她绝不会陶然其中而不自醒。她对自己的人生还有更高的期许——即使这期许不能达成，也要让生命迸发出瞬间的灿烂。在《更衣记》的收尾，她意味深长地描述了这样一个情景：

> 秋凉的薄暮，小菜场上收了摊子，满地的鱼腥和青白色的芦粟的皮与渣。一个小孩骑了自行车冲过来，卖弄本领，大叫一声，放松了扶手，摇摆着，轻倩地掠过。在这一刹那，满街的人都充满了不可理喻的景仰之心。人生最可爱的当儿便在那一撒手罢？

这一撒手的时刻，这一撒手的姿态，或许正是张爱玲人生恣意飞扬的另一写照。

成名之后，张爱玲的生活也随之大为改观，先前那种为拿不出生活费发愁的日子已一去不返。在 1944 至 1945 年间，上海人眼中的张爱玲，简直就是一个追求享乐、盛装艳服的现代女子。对此，张爱玲并不觉得有什么不妥或不安，她向来就不掩饰自己对金钱和物质享受的渴求。在《我看苏青》一文中她直白地说："我们这一代的人对于物质生活，生命的本身，能够多一点明了与爱悦，也是应当的。""我们都是非常明显地有着世俗的进取心，对于钱，比一般文人要爽直得多。"在同一篇文章里，她还这样设想自己的居所和生活："我将来想要一间中国风味的房，雪白的粉墙，金漆桌椅，大红椅垫，桌上放着豆绿糯米瓷的茶碗，堆得高高的一

爱丁顿公寓

盆糯团，每一只上面点着个胭脂点。”

这未必就是张爱玲所中意的居所，但她对华屋美服的喜爱却是再清楚不过的了。张爱玲自小居住在豪华的洋房里，从父亲那里逃出来之后，就住进了母亲和姑姑在租界里租住的公寓。据说当年租界中里弄房屋平均月租是 37 元，公寓、花园住宅房租则更高，而工薪者的同期月工资仅为 14 元，可见公寓也并非寻常人家能住得起的。从 1939 年起，张爱玲和姑姑一直住在爱丁顿公寓里。这是一座华洋杂居的公寓，有专职电梯工，管理也相当规范，在当时的上海也算得上高档住宅。1942 年，她们搬过一次家，但只是从 5 楼的 51 室，搬到 6 楼的 65 室，足见她们对这个公寓的钟情。

在这所公寓里，张爱玲完成了《沉香屑：第一炉香》《沉香屑：第二炉香》《倾城之恋》《金锁记》《封锁》《心经》《花凋》等小说，还在这里与胡兰成秘密结婚以及离婚。直到 1947 年，张爱玲才离开这座令她欣喜若狂和伤心无比的公寓，随姑姑迁居到梅龙镇巷内的重华新村 2 楼 11 号公寓。

在爱丁顿公寓，张爱玲和姑姑住的是两个相对独立的单元，有各自的卧室和盥洗室，中间隔着厨房和阳台相连。两个单元是相通的，但又有各自相对独立的空间。从张爱玲的散文中，我们可以窥见这套公寓房内较为隐秘的空间：浴室的钥匙，是黄铜的，老了泛着一点苔绿，造型如同鹤的脖子，插在锁孔里，必须仔细转动，方可开启。开门进去，最触目的是一个四只脚的大浴盆。“浴室里的灯新加了防空罩，青黑的灯光照在浴缸面盆上，一切都冷冷地，白里发青发黑，镀上一层新的润滑，而且变得简单了。从门外望进去，完全像一张现代派的图画，有一种新的立体。我觉得是绝对不能够走进去的，然而真的走进去了。仿佛做到了不可能的事，高兴而又害怕，触了电似地微微发麻，马上就得出来。”（《谈音乐》）

这样的公寓虽没有别墅洋房的深阔气派，却有现代都市家居的华美与雅致。胡兰成在《今生今世》中提到他初进张爱玲居所时的印象："她房里竟是华贵到使我不安，那陈设与家具原简单，亦不见得很值钱，但竟是无价的，一种现代的新鲜明亮几乎是带刺激性。"

姑姑和张爱玲的家（是姑姑自己设计的）

居所是这样的讲究，衣着打扮则更是到了"炫人"的程度。张爱玲自小受其母亲的影响，对穿着打扮十分着迷。不过她自己却将原因归咎为："那都是因为后母赠衣造成一种特殊的心理，以至于后来一度 clothes-crazy（衣服狂）。"（《对照记》）也许这两种原因兼而有之，或许还有女人的天性以及富贵人家的生活做派。总之她对衣装有着过人的敏感和好奇，很小的时候就发誓 8 岁梳爱司头，10 岁穿高跟鞋，只是那时她还不能自主，后来长大了又没有钱。但这种欲望是压抑得越久，爆发得也就越强烈。还在香港读书的时候，她拿到了两笔奖学金，手里有了自己的钱，便在炎樱的协同下随心所欲地做了许多衣服。这些衣服质地虽不见得高档，但款式一定新潮。后来，她就是穿着这些炫人的时装回到了上海。

弟弟回忆说："她从香港回来，我去看她，她穿着一件矮领子的布旗袍，大红颜色的底子，上面印着一朵一朵蓝的白的大花，两边都没有纽扣，是跟外国衣裳一样钻进去穿的。领子真矮，可以说没有；在领子下面打着一个结子，袖子短到肩膀，长度只到膝盖。我从没有看见过这样的旗袍，少不得要问问她这是不是最新式的样子。她淡漠地笑道：'你真是少见多怪，在香港这种衣裳太普通了，我正嫌这样不够特别呢！'"[3]

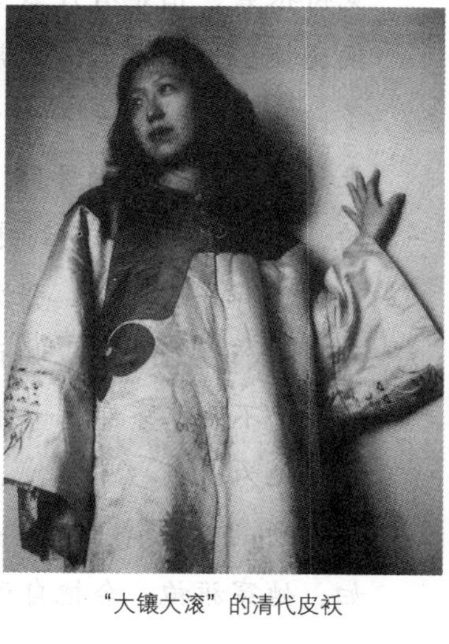

"大镶大滚"的清代皮袄

在弟弟的眼里，姐姐就是一个喜欢特别的人，随便什么事情总爱跟别人两样，自由、张扬、我行我素，大有衣不惊人死不休的气概。一次，她的一个朋友的哥哥结婚，她穿了一套前清样式的绣花袄裤去道喜，满座的宾客为之惊奇不止。还有一次，她穿着奇装异服到苏青家里去，整条巷子为之轰动。她走在前面，后面就紧跟着一大帮看热闹的小孩子，一面追，一面叫。她还穿过一身自己设计的连衣裙，下身仿佛套了一只灯笼。她穿着这件独出心裁的灯笼服，在上海喧闹的马路上招摇过市，还曾穿着它去观看话剧《倾城之恋》的排演。一个朋友回忆说，那天她穿着桔黄色缎子旗袍，下面却像伊丽莎白时代的裙子，中间由大大的藤圈撑着，下端收紧，活像一个大灯笼。正在排戏的演职人员，个个对她的怪装笑个不止。

这样的装束打扮，即便有东方巴黎之称的上海，也算得一道奇异的风景了。有人为之惊艳，也有人讽言醋语。后来与张爱玲不睦的同城女作家潘柳黛，就曾在文章中阴阳怪气地记述过张爱玲奇异的衣装和行止：

有一次我和苏青打电话和她约好，到她赫德路的公寓去看她，见她穿一件柠檬黄袒胸裸臂的晚礼服，混身香气袭人，手镯项链，满头珠翠，使人一望而知她是在盛装打扮中。

我和苏青不禁为之一怔，问她是不是要上街？她说：“不是上街，是等朋友到家里来吃茶。”当时苏青与我的衣饰都很随便，相形之下，觉得很窘，怕她有什么重要客人要来，以为我们在场，也许不方便，便交换了一下眼色，非常识相地说：“既然你有朋友要来，我们就走了，改日来也是一样。”谁知张爱玲却慢条斯理地说：“我的朋友已经来了，就是你们俩呀！”这时我们才知道原来她的盛妆正是款待我们的，弄得我们两人感到更窘，好像一点不懂礼貌的野人一样。

还有一次相值，张爱玲忽然问我：“你找得到你祖母的衣裳找不到？”我说：“干吗？”她说：“你可以穿她的衣裳呀！”我说：“我穿她的衣裳，不是像穿寿衣一样吗？”她说：“那有什么关系，别致。”

她为出版《传奇》，到印刷所去校稿样，穿着奇装异服，使整个印刷所的工人停了工。她着西装，会把自己打扮成一个十八世纪少妇，她穿旗袍，会把自己打扮得像我们的祖母或太祖母，脸是年轻人的脸，服装是老古董的服装，就是这一记，融汇了中外古今的大噱头，她把自己先安排成一个传奇人物。[4]

有人问张爱玲何以如此奇装炫人，她回答说："我既不是美女，又没有什么特点，不用这些来招摇，怎么引得起别人的注意？"这亦真亦假的话，至少说明张爱玲完全不顾他人感受的衣着风格，并不仅仅是为了满足女性爱美的需求，或者加倍偿还她被压抑了的欲望，在此之外，她还是有所用心的。她曾说："对于不会说话的人，衣服是一种语言，随身带着的一种袖珍戏剧。"（《气短情长及其他》）

衣服是语言，是戏剧，在人所共知的效用之外，它还有表现自我的功能。那么，张爱玲要表现什么呢？是独标孤高、叛逆、惊世骇俗，还是对自由的追求和个性的张扬？是身处乱世的恣意放纵，还是现世主义的及时享乐？也许把这一切放在苍凉虚无的底子上，才能看清楚张爱玲最本真的那一面。

1944—1945年，张爱玲成了上海滩炙手可热的文化明星，不仅她的作品，就连她的个人生活，都成了媒体追逐报道的热点。她的衣着、妆容、癖好、购物习惯，甚或她光顾的饭店、咖啡馆，她喜欢的电影以及她欣赏的男性等，都是媒体争相谈论的话题。其实，在当时混沌一片的上海文场，不独张爱玲，像苏青、潘柳黛等风头正健的女性作家，也频繁地出现在媒体的聚光灯下，与当时最知名的电影明星和流行歌手一起交相辉映。在1945年5月份的《杂志》月刊上，就曾刊发过一幅文亨创作的漫画——《女作家三画像》。三幅肖像被名之为"钢笔与口红"，画面的左下角附有一段说明性的文字：

有一位"文亨"先生，寄给记者三张漫画像，画的是目前活跃在上海文坛的三位女作家，对于画，记者是外行，可是所画的三位，记者都是认识的，因此接到这三张画，便直觉得觉得"有神气"（也许她们自己倒并不觉得），因此刊在这里。原题如下：编务繁忙的苏青，弄蛇者潘柳黛，奇装炫人的张爱玲。

《女作家三画像》

三幅肖像以大头小身躯的夸张变形手法，突出各自的特征。张爱玲的肖像则以时尚的发型、精心修剪的眉毛、浓重的眼线和新潮的装束，凸显出她的摩登形象。这大概就是当时上海人心目中的张爱玲。

在这样一种氛围中，一向不善言辞、不爱交往的张爱玲，也开始频繁地在社交活动中出头露面。除了“《传奇》集评茶会”“女作家座谈会”“苏青张爱玲对谈会”等和文学相关的活动之外，她还参与一些所谓名人贤达的聚会。在座谈会上，张爱玲并不侃侃而谈，有时甚至言语寥落，远兜远转，让人抓不住要点。也许正因为如此，她每次出行，都不忘带着好友炎樱。在她最出风头的这两三年里，炎樱成了她最得力的“助理”和护卫者，举凡发型、服装、首饰等，都由炎樱一手打理，有时张爱玲话语迟缓，或不便应对，炎樱也会代为应答。一次《传奇》座谈会上，与会者中有人指出张爱玲的作品整篇不如局部，局部不如一段，一段不如一句。炎樱立即回答道：“她的作品像一条流水，是无可分的，应该从整个来看，不过读的人是一勺一勺吸收而已。”

1945 年 7 月 21 日，张爱玲参加了一次由日伪联合举办的各界名人纳凉会。会上，有人向电影明星李香兰提问，李香兰应对裕如，很有风头。其后有人向张爱玲提问，张却一时沉吟不语。炎樱赶紧上前替她打圆场说：“可以听得见她的脑筋在扎扎转动。”言毕，还用手做出摇摄影机的动作。

纳凉会是张爱玲在沦陷时期公开露面的最后一次，会后不到一个月，8 月 15 日，日本宣布无条件投降。但这是一次政治意味复杂的聚会，单就参会者的身份来说就很复杂。电影明星李香兰[5]，具有日本人和中国人的双重身份，“她拍摄的娱乐电影旨在安抚殖民下的满洲并将日本介绍给他们。她也同时为日本观众拍摄了极其不同的影片，通过银幕上中国少女被孔武有力的日本英雄所征服这样的情节来象征并炫耀日本对中国这块大陆的征服”。[6] 1943 年，随着电影《万世流芳》的热影，李香兰以文化大使的身份频繁到访上海，其活动背后的政治用心是不言自明的。而那天出席作陪的人物中，也有几个身份特殊，一个是汪伪政府的高官金雄白，一个是日本海军接管后的《申报》社长陈彬和，另外还有日本人松本大尉和川喜多长政。在这样极其敏感的时间，与这样一帮人一起“纳凉”，实属大不宜。

张爱玲与日本影星李香兰

汪伪背景的《杂志》月刊对这次纳凉会进行了报导，除发表以“纳凉会记”为题的文章外，还配发了张爱玲与李香兰合影的照片。照片中，张爱玲身穿一件自己设计、缝制的花短裙，拧巴着身子坐在椅子上，李香兰则身着传统样式的旗袍站在一侧。从张爱玲的坐姿和表情来看，她似乎并不情愿与这位影星合影，但这样一个瞬间还是凝固成了历史，无法改变也无法涂抹。

张爱玲一向不问政治，也不屑于政治，对她来说，参加这类“纳凉”活动，也许仅仅是享受一下文化明星的荣耀，或者利用这样的时机为自己造势，这和她两三年前为迅速成名而不管不顾地四处发表作品的行为如出一辙，至于这些活动怎样被人利用来制造歌舞升平的气象，是不在她的考虑范围之内的。然而不幸的是，正是这些出于一己之私利的行为，却在不久后成了她备受指责的历史污点。20世纪七八十年代以来，张爱玲在海内外华文圈高热不退，但她的这一段历史总是不断地被拎出来示众，成了张迷和研究者们心中拔不掉的一根鲥鱼刺。

历史的评判有时代的标准，也应有个体的标准。长久以来，人们习惯了以时代的标准评判历史，评判具体历史处境中的个人，然而面对浩浩汤汤的历史大潮，个体不过是随波漂转的草芥，多半不能自主。在强弱天壤的力量对比中，个体无疑是微不足道的弱者。因此，若以时代的标准评判个体在惊涛裂岸的历史大潮中所作出的具体的生存选择的对错得失，是有欠公允的，也是不厚道的。在今天，与其对张爱玲进行政治的或道德的评判，倒不如去探究一下她在那样一种具体的生存处境中，究竟是怎样的心态促使她作出了这样的选择。

“乱世”是张爱玲对自己所处时代的概括。她在黄昏的阳台上，在“凶残的，大而破的夜晚”，看到的是乱世的景象，感受到的是乱世的苍凉。她觉得“乱世的人，得过且过，没有真的家”，乱世的人，也没有安稳的人生，有的只是“一种郁郁苍苍的身世之感”。过去或许是亲切的，可是已经错过；将来或许是安稳的，可是“来到的时候已经不是我们的了”，我们只能待在乱世之中，“就近求得自己的平安”。（《我看苏青》）“人”是最拿不准的东西”，（《烬余录》）因为在这样的乱世里，鲜活的生命瞬间就会化为乌有，想做什么，立刻去做，或许都来不及了。港战中佛朗士教授的死，就给了她这样的震撼和启示。也许正是这种乱世心态，促使她选择了“活在当下”的现世主义和利己主义的生存态度。她的“出名要趁早，要不就来不及了”的焦虑，她对物质享受的追求，她对奇装异服的喜爱等，都是这种现世主义和利己主义的具体体现。她承认自己是个自私的人，“我在小处是不自私的，但在大处是非常的自私”。在她的价值观里，“做一个特别的人，做点特别的事”乃人生之大目标，为了“特别”，为了“名气”，她可以“不管他人是好是坏”，可以在任何一家有助于她成名的刊物上发表作品，可以无所顾忌地出入背景复杂的社交场所，也可以和一个汉奸文人来一场刻骨铭心的情恋。对此，张爱玲并不以为有什么不妥。人总要活下去，且希望自己活得好，但在这样秩序大坏的乱世里，若依旧循规蹈矩而不知变通，只能是自甘平庸甚或自堕深渊。她对小奸小坏的上海人的认同，对他们在磨难中练就的生存智慧的赞赏，恰恰曲折地反映出她的这一乱世心态。

其次是遗民心态。遗民心态可以是积极的，如明清之际反清复明的知识分子的心态，也可以是消极的、失落的，张爱玲的心态属于后者。准确地讲，张爱玲应该算作第二代遗民。她的家族先人都是典型的心忧天下的士大夫，但是张爱玲出生的时候，先人们连同他们所忧的那个天下都已不复存在了，而她所置身其中的“新天下”，也似乎与她没有太大的关系。在她少小时期，陪伴她成长的只有父母姑嫂之类的遗老遗少，而这些高门巨族的第一代遗民，在时代的更迭中丧失了优越的社会地位，也丧失了先辈们以天下为己任的治平气度，眼里只剩下自己身家的安危，成天躺在遗产堆里醉生梦死，至于身外的世界如何变幻，全不干他们的事。这样一种颓废的人生态度，也难免不会影响到张爱玲。《小团圆》中这样写道："九莉（以张爱玲为原型）经过两次沪战，觉得只要照她父亲说的多囤点米，煤，吃得将就点，不要到户外去就是了。"面对事关国家存亡的战争，想到的只是自己的饥饱与安危，一般人心中具有的民族意识、爱国热情，在张爱玲那里却成了极为稀缺的东西。

这是一种典型的遗民的失落心态。对此，宋家宏先生曾有精辟的分析："我们不应该忘记了她是一个流着贵族血液的没落的千金小姐，这一身份决定了她最深层的政治意识：对现实政治的冷漠。试想，她还会对辛亥革命后的哪一种政治力量感兴趣呢？她是一个'失落者'，已失去了对新的社会理想的追求。"[7] 这种遗民的失落心态，使她觉得过去比将来亲切，而当新的社会到来，新旧交替的变革开始，她又觉得是"更大的破坏"到来了。总之，她感到格格不入，感到自己就是一个在社会边缘漂流的"零余人"。这种感觉又使她的内心充满着无限的"荒凉"和"惨伤"。正是这样一种遗民身世和失落心态，才使得张爱玲疏离了民族国家，也远离了现实政治。

张爱玲不仅对民族国家之类的政治不感兴趣，她对外部世界所发生的一切与自己的生存体验无关的事情一概不感兴趣。诚如她自己所言："我向来很少有正义感，我不愿意看见什么，就有本事看不见。"（《打人》）因此她"看不见"沦陷时期上海文场的复杂政治生态，"看不见"惨烈的抗日战争，"看不见"胡兰成的汉奸本质。

此外，在张爱玲的成长过程中，破裂的家庭和自私的父母也给她的心灵造成严重的伤害，让她产生了一种"孤零零站在天底下"的感觉。她从自私、冷漠的父亲那里逃出来，投奔到一向钦羡和信赖的母亲那里，却发现母亲也是同样的自私和冷漠。《小团圆》里，母亲对女儿所辛苦得来的奖学金，非但没有如想象中那样认真保存，反而在麻将场上挥霍一空。而奖学金是九莉最看重的东西，"存到银行里都还有些舍不得，再提出来也是别的支票了。这是世界上最值钱的钱"，而如此珍视的东西却被母亲毫不怜惜地挥霍掉了。想到自己成长过程中母亲对她的种种忽视和冷漠，张爱玲彻底明白了母亲在意的不是她这个女儿，而是自己的享乐；明白了自己实际上就是一个父亲不疼、母亲不爱的弃儿。

就是在这样破碎的家庭和自私冷漠的亲人中间，张爱玲开始习惯了自私，也学会了冷漠，或者说她用自私和冷漠将自己包裹在孤独里，以防受到更大的伤害。除了姑姑之外，她对所有的亲人几乎恩断情绝，更无经济上的往来。新中国成立前夕，父亲穷愁潦倒，与后母栖身于一间 14 平米的亭子间，她既不探视，也无接济。她和弟弟 31 年不通音问，直到 1983 年才有书信联络。弟弟终生未娶，晚年只靠微薄的退休金勉强度日，她却在 1989 年给弟弟的回信中说自己"勉强够过"，"没能力帮你的忙"（那时张爱玲的作品在港台和内地大量印行，版税收入应该不少）。她不同情那些不相干的人——即便是她的亲人，她也不渴望别人的同情；她不怜悯他人，也不希望别人来怜悯她。她将自私和冷漠发展为一种坦率干净的生活态度，她用独往独来的潇洒掩饰内心的孤独。到了晚年，她几乎断绝了和所有人的联系，不接受采访，不拆阅书信，甚至连电话也不接听，她要把这个纷扰的世界完全屏蔽掉，彻底地回到自己孤独而宁静的内心；她要用孤高和寂清为自己编织出一层薄薄的茧壳，小心地保护着那份吹弹可破的自尊，防范着哪怕最轻微的伤害。

这些复杂的心态纠缠在一起，影响和改变着她的人生。如果说张爱玲的人生是一个传奇，那么这个传奇里最耐人咀嚼的，就是这些疙疙瘩瘩的心结。

/ 注释 /

[1] 孔范今主编：《二十世纪中国文学史》，山东文艺出版社 1997 年版。

[2][3] 张子静、季季：《我的姐姐张爱玲》，吉林出版集团有限责任公司 2009 年版。

[4] 参见潘柳黛《记张爱玲》。

[5] 李香兰，又名山口淑子，是一个由中国家庭在东北抚养大的日本女子，后成为东北及整个东亚最受瞩目的电影明星和大众偶像。1943 年主演电影《万世流芳》。该片以 1839 年至 1842 年间的鸦片战争为背景，把林则徐塑造成一个反抗西方侵略的东亚英雄形象，宣扬东亚各国共同的真正敌人是西方而非日本，试图利用中国与西方的冲突，为其"大东亚共荣"的殖民梦想张目。影片票房大获成功之后，李香兰以文化

大使的身份频繁往来于东北和上海之间，努力为日本殖民主义进行宣扬正名。1945年7月21日，李香兰最后一次到访上海，受到有日伪背景媒体的关注和报导。

［6］参见米丽安·希尔维伯格《记住珍珠港，忘掉查理·卓别林，以及消失的西方女性：看图说话》，载《立场》第1期（1993年春季）。

［7］宋家宏：《张爱玲的“失落者”心态及创作》，载《文学评论》1988年第1期。

第五章 尘埃花开

“死生契阔——与子相悦，执子之手，与子偕老。”……我看那是最悲哀的一首诗，生与死与离别，都是大事，不由我们支配的。比起外界的力量，我们人是多么小，多么小！可是我们偏要说：“我永远和你在一起；我们一生一世都别离开。”——好像我们自己做得了主似的！

——《倾城之恋》

老实说，即便在张爱玲恣意飞扬的几年里，她也没有忘乎所以到完全失了分寸。1944 年 11 月，日本侵略者为把中国文学一同拖入“大东亚战争”，指使其文化机构策划召开第三次“大东亚文学者大会”[1]，力邀张爱玲参会，并事先在报上披露张参会的消息。当时许多日伪高官如宇垣一成大将及汪伪的熊剑东等，都想借此机会得识红极一时的张爱玲，但她毫不犹豫地拒绝了。辞函只有一句话：“承聘为第三届大东亚文学者大会代表，谨辞。”辞函虽短，却透着不容商量的决绝。在如此敏感的是非面前，张爱玲还是有底线的。但在个人情感方面，她堕入了十里迷津，彻底地撒了一次手。

究竟是谁有这样的魔力，让一向清高孤傲的张爱玲自堕尘埃，并且心甘情愿地“从尘埃里开出花来?”这人就是胡兰成，一个儒雅的乱世政客，一个狂狷自负的投机文人，一个多情寡义的风流荡子。

胡兰成

胡兰成的身世与张爱玲相比，可谓天壤之别。他 1906 年出生于浙江嵊县乡下的胡村。据说祖父是个茶栈老板，家境也算殷实，但到父亲一辈就败落了。他幼时随母亲过活，日子十分清苦，但他聪明灵透，喜欢读书。小学毕业后到杭州惠兰中学念书，二年级时考取杭州邮务局邮务生，三个月后因与局长作对被开除。21 岁去了北平，在燕京大学副校长室做抄写文书的工作，同时旁听该校的课程。北伐时回到浙江，先后在杭州中山英文专修学校、萧山湘湖师范学校任教。他一个人寄住在学校里，每月寄钱给家中的母亲和发妻唐玉凤，生活虽然清苦，倒也还算安稳。

设若不是发妻玉凤病重而殁，他因无钱安葬，四处借钱，受尽白眼和奚落，或许胡兰成会继续这种平静的生活。但他骨子里是个自视清高的人，在遭遇了这样的刺激之后，心中不免愤愤，甚至生出一股“杀”气。他后来述及此事，仍沉痛不已地说：“此后二十年来，我惟有时看社会新闻，或电影并不为那故事或剧情，却单是无端的感触，偶然会潸然泪下。乃至写我自己的或他人的往事，眼泪滴在稿纸上的事，亦是有的。但对于怎样天崩地裂的灾难，与人世的割恩断爱，要我流一滴泪总也不能了。我是幼年时的啼哭都已还给了母亲，成年后的号泣都已还给玉凤，此心已回到了如天地不仁。”[2]

发妻死后两个月，胡兰成带着这些激愤的情绪南下广西，在南宁、百色、柳州等地辗转，做了 5 年的中学教员。他当然不会安于教书生涯，只是在窥测时机，见风而动。这期间，他娶妻全慧文。

1936 年两广事发，桂系第七军发动兵谏，要求蒋介石中央政府抗日。胡兰成受第七军军长廖磊之聘兼办《柳州日报》，即在报上鼓吹“发动对日抗战必须与民间起兵开创新朝的气运结合，不可利用为地方军人对中央相争，相妥协的手段”。这种观点引起了政界人物的注意。事件平息后，他因此而被第四集团军总司令部监禁33天，后白崇禧送大洋500元，将他礼送出境。

胡兰成因文招祸，不想这次文祸却成了他进身政界的资本。1937年3月，他由广西仓皇来到上海，进入有汪派背景的《中华日报》。不久，便因几篇投日本人所好的政论文章受到器重，很快升任《中华日报》主笔。沪战之后，又被调任香港《南华日报》总主笔，同时还供职于汪派背景的“蔚蓝书店”，俨然成了名重一时的政论家。次年，汪精卫欲组伪政府，四处网络“人才”，先派亲信问候胡兰成，后其夫人又亲自召见，还将他的薪水从60元升至360元，另给两千元机密费。自此，胡兰成便以入幕之宾的身份，为汪精卫奔走效力。汪为鼓吹“和平运动”，专门成立了社论委员会，并自任主席，胡兰成则被委以总主笔，撰述有周佛海、陶希圣、林柏生、梅思平、李圣五等人。汪伪政府成立后，胡兰成先后担任中央委员、宣传部次长、行政院法制局局长等职，还做过汪精卫的机要秘书，常向汪精卫进言，汪亦以礼待之，称他为“兰成先生”，并时常问计于他。

在两三年的时间里，胡兰成就从一个普通的中学教员，蹿升为汪伪政府大员，这对他来说，真可谓平步青云。然而，正当他踌躇满志，准备大展身手之时，却遭到周佛海一派的嫉恨，到1943年下半年，胡兰成在派系间的明争暗斗中败下阵来，成了一个有职无权的闲人。大约就是在这段时间里，他读到了张爱玲发表在《天地》杂志上的小说《封锁》。据胡兰成记述：

> 前时我在南京无事，书报杂志亦不大看。这一天却有个冯和仪寄了《天地》月刊来，我觉和仪的名字好，就在院子里草地上搬过一把藤椅，躺着晒太阳看书。先看发刊辞，原来冯和仪又叫苏青，女娘笔下这样大方利落，倒是难为她。翻到一篇《封锁》，笔者张爱玲，我才看得一二节，不觉身体坐直起来，细细地把它读完一遍又读一遍。[3]

虽然胡兰成对张爱玲的《封锁》击节赞赏，甚至还写了一篇《评〈封锁〉》的短文交由苏青发表，但他的志趣在于政治仕途，对文学的偶然关注，只是一个政坛失意的文人借以疗伤的一剂散药。不过，当他从苏青那里得知这张爱玲是个女子，且在下一期《天地》上看到张爱玲的照片之后，他所关注的就不单单是张爱玲的文章了。他觉得“世上但凡有一句话，一件事，是关于张爱玲的，便皆成为好”[4]。

在对张爱玲这个传奇女子充满好奇的同时，胡兰成也没有忘记他的本业——继续挥洒他的政论文章，试图在政坛上咸鱼翻身。他通过日本使馆的官员清水董山和池田笃纪，与日本军界政界的少壮派人物频频接触，同时还不断地发表演讲和文章。在《日本应实施昭和维新》一文中，他断言“第二次世界大战日本必败，汪先生也无法存在”，如要挽救，除非日本断然在华撤兵，实行昭和维新。此文由池田译成日文，刊出后深得日皇昭和和首相府高官的欢心和嘉许，胡兰成也因此在日本新闻界出足了风头。然而这却惹恼了汪精卫。当时汪政府与日本人之间正矛盾重重，汪认为胡兰成狂妄自负，自说自话，其言论与政府口径相左，无疑是对他的背叛，于是下令将胡兰成关押。胡兰成再次陷入危机，甚至以为自己性命难保，后经池田和清水多方奔走营救，由日本大使与军方联手向汪伪施压，在被关押了 48 天之后，终获释放。

这次牢狱之灾，使胡兰成陷入更深的政治困境，在当时的南京伪政府里，他显然成了一个不受待见的人。因此，他出狱后在南京待了不几日，便回到了上海，时间大约是 1944 年 2 月初。和平运动的大本营及《中华日报》报社都在上海，胡兰成便将家安置在那里。后伪政府成立，他到南京做官，又在南京大石桥石婆婆巷置一公馆，娶了个非正式太太，但家室仍留在上海，时常在沪宁之间走动。但这次一到上海，胡兰成并没有回家，而是直接去找苏青，向她打听张爱玲的消息。苏青告诉他张爱玲轻易不见人，胡还是想碰碰运气，便向苏青讨要地址。苏青知道张爱玲的怪异脾气，不相干的人她是不见的，即便事先预约的见面亦未必容易。潘柳黛就曾回忆说，倘使你和她约好下午三点钟到她家里去，万一不巧你两点三刻就到了，那么张爱玲即使来应门，也会板着脸说：“张爱玲小姐现在不

胡兰成在南京的旧宅，1996 年拆除

会客。”让你暂时尝尝吃闭门羹的滋味。但若万一你三点一刻才到，那她就会振振有辞地告诉你：“张爱玲小姐已经出去了。”苏青当然知道胡兰成亦非等闲之辈，迟疑了好一阵还是将地址写给了他。

翌日，胡兰成匆匆赶往张爱玲的住所——静安寺赫德路口 192 号公寓 6 楼 65 室，果然吃了闭门羹。情急之中，他急忙将自己的名字和电话写在一张纸条上，从门缝里递了进去。胡兰成扫兴而归，只道是无缘得见，却不料隔了一天，张爱玲打电话给胡兰成，说要过来看他。

张爱玲如此矜持的人，会主动登门拜望一个陌生的访者，这可能让许多人觉得奇怪。其实此时张爱玲对胡兰成是有所了解的，知道胡激赏她的文章，还写了一篇书评，而她也欣赏胡的文笔，胡入狱之后，她还陪苏青到周佛海家里打探消息，希望营救胡兰成出狱。这些事情，《小团圆》中亦有记述：

“有人在杂志上写了篇批评，说我好。是个汪政府的官。昨天编辑又来了封信，说他关进监牢了。”她笑着告诉比比（以炎樱为原型），作为这时代的笑话。起先女编辑文姬（以苏青为原型）把这篇书评的清样寄来给她看，文笔学鲁迅学得非常像。极薄的清样纸雪白，加上校对的大字朱批，像有一种线装书，她有点舍不得寄回去。寄了去文姬又来了封信说：“邵君已经失去自由了。他倒是个硬汉，也不要钱。”九莉（以张爱玲为原型）有点担忧书评不能发表了——文姬没提，也许没问题。一方面她在做白日梦，要救邵之雍（以胡兰成为原型）出来。她鄙视年青人的梦。结果是一个日军顾问荒木拿着手枪冲进看守所，才放出来的。此后到上海来的时候，向文姬要了她的住址来看她，穿着旧黑大衣，眉眼很英秀，国语说得有点像湖南

话。像个职业志士。

这段文字虽未提她“救人”之事，却说出了张爱玲对胡兰成的最初印象。先是说他的文笔像鲁迅，又担心胡出事后书评发表不了，可以看出她对胡的书评是喜爱的，也相当看重。说到见面之后她对胡兰成的印象，张爱玲用了两个字“英秀”；至于“像个职业志士”，大概是觉得他像个有魄力、能干大事的人。张爱玲向来看重一个人的聪明和才识，但对用这聪明和才识干什么样的“大事”，她似乎并不关心。总而言之，张爱玲对胡兰成的第一印象极佳，甚至有点一见倾心的意思。

而在未见面之前，胡兰成对张爱玲的印象，仅限于她的文章和登在《天地》杂志上的一幅正面头像。在胡的想象中，文章从容老到而又灿若锦绣的张爱玲，一定是个深通世故而又秀美灵透的女子，然而相见时的感觉却全然不同。胡兰成在《今生今世》中这样写道:“我一见张爱玲的人，只觉与我所想的全不对。她进来客厅里，似乎她的人太大，坐在那里，又幼稚可怜相，待说她是个女学生，又连女学生的成熟亦没有。我甚至怕她生活贫寒，心里想战时文化人原来苦，但她又不能使我当她是个作家。……她又像十七八岁正在成长中，身体与衣裳彼此叛逆。她的神情，是小女孩放学回家，路上一人独行，肚里在想什么心事，遇见小同学叫她，她亦不理，她脸上的那种正经样子。”

其实，张爱玲本来就不是一个深通人情世故的人，对此张新颖教授曾有如下精到的分析:“张爱玲小说与一般世情小说的表面上的极大相似性，给大部分读者造成一个印象，以为能够写出如此情景故事的人一定人情练达，世事洞明。这多半是个错误的假象。《传奇》世界表面上的涉世之深，并不得自于作者的深谙世故，实际上倒是常常依赖于从《金瓶梅》《红楼梦》到《歇浦潮》《海上花列传》等传统小说的帮助，影响张爱玲创作的这些‘潜在文本’，同时也使创作小说时的她显得比实际上更富于人生经验。”[5] 可以说，张爱玲的“世故”与“老到”，只是纸上的功夫，不过是中看不中用的银样蜡枪头，一回到现实生活，她便拙于应付了。她本就沉静寡言，连与人打交道都紧张，这样一个缺少历练的女孩，在一个年长自己 14 岁，从政治江湖里滚打出来的老辣男人面前，自然就多了一分拘谨，透着一分青涩。

尽管张爱玲完全不合胡兰成的想象，人也不是他以为的那种美，假如不是读过她的作品，了解些她的家世，这样的女孩恐怕不会引起胡兰成特别的注意。他自言道："她的亦不是生命力强，亦不是魅惑力，但我觉得面前都是她的人。我连不以为她是美的，竟是并不喜欢她，还只怕伤害她。美是个观念，必定如此如彼，连对于美的喜欢亦有定型的感情，必定如何如何，张爱玲却把我的这些全打翻了。我常时以为很懂得了甚么叫做惊艳，遇到真事，却艳亦不是那艳法，惊亦不是那惊法。"[6]

此时胡兰成对眼前这个女孩与其说是爱慕，倒不如说是怜惜。他生怕冷落了张爱玲，不停地向她评说时下流行的作品，谈她的文章好在哪里，又讲自己在南京伪政府里的事情，还问她每月写稿的收入。张爱玲只管坐着静静地听，问到自己的事情才回几句。就这样两个人在客厅里一坐 5 个小时，如此漫长的倾谈是张爱玲从未经历过的，她懵懵懂懂地听着这个饱经世故的男人絮絮而谈，说不清是欢喜还是仅仅出于礼貌。然而胡兰成分明是清楚的，他说道："我的惊艳是还在懂得她之前，所以她喜欢，因为我这真是无条件。而她的喜欢，亦是还在晓得她自己的感情之前。这样奇怪，不晓得不懂得亦可是知音。"[7]

假如到此为止，两个人的关系倒是算得上惺惺相惜的知音了，然而事情却急转直下。当胡兰成送张爱玲到弄堂口，两个人并肩走着，胡兰成突然说："你的身材这样高，这怎么可以？"这一句唐突而不无轻薄的话，立刻让这种"知音"关系变得复杂而暧昧。张爱玲十分诧异，几乎要起反感了，但到底也没有怎么样，这让久经风月的胡兰成找到了一点感觉。

第二天，胡兰成回访张爱玲。这一次，他没有被拒之门外。张爱玲今天穿了宝蓝绸的袄裤，带着嫩黄边框的眼镜，显得格外靓丽。房里的陈设透出一种令人不安的华贵气息。这华贵不是因为家具贵重，而是一种别具一格的雅致，一种现代的新鲜明亮，充满诱惑和刺激。

又是一次漫长的倾谈。胡兰成只管讲他的理论，讲自己的生平往事。张爱玲亦只是静静地听。她开始欣赏他的才识，喜欢他的聪明，也喜欢他的儒雅英秀；面对这个蔼然有长者风的男人，心里渐渐生出一份敬重，一份踏实而安稳的感觉。

回到家里，胡兰成似乎还沉浸在会面的兴奋里，立刻给张爱玲写了一封信。信的内容颠颠倒倒，说张爱玲如何谦逊，如何怎样，言词竟像“五四”时代的新诗一般幼稚可笑。张爱玲尽管也感到诧异，但她觉得这个男人是懂得自己的，不仅懂得她的文章，也懂得她的人，更懂得珍重和怜惜。她回信说：“因为懂得，所以慈悲。”

自此胡兰成每隔一天必去看张爱玲。两个人关在小客室里，喝红茶，品点心，评文章，说往事，俨然像一对热恋中的情人。张爱玲的姑姑对此颇有烦言，也觉得不妥。她认为胡兰成背景复杂，又有妻室家小，不宜交往。事情到了这一步，张爱玲进亦不是，退亦不能，免不得心绪烦乱，甚至心生凄凉。她给胡兰成写了一张字条，叫他不要再去看她。一向自负的胡兰成反倒不觉得这世上会有什么事冲犯，当日仍去看她，而张爱玲也依旧欢喜。爱是不问情由的，也没有什么道理好讲，情感一旦到了不能掌控的程度，张爱玲也只好“撒手”了。

这以后胡兰成索性天天去看她。两个人在六楼那间温馨的公寓作竟日的长聊，阳台外是全上海在天际云影日色里，底下电车当当地来去。“她永远看见他的半侧面，背着亮坐在斜对面的沙发椅上，瘦削的面颊，眼窝里略有些憔悴的阴影，弓形的嘴唇，边上有棱。沉默了下来的时候，用手去捻沙发椅扶手上的一根毛呢线头，带着一丝微笑，目光下视，像捧着一满杯的水，小心不泼出来。”（《小团圆》）

张爱玲望着眼前这个身着中式长袍的男人，觉得他们之间有很多共同的东西，比如才气、孤傲、聪明。他的聪明是善解人意，他不仅懂得她，更能将她的意思引申发挥，因此他对她的每一句欣赏和赞美，都让她感到无比的熨帖和欣慰。她笑言道：“你怎这样聪明，上海话是敲敲头顶，脚板底也会响。”

胡兰成给她说过一个故事，故事中的女孩就是胡的岳母。说有个村庄的小康之家的女孩子，生得美，有许多人来做媒，但都没有说成。那年，她不过十五六岁罢，是春天的晚上，她立在后门口，手扶着桃树。对门住着的年轻人同她见过面，可是从来没有打过招呼的，他走了过来，离得不远，站定了，轻轻地说了一声：“噢，你也在这里吗？”她没有说什么，他也没有说什么，站了一会，各自走开了。后来女孩被人拐卖到他乡去做

张爱玲

妾，经历了无数的磨难，到老了的时候，还惦记着从前那个春天的晚上，在后门口的桃树下，那个打招呼的年轻人。

这是一个忧伤的故事，像一则意味隽永的寓言，更像冥冥中的一个告诫：相逢不易，错过了便是永久的遗憾。张爱玲分明是懂得的，她写道："于千万人之中遇见你所遇见的人，于千万年之中，时间的无涯的荒野里，没有早一步，也没有晚一步，刚巧赶上了，那也没有别的话可说，惟有轻轻地问一声：'噢，你也在这里吗？'"（《爱》）她知道，既然遇见了，赶上了，那就不要再错过了罢。

她开始放下自己的骄傲，全身心地投入进去，留意着他的一举一动，体会着他的一笑一颦。"他坐在沙发上跟两个人说话。她第一次看见他眼睛里轻藐的神气，很震动。她崇拜他，为什么不能让他知道？等于走过的时候送一束花，像中世纪欧洲流行的恋爱一样绝望，往往是骑士与主公的夫人之间的，形式化得连主公都不干涉。她一直觉得只有无目的的爱才是真的。当然她没对他说什么中世纪的话，但是他后来信上也说'寻求圣杯'。他走后一烟灰盘的烟蒂，她都拣了起来，收在一只旧信封里。"（《小团圆》）

一次，胡兰成提起登在《天地》上的那张照片，第二天她便取出来送他，还在照片的背面写上："见了他，她变得很低很低，低到尘埃里，但她心里是欢喜的，从尘埃里开出花来。"胡兰成就此写道："她这送照相，好像吴季札赠剑，依我自己的例来推测，那徐君亦不过是爱悦，却未必有要的意思。张爱玲是知道我喜爱，你既喜爱，我就给了你，我把照相给你，我亦是欢喜的。而我亦只端然地接受，没有神魂颠倒。各种感情与思想可以只是一个好，这好字的境界是还在感情与思念之先，但有意义，而不是什么的意义，且连喜怒哀乐都还没有名字。"[8]

在胡兰成面前，一向矜持的张爱玲彻底放下了身段，以此来表明自己的一份真诚。面对张爱玲的这份真情，胡兰成却是像接受一份献礼一样地

“端然地接受”，因为他要的只是一个“好”字，这好字没有感情与思念，也没有喜怒哀乐，有的只不过是男女间的爱悦。在胡兰成的“爱情”辞典里，没有永恒的爱，也没有不变的情，有的只是以相知为幌子的男欢女爱。他在《今生今世》里有过这样一番剖白：

我于女人，与其说是爱，毋宁说是知。中国人原来是这样理知的民族，《红楼梦》里林黛玉亦说的是：“黄金万两容易得，知心一个也难求。”却不说是真心爱我的人一个也难求。情有迁异，缘有尽时，而相知则可如新，虽仳离决绝了的两人亦彼此相敬重，爱惜之心不改。人世的事，其实是百年亦何短，寸阴亦何长。《桃花扇》里的男女一旦醒悟了，可以永绝情缘，两人单是个好。这佛门的觉，在中国民间即是知，这理知竟是可以解脱人事沧桑与生离死别。我与一枝曾在一起三年，有言“赌近盗，奸近杀”，我们却幸得清洁无碍，可是以后就没有与她通音问。李白诗“永结无情契”，我就是这样一个无情的人。

这就是胡兰成的爱情观。更为不堪的是，在胡兰成热烈地“爱悦”着张爱玲的同时，他还和多个女人保持着或深或浅的关系。一是住在南京的非正式太太英娣，一个15岁嫁给他的秦淮河歌女；一是他的第二任太太全慧文，因为给他生了几个孩子，也未离家，和胡的侄女青芸一同住在上海家中。此外他还有一个在汪伪机构里做特工的情人佘爱珍（后与胡在日本结婚）。另据《小团圆》记述，此一时期胡兰成还与苏青保持着性关系。这些情况，张爱玲是有所知晓的，但她仍然一往情深，殊不知这是一个情爱的泥淖，陷进去，必然难脱苦恼的纠缠。

也许爱情就是一场桃花劫。一个将始乱终弃说得情深意长，一个只管付出，不问结果，这样的爱恋注定了是一次南辕北辙的爱情苦旅。然而张爱玲似乎并没有意识到，她正沉溺在一生中最大胆的一次“撒手”中，体验着一种浪漫的放恣，一种飞扬的喜悦。即使在晚年几易其稿的《小团圆》中，她仍以温情的笔调忆述当年的欢欣与沉醉：

这次与此后他都是像电影上一样只吻嘴唇。他揽着她坐在他膝盖上，脸贴着脸，他的眼睛在她面颊旁边亮晶晶的像个钻石耳坠子。

“你的眼睛真好看。”

“三角眼。”

不知道什么人这样说他。她想是他的同学或是当教员的时候的同事。寂静中听见别处无线电里的流行歌。在这时候听见那些郎呀妹的曲调，两人都笑了起来。高楼上是没有的，是下面街上的人家。但是连歌词的套语都有意味起来。偶尔有两句清晰的。

“嗳，这流行歌也很好。”他也在听。

大都听不清楚，她听着都像小时候二婶三姑常弹唱的一支英文歌：

泛舟顺流而下
金色的梦之河，
唱着个
恋歌。

她觉得过了童年就没有这样平安过。时间变得悠长，无穷无尽，是个金色的沙漠，浩浩荡荡一无所有，只有嘹亮的音乐，过去未来重门洞开，永生大概只能是这样。这一段时间与生命里无论什么别的事都不一样，因此与任何别的事都不相干。她不过陪他多走一段路。在金色梦的河上划船，随时可以上岸。

在这样的缠绵之中，张爱玲一厢情愿地沉醉在时光里，完全没了她文章中的世故与老到。那段日子，胡兰成多半在南京，每月回上海一次，住上八九天。每次回来，不到他美丽园的家里，而是先去看张爱玲，进门就说：“我回来了。”两人伴在房里，男的废了耕，女的废了织，连同道出去游玩都不想，亦且没有工夫。两个人似乎有说不完的话：说各自的性情喜好，说各自的人生理论；要么就徜徉在诗词歌赋里，一个别作新解，一个啧啧称奇。就这样一连数日，不辨晨昏，待到两人都觉得吃力了，胡兰成又去了南京，张爱玲则趁这工夫写自己的文章。每次小别，亦并无离愁，倒像是过了灯节，对平常日子转觉有一种新意。若说完全没有离愁，也倒不是。你侬我侬的欢悦之后，骤然的离别，也令张爱玲偶生感伤，只是她到底不肯缠绵悱恻。而胡兰成也乐得自在，毕竟张爱玲只是他爱悦的女子之一，他尽可以处之泰然，若无其事地周旋于众位佳丽之间。

这是一场不对等的情感游戏。在胡兰成看来，他与张爱玲的关系只是男欢女爱，即使“欢爱”到不能自拔，也只是“喜欢”。而张爱玲却是全身心的投入，匍匐在他的脚下，在尘埃里开出花来。也许是初经情事的幼稚，也许是太过自信，张爱玲并没有为这趟情恋之旅设定一个目的地，她甚至天真地以为这不过是陪他多走一段路，就如同“在金色梦的河上划船，随时可以上岸”，“并不到哪里去”。（《小团圆》）她沉浸在相知相悦的二人世界里，体验着“撒手”的快乐，一任情爱之舟顺流而下。胡兰成曾经试探过她对婚姻的想法，“她说她没有怎样去想象这个。她且亦不想会与何人恋爱，连追求她的人好像亦没有过，若有，大约她亦不喜。总之现在尚早，等到要结婚的时候就结婚，亦不挑三挑四”。[9] 也许正是出于这样一种心理，她对胡兰成先前混乱的性关系并不怎样地计较。她不妒忌他的妻子和情人，也不计较他与苏青的关系。在《小团圆》中她这样记述道：

> 也许他（邵之雍）不信。她从来没妒忌过绯雯，也不妒忌文姬，认为那是他刚出狱的时候一种反常的心理，一条性命是拣来的。文姬大概像有些欧美日本女作家，不修边幅，石像一样清俊的长长的脸，身材趋向矮胖，旗袍上罩件臃肿的咖啡色绒线衫，织出累累的葡萄串花样。她那么浪漫，那次当然不能当桩事。
>
> “你有性病没有？”文姬忽然问。他笑了。“你呢？你有没有？”

事实亦是如此。在得知苏青与胡兰成的关系之后，张爱玲仍然在文章里对苏青不吝赞词：“苏青与我，不是像一般人所想的那样密切的朋友，我们其实很少见面。也不是像有些人可以想象到的，互相敌视着。同行相妒，似乎是不可避免的，何况都是女人——所有的女人都是同行。可是我想这里有点特殊情形。即使从纯粹自私的观点看来，我也愿意有苏青这么一个人存在，愿意她多写，愿意有许多人知道她的好处，因为，低估了苏青的文章的价值，就是低估了现地的文化水准。”（《我看苏青》）对于住在南京的英娣，张爱玲也不排斥。她在写给身在南京的胡兰成的信中说：“我真高兴有你太太在那里。”总之，“她不妒忌过去的人，或是将要成为过去的”。（《小团圆》）

对于张爱玲的“大度”，胡兰成是心知肚明的。他在《今生今世》里写道：“我已有妻室，她并不在意。再或我有许多女友，乃至挟妓游玩，她亦不会吃醋。她倒是愿意世上的女子都喜欢我。”然而，对于一个初恋的女人来说，一旦情到深处，难免会想到将来的。尤其是他们的事情传扬出去之后，各种舆论自然会形成一种无形的压力，而家人亲戚也多不支持。舅舅对她与胡兰成这样的人交往十分不解，弟弟听见风声“诧异的眼睛睁得又圆又大”，姑姑一向不看好。凡此种种都迫使她不得不认真地思考二人的关系。此前她还在给胡兰成的信中说：“我想过，你将来就只是我这里来来去去亦可以。”可是这样一种“来来去去”的关系显然无法长久，最终她还是在另一封信中说：“我还是担心我们将来怎么办?”

张、胡二人虽然都“少曾想到要结婚”，但当英娣提出离婚之后，二人的关系迎来了一个改变的契机。1944 年七八月间，胡兰成和张爱玲私下成婚。对此胡兰成在《今生今世》中有简要记述：

> 我与爱玲只是这样，亦已人世有似山不厌高，海不厌深，高山大海几乎不可以是儿女私情。我们两人都少曾想到要结婚。但英娣竟与我离异，我们才亦结婚了。是年我三十八岁，她二十三岁。我为顾到日后时局变动不致连累她，没有举行仪式，只写婚书为定，文曰：胡兰成张爱玲签订终身，结为夫妇，愿使岁月静好，现世安稳。
>
> 上两句是爱玲撰的，后两句我撰，旁写炎樱为媒证。

婚后，二人仍然保持着先前的状态，张爱玲依旧和姑姑住在一起，胡兰成依旧来来去去。经济上也互不牵扯，张爱玲的稿费收入足可以养活自己。当然胡兰成也给她一点钱，她用这些钱为自己做了件宽宽大大的皮袄。在她看来，“用丈夫的钱，如果爱他的话，那却是一种快乐，愿意想自己是吃他的饭，穿他的衣服。那是女人的传统的权利，即使女人现在有了职业，还是舍不得放弃的”。（《苏青、张爱玲对谈录》）尽管现世并不安稳，岁月也不静好，但此时的张爱玲还是体会到了初为人妻的满足和甜蜜。

彼时胡兰成创办《苦竹》月刊，张爱玲撰文相助，接连在《苦竹》上发表了《自己的文章》《桂花蒸阿小悲秋》《谈音乐》等散文和小说，她还拉炎樱为杂志设计封面，并把炎樱的英文文章译成中文在杂志上发表。一个搭台，一个唱戏，这种琴瑟相谐的日子也令张爱玲心生欢喜。一日清晨，胡、张二人步行同去美丽园，大西路上树影车声，商店行人，张爱玲心里喜悦，对胡兰成说：“现代的东西纵有千般不是，它到底是我们的，与我们亲。”

寻常日子里，两个人也偶尔出门会友，或去静安寺街上买小菜，到洋式食品店里看看牛肉鸡蛋之类，但更多时候是窝在六楼的公寓里，或品诗论画，或谈今说往，张爱玲每每出言机巧调皮，令胡兰成常常惊喜赞佩。胡兰成在《今生今世》中说：“张爱玲是民国世界的临水照花人。看她的文章，只觉她什么都晓得，其实她却世事经历得很少，但是这个时代的一切自会来与她交涉，好像‘花来衫里，影落池中’。”

夏天一个傍晚，两人在阳台上眺望红尘霭霭的上海，西边天上余辉未尽，有一道云隙处清森遥远。胡兰成望着远处，与张爱玲说起眼下的时局，忧心大难将至，他虽在报上鼓吹日本主动撤兵，这样日本不至于一败涂地，他自己也有了回旋的空间，可他的论调无人理会。张爱玲虽不关心时局，听了还是深为震动。她想起汉乐府中“来日大难，口燥唇干，今日相乐，皆当喜欢”的诗句，说道：“这口燥唇干好像是你对他们说了又说，他们总还不懂，叫我真是心疼你。”又道：“你这个人嘎，我恨不得把你包包起，像个香袋儿，密密的针线缝缝好，放在衣厢里藏藏好。”其实她并不了解时局，也不懂得政治，她担心的只是二人世界的安好，怜惜的只是眼前这个她深爱着的人。一向自负的胡兰成料定自己能躲过此劫，只不过头两年要更名换姓，东躲西藏，两人总有相见的一天。张爱玲说：“那时你变姓名，可叫张牵，又或叫张招，天涯地角有我在牵你招你。”在令她沉迷的情恋面前，张爱玲总脱不了小儿女的天真。

对于知情知意的张爱玲，胡兰成一半是欢喜满足，一半是惶恐不安。

他看得出张爱玲对他的依恋和崇拜，也知道她心性孤冷，轻易不会随方就圆。一次，二人在雨中同坐一辆黄包车。张爱玲坐在胡兰成身上，胡兰成觉得她生得那样长大，且穿着雨衣，他抱着她总感到诸般不宜，但又是难忘的实感。这也许就是张爱玲给胡兰成的感觉，相守之时，欢悦里不得安妥，却又总是不能忘怀。

1944 年 11 月，汪精卫病死日本，南京政府大势已去。胡兰成在日本人池田笃纪的活动下，到武汉接手《大楚报》，并创办一个政治军事学校。他眼见日本战败已为时不远，便打算掌控武汉实权，见机而动，在日本、汪伪、重庆三方势力中周旋，择其胜者而从之。如若不能，索性自立为王，说不定也是一条求生之路。

胡兰成初到武汉，暂住在汉阳医院，每天过江到《大楚报》报社上班。胡兰成骨子里是个四处留情的风流文人，即便身处危局，他仍然不肯消停，不久便与汉阳医院 17 岁的小护士周训德搭讪上了。

周训德生得温婉活泼，端庄俏丽，胡兰成说她“虽穿一件布衣，亦洗得比别人的洁白，烧一碗菜，亦捧来时端端正正”。她“声音的华丽只觉一片艳阳，她的人就像江边新湿的沙滩，踏一脚都印得出水来”。她“鲜洁”“亮烈”“调皮”，好讲做人的道理，有比“基督的饶恕”和“释迦的慈悲”更好的待人处世的态度。胡兰成对自己爱悦的女人，总有一大堆大同小异的礼赞之词，对张爱玲是如此，对周训德亦是如此。

胡兰成每天下班之后，就到病房的护士堆里言笑厮混，施展他猎香逐艳的手段，续写才子佳人的传奇佳话。小周得空也到他房中来，帮他洗衣煮茶、抄写文稿。他便教她吟诗诵词，先是让她做自己的学生，继而又让她做女儿、做妹妹，过不几天，便直接向她表白爱意了。小周心中忐忑，她知道胡兰成大自己整整 22 岁，这样的年纪家中必定早有妻室，况且自己的母亲就是妾，父亲死后拉扯着弟妹生活，吃尽了苦头，她不想重蹈母亲的覆辙。然而，在绵密如雨的百般恩宠和甜言蜜语之下，一个情窦初开的少女怎抵得住诱惑。一番辗转反侧之后，小周给胡兰成送去了一张自己的照片。胡兰成要她题字，小周便把他日前教的一首乐府诗写在照片背面。诗曰：

春江水沉沉，上有双竹林。竹叶坏水色，郎亦坏人心。

就这样，小周也稀里糊涂地成了胡兰成的可人儿，像一只懵懂的飞蛾，陷进了胡兰成精心编织的情网。

像许多中国旧式文人一样，胡兰成也梦想着过一种妻妾成群的生活，总希望他爱的女人都在他身边。他写信给张爱玲，轻描淡写地提及小周的事，好让她不至于觉得太过突然。张爱玲淡然回道："我是最妒忌的女人，但是当然高兴你在那里生活不太枯寂。"胡兰成自然也不隐瞒小周，他与小周说起张爱玲，并问她是否妒忌。小周答道："张小姐妒忌我是应该的，我妒忌她不应该。"听了小周的话，胡兰成甚为欣喜，连赞她"平正""谦逊"。其实他心里对张、周二人早有盘算，张爱玲是妻，小周是妾。这在《今生今世》中说得分明："我说起在上海时与爱玲，小周忽然不乐道：'你有了张小姐，是你的太太?'我诧异道：'我一直都和你说的。'小周惊痛道：'我还以为是假的！'她真是像三春花事的糊涂。但是此后她亦不再有妒忌之言。我与她说结婚之事，她只是听。我因为与爱玲亦且尚未举行仪式，与小周不可越先，且亦顾虑时局变动，不可牵累小周。这事其实难安排，可是我亦不烦恼。"

对于胡兰成设计的爱妻美妾的"小团圆"愿景，张爱玲像旧式家族的众多女性一样，起初还是隐忍着。其实她对男人见异思迁的德性还是有深刻的了解的。她在《红玫瑰与白玫瑰》中写道："娶了红玫瑰，久而久之，红的变了墙上的一抹蚊子血，白的还是'床前明月光'；娶了白玫瑰，白的便是衣服上沾的一粒饭粘子，红的却是心口上一颗朱砂痣。"这庶几就是胡兰成这类男人的心理了。张爱玲亦知道异性间情感上的事也是半点由不得人的。她在《倾城之恋》里曾这样写道："'死生契阔——与子相悦，执子之手，与子偕老。'……我看那是最悲哀的一首诗，生与死与离别，都是大事，不由我们支配的。比起外界的力量，我们人是多么小，多么小！可是我们偏要说：'我永远和你在一起；我们一生一世都别离开。'——好像我们自己做得了主似的！"然而，一旦小说里的情景变成了她必须面对的现实，张爱玲就无法坦然以待了。

1945 年 3 月，胡兰成在与小周度过了一个浓情蜜意的新年之后，回到了张爱玲身边。他们还是一如从前的恩爱，只是在无间的亲密里多了一个谁都不肯轻易触碰的痛点。张爱玲本不想碰，到底还是没有忍住："小周小姐什么样?"胡兰成也没打算隐瞒，只是当面与她谈论小周，总有些不得要领，掂量了半天，只说了句："一件蓝布长衫穿在她身上也非常干净相。"她笑："头发烫了没有?"他回说："没烫，不过有点……朝里弯。"说完，很费劲地比划了一下。

张爱玲不再问了，她知道胡兰成与小周之间，定然有了不可明言的故事，但她不想当面揭穿，更不想像个怨妇一样指责和抱怨，而是告诉他，有个外国人通过她姑姑表示，希望和她发生性关系，条件是每月可贴补她一点钱。她提起此事没有一点反感的意思。说不清这究竟是报复、要挟还是不避嫌隙的坦荡。还在两年前，她就在《借银灯》一文中说过："丈夫在外面有越轨行为，他的妻是否有权利学他的榜样？摩登女子固然公开反对片面的贞操，即是旧式的中国太太们对于这问题也不完全陌生。为了点小事吃了醋，她们就恐吓丈夫说要采取这种报复的手段。可言者谆谆，听者藐藐，总是拿它当笑话看待。"她知道报复之类的言辞只是说说而已，没有人当真。果然，胡兰成初听此事甚觉不快，随即就不放在心上了。

胡兰成总以为张爱玲"糊涂得不知道妒忌"，其实她不可能不介意。就在二人相聚的这段时间里，《天地》杂志上刊载了一篇她与炎樱的对话，题目是《双声》，其中的话题之一便是妒忌。张爱玲说："随便什么女人，男人稍微提到，说声好，听着总有点难过，不能每一趟都发脾气。而且发惯了脾气，他什么都不对你说了，就说不相干的，也存着戒心，弄得没有可谈的了。我想还是忍着的好，脾气是越纵容脾气越大，忍忍就好了。"在同一篇对话中，她还与炎樱谈到多妻主义。她认为多妻主义在理论上是可以接受的，但在心理上她是无法接受的。她说："如果另外的一个女人是你完全看不起的，那也是我们的自尊心所不能接受的。结果也许你不得不努力地在她里面发现一些好处，使得你自己喜欢她。是有那样的心理的。当然，喜欢了之后，只有更敌视。"这篇对话看似泛泛而论，其实也包含了她对小周之事的真实想法和态度。看得出，她不是不妒忌，没脾气，也不是能从心理上接纳另一个女人，只是尽量隐忍而已。至于为什么要忍，是顾惜与胡兰成的情缘，还是要维护自己的高傲自尊，这恐怕连张爱玲自己也难理得清楚了。

一个多月后，胡兰成又回到汉阳，走下飞机，他觉得“真是归来了”。与周训德小别之后的再度重逢，更是平添了万分的柔情与蜜意。此时正值春夏之交，天暖地绿，二人或江边漫步，或荡舟湖上，将无尽的甜蜜播撒在湖光山色之中。他不再叫她“小周”，而是唤她“训德”，让她在帐前服侍自己，俨然将她视作堂下妻、床前妾了。

8 月 15 日，日本宣布投降，胡兰成在街上听到这个消息，惊出一身冷汗。他不甘心坐以待毙，怂恿二十九军军长邹平凡宣布武汉独立，还打算成立武汉军政府。他自恃手握数万军队，既不答应国民党的招降，亦不接受共产党的规劝，自负地以为凭借自己的运筹帷幄，足可以乱中求存。孰料未出几日，他手下的军队便在重庆方面的重压之下土崩瓦解，武汉“独立”的闹剧只上演了 13 天，就草草收场了。胡兰成见大势已去，慌忙扮作日本伤员，搭乘一艘运送日本伤兵的轮船逃离了武汉。

逃离之前，胡兰成给小周留下十两金条，说：“我不带你走，是不愿你陪我也受苦，此去我要改姓换名，我与你相约，我必志气如平时，你也要当心身体，不可哭坏了。你的笑非常美，要为我保持，到将来再见时，你仍像今天的美目流盼……”[10] 仓皇之中，胡兰成依旧没有忘记他妻妾“团圆”的美梦。

胡兰成从武汉跑到南京，几天后又乘火车到上海，暂居一日本人家中，并与其主妇发生关系。在张爱玲处住过一宿之后，便由侄女青芸的丈夫陪着去浙江躲避。他离开上海仅 10 天，重庆“国民政府”就发布了《处置汉奸条例草案》，在当局公布的通缉名单上也有他的名字。

在杭州、绍兴躲藏了一段时间之后，胡兰成又潜往诸暨，住在斯颂德家。斯颂德与胡兰成同年，在中学读书时比胡兰成高两级，后进光华大学读中文系，其后病死。18 年前，胡兰成在斯家住过一段时间，斯颂德的母亲斯伯母待他如子侄。斯家还有个姨太太，名范秀美，大胡兰成一岁，曾与斯家老爷生有一女，斯家老爷去世时，她只有 18 岁。

胡兰成在斯家住了一段时间，风声渐紧，便由范秀美陪着前往金华暂避。不想金华亦不可安身，范秀美便提议送他到温州自己的娘家隐匿。二人乘黄包车赶往温州，一路长亭短亭，胡兰成又故伎重施，说身世，话私情，极尽撩拨之能事。范秀美对胡兰成本就有好感，于是这“千里送京娘”便送成了以身相许。胡兰成在《今生今世》中记述道：“十二月八日到丽水，我们遂结为夫妇之好。这在我是因感激，男女感激，至终是唯有以身相许。”还说：“我在忧患惊险中，与秀美结为夫妇，不是没有利用之意，要利用人，可见我不老实。但我每利用人，必定弄假成真，一分情还他两分，忠实与机智为一，要说这是我的不纯，我亦难辩。”

到温州后，胡兰成化名张嘉仪，以范秀美丈夫的名义住进范家。逃离上海后，胡兰成四处躲藏，居无定所，不便与张爱玲联系，在温州安顿下来后，他仍不与张爱玲联系。张爱玲担心他的安危，几经曲折才从一个密友处打听到他的下落。1946 年 2 月，张爱玲千里迢迢赶到温州。她见到胡兰成后说：“我从诸暨丽水来，路上想着这里是你走过的。及在船上望得见温州城了，想你就在那里，这温州城就像含有宝珠在放光。”没想到的是，胡兰成见了张爱玲，却是“一惊，心里即刻不喜，甚至没有感激”，几乎要不耐烦地骂她回去。然而张爱玲似乎并不感到委屈，依旧沉浸在见面的喜悦里。

她住在公园旁的一家旅馆里，夜里怕警察查夜，胡兰成只在白天过来陪她。两个人或并枕躺在床上说话，或到街巷寺观里走走逛逛。有时范秀美也随胡兰成一起过来。尽管胡兰成没有透露他与范秀美的关系，但以张爱玲细腻灵敏的心思，不会不有所猜疑。一天，三人在房间里说话，张爱玲夸范秀美生得美，要为她画像。胡兰成立在一边看，见她勾了脸庞儿，画出眉眼鼻子，正待画嘴角，却忽然停笔不画了。范秀美走后，胡兰成问她为啥半途而止，张爱玲说：“我画着画着，只觉她的眉眼神情，她的嘴，越来越像你，心里好一惊动，一阵难受，就再也画不下去了，你还只管问我为何不画下去！”

对胡兰成与范秀美的事，张爱玲只是点到为止，并不说破，她更在意的是小周。这次来温州，一来是久别探问，二来是希望他能给自己有一个明确的交代。胡兰成在《今生今世》中记述道：

那天亦是出街，两人只拣曲折的小巷里走，爱玲说出小周与她，要我选择，我不肯。我就这样呆，小周又不在，将来的事更难期，眼前只有爱玲，我随口答应一声，岂不也罢了？但君子之交，死生不贰，我焉可如此轻薄。且我与爱玲是绝对的，我从不曾想到过拿她来和谁比较……

我道："我待你，天上地上，无有得比较，若选择，不但于你是委屈，亦对不起小周。人世迢迢如岁月，但是无嫌猜，按不上取舍的话。而昔人说修边幅，人生的烂漫而庄严，实在是连修边幅这样的余事末节，亦一般如天命不可移易。"

爱玲道："美国的画报上有一群孩子围坐吃牛奶苹果，你要这个，便得选择美国社会，是也叫人看了心里难受。你说最好的东西是不可选择的，我完全懂得。但这件事还是要请你选择，说我无理也罢。"她而且第一次作了这样的责问："你与我结婚时，婚帖上写现世安稳，你不给我安稳?"

我因说世景荒荒，其实我与小周有没有再见之日都不可知，你不问也罢了。

爱玲道："不，我相信你有这样的本领。"她叹了一气："你是到底不肯。我想过，我倘使不得不离开你，亦不致寻短见，亦不能再爱别人，我将只是萎谢了。"

这一番对话，让张爱玲明白了，他们的情爱之旅差不多已走到了尽头。同一情节，在《小团圆》中也有记述，只是言语简洁平实了许多：

走着看着，惊笑着，九莉终于微笑道："你决定怎么样，要是不能放弃小康小姐，我可以走开。"

……他显然很感到意外，略顿了顿便微笑道："好的牙齿为什么要拔掉？要选择就是不好……"为什么"要选择就是不好"？她听了半天听不懂，觉得不是诡辩，是疯人的逻辑。

次日他带了本《左传》来跟她一块看，因又笑道："齐桓公做公子的时候，出了点事逃走，叫他的未婚妻等他二十五年。她说：'等你二十五年，我也老了，不如就说永远等你吧。'"他仿佛预期她会说什么。她微笑着没作声。等不等不在她。

……她临走那天，他没有等她说出来，便微笑道：“不要问我了好不好？”她也就微笑着没再问他。她竟会不知道他已经答复了她。直到回去了两三个星期后才回过味来。等有一天他能出头露面了，等他回来三美团圆？

有句英文谚语“灵魂过了铁”，她这才知道是什么。一直因为没尝过那滋味，甚至于不确定作何解释，也许应当译作“铁进入了灵魂”，是说灵魂坚强起来了。还有“灵魂的黑夜”，这些套语忽然都震心起来。那痛苦像火车一样轰隆轰隆一天到晚开着，日夜之间没有一点空隙。一醒过来它就在枕边，是只手表，走了一夜。在马路上偶然听见店家播送的京戏，唱须生的中州音非常像之雍，她立刻眼睛里汪着眼泪。

的确，胡兰成最想要的就是“三美团圆”，他曾以玩笑的方式试探范秀美说：“小周的好处，连爱玲那样的自信，亦且妒忌，将来会在一起，你不怕被比落？”范秀美笑道：“这全在乎你的心思。”还说：“戏文里做从前的人，打天下或中状元，当初落难之时，到处结姻缘，好像油头小光棍，后来团圆，花烛拜堂，都是新娘子来起来来一班。”胡兰成听了这话，虽不回答，心里却是很受用的。而对于小周，胡兰成一直有将她接出来带在身边的打算。他后来在《今生今世》中回忆说：“我是到了香港，才恢复本来的姓名。我打听得了小周的地址，写信到四川，她果然来了回信。我才晓得那年我走后她被捕下狱。二月后获释，想想气恼，就嫁了《大楚报》编辑姓李的年轻人，同归四川。焉知他家里原有妻子，而他又不能为小周做主。小周已抱孩，几次三番想要出走，如今忽然接到我的信，当下她大惊痛哭，因为她一直以为我是不会爱她的。她回信里说：‘这回我是决意出走了。’信里还说我给她的东西：‘那年都被国民政府抄去了，但将来我还是要还你的。’我当即再写信汇路费去，请她来香港，但是都被退回，大约她已不在那里了。”即便在亡命途中，胡兰成还在做着诸美承欢的大梦。很显然，这样的局面是张爱玲无法接受的，她虽然说过在理性上可以接受多妻主义，但在心理上她无法承受，所以她要胡兰成在她与小周之间作一个选择。

张爱玲在温州待了 20 天，虽说她有些心灰意冷，但还是情有不舍，临行的头一天晚上，她在胡兰成屋里直坐到深夜才肯离去。第二天，她在纷纷的冷雨中乘船离开了温州。回上海后，她写信给胡兰成说："那天船将开时，你回岸上去了，我一人雨中撑伞在船舷边，对着滔滔黄浪，伫立涕泣久之。"

情爱也许就是说不清的恩恩怨怨，这次温州之行虽让张爱玲心里凉了半截，但她依旧给胡兰成寄钱，甚至还托友人带去外国香烟和安全剃刀。在情感的灰烬里，张爱玲仍然守护着那一星火点。

4 月的一天，有兵到胡兰成住处张望，他十分紧张，当即就与范秀美离开温州，回到诸暨斯家。为防不测，胡兰成躲进了斯家楼上，开始写作《武汉记》。偏巧这时范秀美怀孕了。斯伯母虽对范、胡二人的事心里明白，但要在家里生下孩子自是万万不能，胡兰成只好借故让范秀美到上海堕胎。

范秀美到了上海，先让青芸陪着去看医生，其后又去见张爱玲。范秀美拿出胡兰成写给张爱玲的字条，并说明手术费尚无着落。张爱玲看过字条，一句话也说不出来，转身回屋，取了一只金镯子，递给青芸："当掉吧，给范先生做手术。"

两年前，张爱玲曾在《忘不了的画》一文里谈到女性尊严的话题，她说："在我们的社会里，年纪大一点的女人，如果与情爱无缘了还要想到爱，一定要碰到无数小小的不如意，龌龊的烦恼，把自尊心弄得千疮百孔。"不过那时她正在热恋中，尚不知自尊心被伤害的滋味，而此刻她才真正知道了什么叫"千疮百孔"。

胡兰成在斯家小楼上躲藏了 8 个多月，写完了 50 万字的《武汉记》，看看局势稍有缓解，便决定取道上海再回温州。胡兰成在张爱玲处过了一夜。这次短暂的相见，非但没有久别之后的温存，反倒使那一星尚存的火点彻底熄灭。胡兰成不满张爱玲对他的朋友态度冷淡，张爱玲则因胡兰成的滥情而心绪恶劣，言语里再没有先前的灵犀相通，惺惺相惜，有的只是相互的指责与抱怨。在这样的气氛下，冲突也就不可避免了。胡兰成在《今生今世》中记述道：

晚饭后两人并膝坐在灯下，我不该又把我与秀美的事也据实告诉爱玲，她听了已经说不出话来，我还问她《武汉记》的稿且可曾看了，她答："看不下去。"当然因为里边到处都写着小周的事。而我竟然一默，因我从不想到她会妒忌，只觉我们两人是不可能被世人妒忌或妒忌世人的，我是凡我所做的及所写的，都为的从爱玲受记，像唐僧取经，一一向观音菩萨报销，可是她竟不看，这样可恶，当下我不禁打了她的手背一下，她骇怒道："啊！"我这一打，原是一半儿假装生气，一半儿不知所措的顽皮，而被她这一叫，才觉得真是惊动了人天。

当晚，张爱玲就与胡兰成分床而寝，这是他们的最后一夜。次日清晨，胡兰成来到隔壁张爱玲的床前，俯下身去吻她的脸，她从被窝里伸手抱住他，忽然泪流满面，只叫得一声"兰成！"这一声叫里，包含了无尽的痛苦与绝望。胡兰成在《今生今世》中说："这是人生的掷地亦作金石声。我心里震动，但仍不去想别的。"

胡兰成当天中午乘船去了温州，此后两人再未见面。

1947 年 5 月，胡兰成写信告诉张爱玲，他已在温州谋得一份教职，暂时脱离了险境，经济上亦能自立。6 月 10 日，即收到张爱玲的回信，胡兰成"拆开才看得第一句，即刻好像青天白日里一声响亮"。信中写道：

我已经不喜欢你了。你是早已不喜欢我了的。这次的决心，我是经过一年半的长时间考虑的，彼惟时以小吉故，不欲增加你的困难。你不要来寻我，即或写信来，我亦是不看的了。

信中的"小吉"，是"小劫"的隐语，指的是胡兰成的逃亡之灾。张爱玲还随信寄来 30 万元钱，是她新近写的两部电影剧本《不了情》和《太太万岁》的稿酬。这是她最后一次给胡兰成寄钱，也是两个人最后的诀别。

胡兰成深知张爱玲是"亮烈难犯"的，分手前愁肠百结，千思万虑，一旦下了决断，则再无回还的余地。他只好碰碰运气，写了一封信给炎樱。信里说："爱玲是美貌佳人红灯坐，而你如映在她窗纸上的梅花，我今惟托梅花以陈辞。"炎樱自是音信皆无。又过一年，胡兰成路经上海，他明知与张爱玲的这段情缘已是覆水难收，但还是在犹犹豫豫中去了爱丁顿公寓。出来应门的是一个陌生女人——张爱玲已与姑姑迁居到梅龙镇巷内的重华新村去了。

1949年，胡兰成经香港去了日本，在和女房东一枝厮混了三年之后，最终与上海黑帮头子吴四宝的遗孀佘爱珍结婚。1952年张爱玲出走香港，后又转赴美国。在此后的岁月里，胡、张之间也有过几次联系。张爱玲在香港时，胡兰成曾托老友池田笃纪前往探视，结果未遇。张爱玲去美国后，也曾给胡兰成寄过一张明信片，上面无称谓，亦无署名，只写"手边若有《战难和亦不易》《文明与传统》等书（《山河岁月》除外），能否暂借数月作参考"。胡兰成马上寄信寄书，并附上最新照片。张爱玲未作回复。《今生今世》上卷出版后，胡兰成又给她寄去，还附带一封不无缠绵的长信。张爱玲只回了一封短笺："兰成：你的信和书都收到了，非常感谢。我不想写信，请你原谅。我因为实在无法找到你的旧著作参考，所以冒失地向你借，如果使你误会，我是真的觉得抱歉。《今生今世》下卷出版的时候，你若是不感到不快，请寄一本给我。我在这里预先道谢，不另写信了。爱玲。"后来胡兰成再寄信去，张爱玲果然再无回音。

这场轰轰烈烈、沉醉忘我的爱恋就这样曲终人散。胡兰成说他与张爱玲"亦不过像金童玉女，到底花开水流两无情"，尽管亡命海外的日子里，他也曾有过重温旧梦的念想，但终归是枉费心机。而对于人生的这一"撒手"，张爱玲从不说是道非，亦无悔意。"爱就是不问值不值得，所谓'此情可待成追忆，只是当时已惘然'"，更何况她向来不怯于做"特别"的事，她在乎的是一朝经历，曾经拥有。人生本就短如蜉蝣，且充满磨难，每一个瞬间都是不可复得的生命燃烧，都在失去中获得欢悦也经历痛苦。说到底，她在两个人的情感纠缠里，收获了属于自己的那份宝贵的生命体验，也经历了在撕扯中耗尽青春的生命哀痛。

她真的萎谢了，一如尘埃中的花，含垢蒙尘。这个洁净成癖的人一辈子也没有洗清自己。

她真的萎谢了。在此后的岁月里，她尝试过爱，有过婚姻，却再也没有那份“欲仙欲死”的生命欢悦。

/ 注释 /

[1]“大东亚文学者大会”由日本军国主义的文化机构“日本文学报国会”组织策划，分别于 1942、1943、1944 年召开过三次。前两次在日本东京举行，第三次在中国南京举行。参加的代表来自伪满洲、沦陷区和日本（包括朝鲜等日本占领区）。第一次拟邀周作人、俞平伯、张资平、陶晶孙、叶灵凤等人参加未果。第二次中国沦陷区、伪满洲代表 26 人，日本代表百余人。第三次中方参会代表 46 人，周作人因“高血压”而未能出席。

[2][3][4][6][7][8][9][10] 参见胡兰成：《今生今世》，台湾远景出版事业公司 1986 年版。

[5] 张新颖：《日常生活的“不对”和“乱世”文明的毁坏——张爱玲创作中的现代“恐怖”和“虚无”》，载《文艺争鸣》2000 年第 3 期。

第六章 出走香港

活在中国就有这样可爱：脏与乱与忧伤之中，到处会发现珍贵的东西，使人高兴一上午，一天，一生一世。听说德国的马路光可鉴人，宽敞，笔直，齐齐整整，一路种着参天大树，然而我疑心那种路走多了要发疯的。还有加拿大，那在多数人的印象里总是个毫无兴味的、模糊荒漠的国土，但是我姑姑说那里比什么地方都好，气候偏于凉，天是蓝的，草碧绿，到处是红顶的黄白洋房，干净得像水洗过的，个个都附有花园。如果可以选择的话，她愿意一辈子住在那里。要是我就舍不得中国——还没离开家已经想家了。

——《诗与胡说》

写上面这些话的时候，张爱玲正处于事业的顶峰，与胡兰成的乱世之恋也渐入佳境。可是一年多之后，日本人投降，胡、张二人的关系也出现了裂隙。局势的急剧转变和个人的情感危机，严重影响了张爱玲的创作心境。在1946年前后的一年多时间里，张爱玲没有发表任何文字。事实上，她笔下的那些花满枝头的情爱传奇，也与变化了的时代氛围难以融合。

抗战胜利后，对张爱玲“文化汉奸”的指责，多因胡兰成而起。当时胡兰成已逃往温州乡下，世人皆不知其所踪，于是舆论便不约而同地集中到沉潜家中的张爱玲身上。胡、张 1944 年 8 月私下结婚之后，便不再避讳二人的关系。两个人时常一同外出会友、购物，或参加一些活动。胡在《今生今世》里提到，一次两人同坐一辆三轮车到法租界参加一个时事座谈会，胡这样描写赴会途中的情景：“旧历三月艳阳天气，只见遍路柳絮舞空，纷纷扬扬如一天大雪……我在爱玲的发上与膝上捉柳絮。”一个是汪伪高官，一个是红极一时的文化明星，诸如此类招摇过市的情景，当时就引人关注，战后更成为上海小报的卖点。殊不知，此时的张爱玲，不仅背负着政治上的指责，同时也经受着胡兰成情感背叛的煎熬。张子静说：“抗战胜利后的一年间，我姊姊在上海文坛可说销声匿迹。以前常常向她约稿的刊物，有的关了门，有的怕沾惹文化汉奸的罪名，也不敢再向她约稿。她本来就不多话，关在家里自我沉潜，于她而言并非难以忍受。不过与胡兰成婚姻的不确定，可能是她那段时期最深沉的煎熬。”[1]

胡兰成的情感背叛固然让她备受煎熬，但政治污名乃至人身攻击，亦是张爱玲不可承受之重。就在日本宣布投降的当月，市面上就出现了《女汉奸丑史》和《女汉奸脸谱》两本小册子，不约而同地将张爱玲与陈璧君（汪精卫妻）、杨淑慧（周佛海妻）、莫国康（陈公博外室）、佘爱珍、川岛芳子等“女汉奸”相提并论，指斥她“愿为汉奸妾”。这些与实无据的过激言辞虽非来自官方，但给张爱玲带来的压力是巨大的。更为严重的是，有些文字还对她的作品与作家身份冷嘲热讽。《女汉奸脸谱》称：“她的小说《倾城之恋》，曾经搬上舞台，这是剧坛上的污点。她与苏青不同之点，即好高骛远，俨然是个了不得的绝世佳人。因为‘绝世’，所以不大出外交际，更因为自命‘佳人’，所以异装得近乎妖怪。但她们间也有个共同点，即都是惯会投机，懂得生意眼，且又不择手段，毫无灵魂的女人。张爱玲的文字以‘啰嗦’为特色，看得人‘飘飘然’为她的目的。她之被捧为‘和平阵营’中的红作家，便因她的文字绝无骨肉，仅仅是个无灵魂者的呻吟而已。”《女汉奸丑史》则声言：“如今，胡兰成大概已经被捕了，以后文化界中没有他的立足地，至于张爱玲，她的文章，是否还有出路，那要看她的今后做人方式了。”而有些小报文章，简直就是人格侮辱了。一个名爱读（显系笔名）的人在《海派》上发文说：“前些日子，有人看见张爱玲浓妆艳抹，坐在吉普车上。也有人看见她挽住一个美国军官，在大光明看电影。不知真相的人，一定以为她也做吉普女郎了。其实，像她那么英文流利的人有一二个美国军官做朋友有什么稀奇呢?”在一番捕风捉影之后，爱读似乎仍未满足，又以嘲讽的语气说道：“自从胜利以后张爱玲埋姓隐名的，没有到公开的场合出现过，文章也不写了。在马路上走，奇装怪服也不穿了。一直蛰居在赫德路公寓的高楼之上，不大到外面招摇。有人谈说她在赶写长篇小说《描金凤》，这倒颇有可能。只是写了之后，又拿到什么地方去发表呢？正统派文坛恐怕有偏见，不见得会要她的作品，而海派刊物，她也许不屑。”[2] 爱读显然对张爱玲的情况十分清楚，想必是并不陌生的圈内人，然而如此为文，实在有落井下石之嫌了。

面对甚嚣尘上的攻击和诬陷，张爱玲始终沉默着，直到两年之后，她才借着山河图书公司出版《传奇》增订本的机会，在题为《有几句话同读者说》的序言中发声：

我自己从来没想到需要辩白。但是一年来常常被议论到，似乎被列为文化汉奸之一，自己也弄得莫名其妙。我所写的文章从未涉及政治，也没有拿过任何津贴。想想看我惟一的嫌疑要么就是所谓的“大东亚文学者大会”第三届曾经叫我参加，报上登出的名单内有我；虽然我写了辞函去(那封信我还记得，因为很短，仅只是：“承聘为第三届大东亚文学者大会代表，谨辞。张爱玲谨上”)，报上仍旧没有把名字去掉。至于还有许多无稽的谩骂，甚而涉及我的私生活，可以辩驳之点本来非常多。而且即使有这种事实，也还牵涉不到我是否有汉奸嫌疑的问题，何况私人的事本来用不着向大众剖白。除了对自己家的家长之外仿佛我没有解释的义务，所以一直缄默着。同时我也实在不愿意耗费时间与精神去打笔墨官司，徒然搅乱心思，耽误了正当的工作。但一直这样沉默着，始终没有阐明我的地位，给社会上一个错误的印象，我也觉得是对不起关心我的前途的人，所以在小说集重印的时候写了这样一段作为序。反正只要读者知道了就是了。

张爱玲素来不理会政治，也不与是非之人论短长，不想今日政治和是非要来“理会”她了。但她仍不失那份惯常的超然与矜持，以平和的语气向读者表明自己的态度，而不屑于和指责甚至谩骂她的人理论。

与张爱玲相比，同被指责为汉奸文人的苏青，态度就激烈得多。苏青在沦陷时期风头之健，丝毫不逊于张爱玲，而且喜欢抛头露面，与日伪的交接也更为频密，要说“文化汉奸”也并非无中生有之词。但苏青在她的《续结婚十年》卷首《关于我——代序》里振振有辞，极力为自己辩解，没有半点买账的意思。她说：“是的，我在上海沦陷期间卖过文，但那是我‘适逢其时’，盖亦‘不得已’耳，不是故意选定这个黄道吉期才动笔的。我没有高喊打倒什么帝国主义，那是我怕进宪兵队受苦刑，而且即使无甚危险，我也向来不高兴喊口号的。我以为我的问题不在于卖文不卖文，而在于所卖的文是否危害民国。否则正如米商也卖过米，黄包车夫也拉过任何客人一般。假使国家不否认我们在沦陷区的人民也尚有苟延残喘的权利的话，我就是如此苟延残喘下来了，心中并不觉得愧怍。”

然而，不管是激烈的抗辩还是矜持的表白，都改变不了她们的现实处境。苏青在 1947 年出版了《续结婚十年》之后，难有文章面世，最后干脆转写越剧。张爱玲亦面临着投稿无门的窘境，抗战胜利后，《杂志》之类的刊物都关了门，进步文人主持的主流杂志又出于舆论的考虑，对她敬而远之。也许正是因此之故，张爱玲从 1945 年 8 月到 1946 年底，没有发表过一篇文章。

桑弧，本名李培林，文华电影公司创始人之一

正当张爱玲陷入沉寂的时候，桑弧的出现给她带来了转机。桑弧原为电影编剧，曾自编自导了《教师万岁》《人海双珠》等影片，后来加盟文华电影公司，成为该公司的第一位导演。编剧出身的他十分重视剧本，想邀请张

爱玲来为该公司编写第一部影片。据当时文华公司负责宣传的龚之方回忆："是我和桑弧取得了柯灵的介绍信，到派克公寓去看望张爱玲，请她尝试写电影剧本。当然，对张来说，写电影剧本感到很陌生，起初有些犹豫，后来她挺身站起来说：'我写。'据说，张爱玲参看了发表在杂志上的好几个中外电影剧本后才动笔写的，很快地她完成了一个剧本交到文华公司。这个剧本就是成为文华公司的处女作的《不了情》。"[3]

桑弧对张爱玲的剧本十分满意，立刻投入拍摄。他选用了当时最红的男演员刘琼和女演员陈燕燕来担任男女主角。1947年4月10日，《不了情》在沪光、卡尔登戏院上映，一炮打响，引起轰动。桑弧乘势而上，再请张爱玲合作。据龚之方回忆："桑弧肚里藏了一个腹稿，是个喜剧，他把剧本的框架告诉张爱玲，张因《不了情》的一举成功，心里有点甜头，对桑弧请她写第二个电影剧本慨然应允。她又较快地交出了剧本，在写作过程中没有和桑弧商量过什么，她一气呵成地把它写完。这个剧本后来就是文华公司的第二部作品——《太太万岁》，桑弧导演。剧本写得流畅风趣，笑料丰富。主演是蒋天流，蒋是话剧演员，又不失为银幕佳才，该片放映时，观众的笑声没有断过。可以这样说，张爱玲的第二个剧本，也是成功的。"[4] 据说影片公映时，适逢大雪天气，放映该片的四大剧院仍场场爆满。

张爱玲初次试水商业电影剧本的写作，就获得了巨大的成功，这足可见出她创作才华的多面性。但在一片叫好声中，仍不免有横眉立目的指斥。《太太万岁》公映后，剧作家洪深称张爱玲，"她将成为我们这个年代最优秀的High Comedy作家中的一员"。然而，这样肯定的声音立刻招来激烈的批评，一个名胡珂的人在报上撰文指出："寂寞的文坛上，我们突然听到歇斯底里的绝叫声，原来有人在敌伪时期的行尸走肉上闻到High Comedy的芳香，跟这样的神奇的嗅觉比起来，那爱吃臭野鸡的西洋食客，那爱闻臭小脚的东亚病夫，又算得了什么呢？"[5] 文章言辞激愤，把张爱玲一类沦陷区成名的作家斥之为"行尸走肉"。这是十足的情绪化表达，本不足为训，不想却得到了一部分人的响应，一时间，与此类似的文章纷纷而出。洪深在这种舆论的压力之下，不得不刊文纠正自己的看法。这样的文坛风波，对正在寻求出路的张爱玲来说，无疑是沉重的打击。

《大家》杂志封面

因此，《太太万岁》之后，张爱玲再无电影创作，就连文华电影公司预告的《金锁记》电影改编也胎死腹中。

尽管时令不宜，险阻重重，但张爱玲仍在时代的夹缝中寻找着出路。在这段艰难的日子里，与她接触最多的，恐怕就是龚之方、桑弧几个搞电影的人了。他们本来是工作上的合作关系，但由于合作的愉快，合作的成功，很快就成了朋友。她本来朋友就不多，在那样内外交困的时候，朋友间的情谊，不仅使她千疮百孔的感情得到了慰藉，也使她在山重水复中看到了一线出路。于是，她在创作电影的同时，又开始发表小说了。她沉寂之后的第一篇作品，就发表在刚刚创刊的通俗文学杂志《大家》上。

《大家》月刊由龚之方和唐大郎（唐云旌）创办的山河图书公司出版，唐大郎任主编。唐大郎是典型的江南才子，诗文写得好，编杂志、小报亦是高手，他与龚之方都是鸳蝴派人物。二人要办通俗文学杂志，自然会力邀张爱玲相助。1947 年 4 月，张爱玲的《华丽缘——一个行头考究的爱情故事》发表在《大家》创刊号上。这是她复出文坛的第一篇文章，编者将其标为“小说”，其实更像纪实性的散文。5、6 月号上，又刊登了她根据《不了情》剧本改编的中篇小说《多少恨》。

张爱玲在《大家》上复出之后，又与龚之方再度合作出版《传奇》增订本。“这次不是我去求张爱玲，是她来求我了。”龚之方回忆说，“更正确的说法应该是她来命令我”。一天她突然抱着一袋东西走进山河图书公司办公室，对龚之方说：“我要你帮我做一件事。”这件事就是出版《传奇》增订本。据龚之方回忆，增订本的出版都是由她一手策划，里里外外都是她负责张罗。她自己编排，然后请炎樱设计封面，每一页校样都仔细校订，甚至大加修改，态度非常认真。版权页印有“版权所有，翻印必究”八字。书印好之后，她又带了图章来，每一本版权页都盖上自己的图章。一共印了三千本，盖章要盖很久，可是她一点也不马虎。龚之方说他真正帮忙的只有一件事：和桑弧去拜访沪上金石名家郑翁（散木），请他为张爱玲的集子书写“张爱玲传奇增订本”八个字。

《传奇》增订本封面

数度合作之后，张爱玲与几个朋友间的情谊进一步加深。据龚之方回忆，那时他常和桑弧、唐大郎去张爱玲家里聊天说事。在他的印象里，也许因为张爱玲那时已了结了与胡兰成的恩怨，心情开朗了许多，对朋友的态度也还算热情。她喜欢与人聊天，如果人多，她也特别爱听人家高谈阔论，听到好的故事，她也会哈哈大笑。唐大郎颇有些才子气，说话口无遮拦，戏谑起人来不留余地，张爱玲倒不以为意，似乎还蛮喜欢他的机智。

在这个不大的朋友圈子里，桑弧大张爱玲 4 岁，一个是导演，一个是作家；一个未婚，一个前缘已尽，在不少人眼里是难得的一对。当时不但上海的小报猜测纷纷，热心的朋友也有玉成此事的想法。龚之方回忆，有一次他去看张爱玲，与她聊了一阵闲话之后，便婉转地表明来意，说朋友们认为她与桑弧郎才女貌，堪称天作之合，问她对这件婚事是否有意。张爱玲的反应是略有诧异，“她的回答不是语言，只对我摇头，再摇头，三摇头，意思是叫我不要再说了”。张爱玲以这种方式拒绝了这段情缘，令许多人为之叹息。龚之方提亲未果，以后也不好再向人说起此事。

那么，桑弧究竟有没有爱过张爱玲，而张爱玲又是否爱过桑弧呢？这个许多人都想知道的话题，终于在《小团圆》出版之后有了分晓。他们不仅爱过，还爱得那么纠结，那么干脆又那么犹疑。据《小团圆》记述，张爱玲与桑弧的关系从 1947 年开始，到 1950 年结束，整整三年，与胡兰成恋爱的时间差不多，而情形却不同。在燕山（以桑弧为原型）的追求下，他们很快同居了。九莉对燕山说：“没有人会像我这样喜欢你的。”可是当“他把头枕在她腿上，她抚摸着他的脸，不知道怎么悲从中来，觉得

‘掬水月在手’，已经在指缝间流掉了。他的眼睛有无限的深邃。但是她又想，也许爱一个人的时候，总觉得他神秘有深度”。（《小团圆》）在快乐的时刻，她的心底总是莫名其妙地泛起阵阵感伤和犹疑。她喜欢“深邃”的男人，但在经历了胡兰成之后，她对这种“深邃”总保持着警惕。

而桑弧呢，他忠厚、拘谨甚至青涩，全无胡兰成的老到与勇敢。他尽管爱着张爱玲，但到底还有许多顾忌。顾忌她的汉奸妻的名声，不愿对外人说起这场恋爱。“其实他们也从来没提过要守秘密的话，但是九莉当然知道他也是因为她的骂名出去了，连骂了几年了，正愁没新资料，一传出去势必又沸沸扬扬起来，带累了他。他有两个朋友知道的，大概也都不赞成，代为隐瞒。”另外，他还介意她与胡兰成的性史。他和九莉同居期间，以为怀了孕，谁知一检查，孕倒没有，只是子宫颈折断过。“燕山次日来听信，她本来想只告诉他是一场虚惊，不提什么子宫颈折断的话，但是他认识那医生，迟早会听见她说，只得说了，心里想使他觉得她不但是败柳残花，还给蹂躏得成了残废。他听了脸上毫无表情。”（《小团圆》）正是有了这么多的顾忌、介意，桑弧的爱也变得纠结起来。

九莉也是纠结的，在她的理想中，最好是让她生命中的男人替她去看这个世界，告诉给她听，替她活。第十章里邵之雍告诉九莉他的露水姻缘，九莉竟觉得“他替她扩展了地平线”。燕山也说她“你大概是喜欢老的人”。的确，老的人曾经沧海，替她活过，从她爱恨交缠的父亲，到她为之断肠的胡兰成，都是如此。与他们比起来，桑弧还不够老，燕山只“比她略大几岁，但是看上去比她年轻”。所以对她来说只是“找补了初恋，从前错过了的一个男孩子”。最后一章里，九莉对燕山情尽时的感觉是：“她对他是初恋的心情，从前错过了的，等到了手已经境况全非。”不是情伤，更无所谓背叛，而是情缘里有一点错位，有一些夹缠，经历了，试过了，就此罢手，也无憾。所以张爱玲在小说的最后又写道：“但是燕山的事她从来没懊悔过，因为那时候幸亏有他。”

此后不久，燕山忽然和一个女子结了婚。张爱玲与桑弧的这段情缘，就这样悄然过去了，若不是《小团圆》的出版，几乎无人知晓。桑弧给予张爱玲的，应该是一段江南三月的温煦。他没有伤害，只在她最落寞的时候，来过了，又走了。

还是在“二战”结束之初，香港大学恢复，来信要张爱玲续读，张爱玲没有去，她想继续写作。那时她已与母亲黄逸梵恢复了联系。1941 年底，新加坡沦陷，母亲的男友死于炮火，生意也损失惨重，母亲曾一度行踪不明，与家人失去联系。后来才知她去了印度，还做过尼赫鲁姐姐的秘书。母亲知道了张爱玲要继续写作的想法，来信骂她“井底之蛙”。姑姑却不主张她继续读书。至于出国，张爱玲是有考虑的，只是一直未能有把握。1946 年母亲从国外回来，看到内战打个不休，也建议张爱玲离开上海，去香港。她认为混乱不宁的上海，不适合张爱玲写作。可彼时张爱玲已接受了桑弧的邀请，开始创作电影了；越年与胡兰成了断，爱情也有了新的开始，出国的事就耽搁下来。其实，她向来是置身政治之外的，她不接近任何政党或组织，也不反感共产党。《小团圆》里述及九莉对邵之雍的印象时说：“他的作风态度有点像左派，但是‘不喜欢’共产党总是阴风惨惨的，也受不了他们的纪律。在她觉得共产这观念其实也没有什么，近代思想的趋势本来是人人应当有饭吃，有些事上，如教育，更是有多大胃口就拿多少。不过实践又是一回事。”

张爱玲的大脑里没有政治，只有生活，从某种意义上说她是生活的信奉者；她用生活来思考问题，用生活的常识来看问题，于是她的思想里便有了一份超然、本真和明澈。除了生活之外，她最为看重的就是文学与电影。

1948 年底，母亲再度出国，张爱玲和姑姑随后搬离重华新村，迁居帕克路上的卡尔登公寓（今长江公寓）301 室。张子静记得，那时他已从杭州回到上海工作。父亲此时已家财荡尽，与后母栖身于 14 平米的亭子间里，他无处容身，只好借住在帕克路一个同学家里。那里离姐姐住的地方很近，因此姐弟俩时常见面。当时国民党大势已去，上海更是人心惶惶，姐弟俩常常谈些街头见闻，但很少谈政治。

上海卡尔登公寓

“姐姐最爱谈的还是文学

和电影”，张子静回忆说，“她那时对赵树理的小说《李有才板话》《小二黑结婚》很欣赏，叫我有机会要找来看看。《小二黑结婚》还曾拍成电影，她也向我推荐。当时她推荐的电影还有《白毛女》《新儿女英雄传》。可见在任何社会变化中，我姐姐对文学和电影始终最为情深。”[6] 其实，张爱玲对时局的变化亦非完全漠然置之。《小团圆》有这样一个细节：日本战败，邵之雍打算逃亡，九莉问他：“你想这样要多久？”“他忖了一忖。‘四年’。”四年后即是 1949 年，新中国成立，局势已定，胡兰成逃亡香港，转道去了日本。刚好也是 1949 年，张爱玲对苏青预言道：“来日时势变了，人人都要劳动，一切公平合理，我们这种人是用不着了。”对于时局的变化，她不仅关注，同时内心也充满着忧虑。据张子静回忆，1951 年，他曾直截了当地问张爱玲有什么打算。张爱玲沉默良久，不作回答。“她的眼睛望着我，又望望白色的墙壁。她的眼光不是淡漠，而是深沉的。我觉得她似乎看向一个很遥远的地方，那地方是神秘而且秘密的，她只能以默然良久作为回答。”[7] 此时正是《十八春》在《亦报》上连载完毕且广受好评之后，张爱玲的默不作答想必会有更多的意味。

可以想见，1949 年前后的张爱玲，内心是复杂的，甚至充满着忧虑和不安。没人知道她在去留之间有过怎样的彷徨。其实她是可以走的，香港大学要她回校续读，母亲催她离开，可是她没有走。是留恋上海这个她生活和成名的地方吗？她说过她喜欢上海，喜欢上海人，她觉得活在“脏与乱与忧伤之中，到处会发现珍贵的东西，使人高兴一上午，一天，一生一世”，她舍不得离开，因为还未离开就已经想家了。是留恋刚刚重新开始的写作事业吗？也许吧，尽管艰难，但毕竟又可以摆弄她心爱的文字了，可是到国外去，像林语堂那样用英文写作，也曾是她少年时代的梦呀。或许她只是要等等看，等什么看什么呢，这或许连她自己也不甚清楚。总之，张爱玲留了下来，住在不久前迁入的卡尔登公寓，和姑姑一人一个小小的套间，彼此照应，又不相互干扰。

令张爱玲始料未及的是，进入新中国后她非但没有受到更加严酷的责难，反而得到了热忱的礼遇。1950 年初，她的老友、亦报社社长龚之方便主动登门约稿。《亦报》1949 年 7 月创刊，是上海解放后第一份以市民为对象的小报。上海解放期间，时局动荡，各家小报相继歇业，众多小报老板和文人南逃香港，一时间上海市面上无报可读。是年6月，时任华东军事管制委员会文教委员会副主任的戏剧家夏衍，找到旧友龚之方、唐大郎，支持他们办一份风格健康有益、能娱乐读者的小报。一个月后，《亦报》创刊。同时夏衍还命人将原《世界晨报》改组为《大报》，启用鸳蝴旧人陈蝶衣、陈之华、姚苏凤等人主持该小报的事务。两份小报一扫旧上海小报的庸俗烂污，面目清新可人。《亦报》的编辑人员多为《大家》杂志旧人，深谙办报的玄机，力邀名家为之撰稿。一时间，丰子恺的画，周作人化名撰写的短文相继在小报上露面。对于旧上海的小报，张爱玲是再熟悉不过了，因为她虽从不在小报上发表文章，但她喜欢读小报，两相对比，她自然明白新旧之间的区别。

张爱玲接受了约稿，同时也提了一个条件。龚之方回忆道："我和唐大郎又去向张爱玲约稿，请她写一部长篇小说连载。她虽然答应了，不过坚持要用一个笔名。我们对她的作品有信心，也就只好答应了她。"[8] 1950年3月，长篇小说《十八春》开始在《亦报》上连载，作者署名"梁京"。据龚之方推测，张爱玲采用笔名原因有二：一是《连环套》曾以边写边登的方式发表，最后中途夭折，她心有余悸；二是因"文化汉奸"的名声心存隐忧，对"新中国"取观望态度，认为以暂避风头为妥。后来海外学界对笔名"梁京"的含义妄加猜度，认为其名流露出她对新中国政权既"凉"且"惊"的心理。其实张爱玲后来曾有专文解释这一笔名的由来："梁"是借"玲"的声母，"京"是借"玲"的韵母，并无政治影射。

《亦报》显然把张爱玲的小说视作重头戏，在小说连载前后作了精心的宣传推介工作，《十八春》登出前三天即在报上作预告，并特别提示《十八春》系"名家之作"，隔天又推出桑弧（署名"叔红"）的文章《推荐〈十八春〉》。桑弧在文中写道："就一个文学工作者说，某一时期的停顿写作是有益的，这会影响其作风的转变，我读《十八春》，仿佛觉得他是在变了。文章比从前来得疏朗，也来得醇厚，但在基本上仍保持原有的色调。同时，在思想上，他显出比从前沉着安稳，这是他的可喜进步。"桑弧与张爱玲有过极为密切的关系，自然能说到点上。小说连载到一半，唐大郎又刊出一篇署名“传奇”的猜谜文章，委婉地告诉有心的读者，小说的作者“梁京”即张爱玲。

1951年2月，《十八春》连载完毕，引起轰动，亦报社每天都收到大量读者来信，其反响之强烈，颇有几分当年《传奇》出版时的盛况。有个女读者恰与小说女主人公曼桢有类似的经历，读了《十八春》，抑制不住自己内心的悲伤，从报社打听到张爱玲的住址，找上门来哭诉，吓得张爱玲不敢下楼，最后只好由姑姑出面将女读者劝走。

《十八春》共计25万字，是张爱玲第一部完整的长篇小说。故事以上海、南京为背景，描述新中国成立前十八年间几对青年男女一波三折的感情经历。小说结尾时已是解放初期，这些屡经磨难的青年奔赴东北解放区，投身到“革命的熔炉”去寻找个人新的理想和生活。张爱玲用这样一个光明的尾巴[9]，向新中国致意。是年底，亦报社出版了《十八春》单行本，并召开“与梁京谈《十八春》座谈会”。尽管这部作品没有引起批评界足够的关注，但对张爱玲来说，应该是进入新中国后的一个良好开局。

《十八春》在《亦报》上连载不久，便引起身为华东文艺界负责人的夏衍的注意。抗战胜利后，夏衍从重庆返回上海时，就听说了张爱玲的才名，随即找来《传奇》《流言》读过，留下深刻印象。他看到在《亦报》上连载的《十八春》，就把龚之方找来，打听“梁京”这个作者的背景，听说是张爱玲，他十分高兴，当即表示“这是个值得重视的人才”。

1950年代在上海时的夏衍

1950年7月24日，上海召开第一届文艺代表大会。夏衍担任主席，梅兰芳、冯雪峰担任副主席，参会代表500余人。在夏衍的关照下，张爱玲也接到了参会通知。柯灵在《遥寄张爱玲》中回忆道：“她坐在后排，旗袍外面罩了件网眼的白绒线衫，使人想起她引用过的苏东坡词句

‘高处不胜寒’。”其情其状，颇有几分落寞。张爱玲不太关心时事，想必也意识不到作为一个代表的意义。作为上海文艺界在新中国成立后的第一次文坛盛会，并不是随便什么人都能获得代表资格的，说白了，这是一次变相的资格认证，是进入文坛艺苑的许可证。在很多人眼里并不清白的张爱玲，能出席这次会议，不能不说是中共的特别青睐。对此，龚之方也为她感到庆幸：“张爱玲当时坐在会场看眼前的光景，心里想的是什么，没有人知道，不过她参加共产党主办的大会，总算有这么一次了。”[10]据说“文代会”结束后，夏衍还安排张爱玲随下乡工作队参加土改。此后，上海电影剧本创作所成立，夏衍兼任所长，柯灵任副所长。夏衍打算安排她到创作所任编剧，只因有人对她的背景仍持否定态度，只好稍待一时。据龚之方回忆：“这件事夏衍同柯灵说过，也同我谈过。有一次我受夏衍的委托去看张爱玲，把这层意思转告她。夏衍并要我婉转问她日后有什么打算，会不会出国？她没有给我正面答复，只是笑而不答，似乎正在考虑这个问题。”[11]

《十八春》连载完后，唐大郎向张爱玲再约新稿。半年后，张爱玲又写了中篇小说《小艾》，**1951** 年 **11** 月初开始在《亦报》上连载。小说中的女主人公小艾，因家贫几岁时就被卖到上海席家当丫头，受尽虐待，十几岁时被席家老爷强奸怀孕，又惨遭席的姨太太毒打而流产病倒，“她的冤仇有海样深”。后来与邻家排字工人冯金槐相爱结婚，两个人相濡以沫，艰难度日。小说一改过去那种旁观者的冷讽口吻，转而站在同情的立场上描述底层女性的心酸经历；在部分保留了她以往精致、自然的个人风格的同时，也不忘为作品涂上一层亮色。小说尾声写解放后，医院治好了小艾的不孕之症，她有了自己的儿子，与金槐在一起很幸福，也感觉到现在“物价平稳，生活安定”，“医院真的是为人民服务了”。冯金槐也非常热心地学习，常常把政治书上的新民主主义、社会发展史讲给她听。小艾想着自己的孩子“将来长大以后，不知道是怎样的一个世界，要是听见他母亲从前悲惨的遭遇，简直不大能想象了吧？”

这种对时代的有意迎合，是不是很难很累呢？张爱玲没有说过，别人也无从感受。也许她已经感觉到了自己的不合时宜，创作上的，也包括生活上的；也许她从运动不断的喧闹中发现了正在酝酿着的生存威胁。总

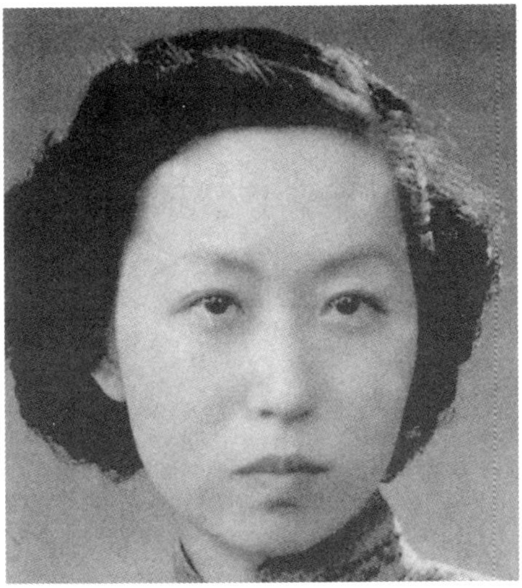
张爱玲出国前夕拍摄的证件照

之，她在创作和生活还算正常的情况下，突然于 1952 年夏天离开上海，去了香港。行前，她去了一次杭州，印象中的西湖成了她后来写成的《五四遗事》里的风景。在悄然做着出走准备的这段时间里，她的着装也一改往日的华丽，素朴得如同里弄的家庭妇女。一天，她穿了一套湖蓝色的土布衫裤，碰巧一个老八路模样的干部来登记户口，上下打量了她一番后，居然问："认识字吗？"干部走后，她竟然为此得意了半天。去派出所申办出境手续时，警察听说她要去香港，立刻沉下脸来。那天她穿着素净的花布旗袍，未施脂粉，一副朴素老实相。警察没看出她是一个文化人，申请得到了批准。"一旦批准出境，马上和颜悦色起来，因为已经是外人了，地位仅次于国际友人。"她在《对照记》里回忆起这件事，从不无讽意的言辞里，仍能想见她当时那一丝狡黠与得意。

她为出走的那一刻陪着小心，唯恐出现什么差池。临走之前，她不向弟弟吐露半个字，还与姑姑约定走后不通信，就像当年她从父亲家里逃离时一样，怀着一种惊恐而决绝的心情。她从上海坐火车先到广州，又从广州乘火车到深圳，在深圳过罗湖桥海关到香港。20 世纪 60 年代她到台湾时曾跟王祯和说起过海关的情形："民兵检查她时，她很紧张，因为她护照上用的是一个笔名。民兵问她：你就是写作的张爱玲？她很紧张的说：是。那民兵就让她出来了，没有留难。"[12]

后来她把这些经历写成小说《浮花浪蕊》。她这样描写主人公洛贞从罗湖桥出境时的情景：

桥堍有一群挑夫守候着。过了桥就是出境了，但是她那脚夫显然还认为不够安全，忽然撒腿飞奔起来，倒吓了她一大跳，以为碰上了路劫，也只好跟着跑，紧追不舍。

是个小老头子，竟一手提着两只箱子，一手携着扁担，狂奔穿过一大片野地，半秃的绿茵起伏，露出香港的干红土来，一直跑到小坡上两棵大树下，方放下箱子坐在地下歇脚，笑道："好了！这不要紧了。"

……（洛贞）跑累了便也坐下来，在树荫下休息，眺望着来路微笑，满耳蝉声，十分兴奋喜悦。

后文中还有一句交代洛贞逃离大陆后的心境："自从罗湖，她觉得是个阴阳界，走阴间回到阳间。""舍不得中国"的张爱玲，就这么惊恐惶悚地逃离了大陆，去了她心目中的"阳间"。此后，她越走越远，再未回头。

张爱玲走后不久，张子静好不容易回了趟市区，急急忙忙到卡尔登公寓看望她。姑姑开了门说道："你姐姐已经走了。"说完随手又把门关上了。就在这年初，他通过失业登记和考试，被重新分配到浦东乡下小学教书，平时难得与姐姐见一次面，不想姐姐竟这样一声不响地走了。他走下楼，忍不住哭了起来。街上来来往往都是穿着人民装的人。记得一次姐姐说这衣服太呆板，她是绝对不穿的。或许因为这样，她走了？

柯灵在《遥寄张爱玲》里回忆：听说张爱玲去了香港，"夏衍一片惋惜之情，却不置一词"。据说此后夏衍还曾托人向张爱玲姑姑致意，希望张爱玲能为《大公报》《文汇报》写些稿子，姑姑表示"无以通知"。

13年前，为了追寻自己的梦想，她第一次来到香港，在港大度过了三年的求学岁月，那时她眼里的香港是个带着异国情调和令人兴奋的城市。此后十年间，她成了红透上海的作家，也经历了感情的磨难和事业的一波三折。此番再来香港，她就如断了根的浮萍，了无牵挂也无所依托。香港繁华依旧，只是随着朝鲜战争的开打，这里成了美国战备的重要基地。还有大陆来的难民，他们在城里拥来挤去，四处寻找着栖身的处所和谋生的机会。因此，这繁华里就多了些拥挤、混乱和艰难。

张爱玲来香港的理由，是为了完成港战时被迫中断的学业。到香港后，张爱玲先到香港大学登记注册，还上了一段时间的课，但不久就离开

1950年代的香港街景

了。据说，她到港大注册是应吴锦庆教授夫妇的要求。吴是港大教授，又是张爱玲母亲的朋友，张爱玲的入境证就是由他帮忙办理的。但吴为人谨慎，怕张爱玲以续读为由入境而不到港大注册会落人把柄，因此要她无论如何先注册读书。张爱玲既无基金资助，又无生活来源，继续读书显然是不可能的。彼时炎樱在日本，她便终止学业，乘船去了日本。《浮花浪蕊》有对她赴日途中情景的生动描写，只是没有她到日本之后情形的记述。三个月后，炎樱去纽约定居，张爱玲也只好回到香港。

香港也不是张爱玲心目中的久居之地，但为了生存，她必须先谋一份养活自己的工作。幸运的是，她很快在美国新闻处找到了一个翻译的差事。该机构给她的第一份工作是翻译陈纪滢的小说《荻村传》，译完之后由该机构支持的霓虹出版社印行。在接下来的一段时间里，她还先后翻译了多位美国作家的作品，有海明威的《老人与海》、玛乔丽·劳林斯的《小鹿》、华盛顿·欧文的《无头骑士》以及《爱默森文选》等。除海明威外，其他作品她并不喜欢，但为了生计，也顾不得挑肥拣瘦。她后来对宋淇夫妇说："我逼着自己译爱默森，实在是没办法。即使是关于牙医的书，我也照样会硬着头皮去做的。"至于翻译欧文的作品，她感觉就"好像同自己不喜欢的人谈话，无可奈何地，逃又逃不掉"[13]。

这期间，张爱玲的意外之喜恐怕就是认识了宋淇、邝文美夫妇。宋淇是著名戏剧家宋春舫之子，1948年来香港，先后在"美新处"书刊编辑部、电懋影业公司和邵氏电影公司任职。他不仅是文学评论家，还是翻译家，且喜欢中国古典文学，后来成为《红楼梦》研究专家。宋淇在《私语张爱玲》里说："当年我们在上海时和爱玲并不相识，只不过是她的忠实读者。那时，像许多知识分子一样，我们都迷上了她的《金锁记》《倾城之恋》《沉香屑：第一炉香》。听说她脾气很怪，不喜欢与人往来，根本无缘识荆。想不到后来在香港邂逅，晤谈之下一见如故，终于成为莫逆之交，二十余年如一日。”在港期间，张爱玲还曾参与了宋淇主持的《美国诗选》《美国现代七大小说家》两书的翻译工作。在频繁的交往中，她与宋淇夫妇结下了深厚的情谊，也得到了夫妇俩许多帮助。起先张爱玲住在女青年会，在她的翻译作品发表之后，常有不三不四的人到她家里骚扰，这让她十分恐慌。宋淇在自家居所附近帮她找了一间屋子，虽无必要的生活设施，仅有一张小桌权充书桌，但毕竟有了一个独立的空间可以栖身，况且离宋家近，彼此照应起来也方便。

除了维持生计的翻译工作，张爱玲投入精力最多的，当是她的英文小说创作。她写的第一部英文小说名《秧歌》，开始并不顺利，虽然她十年前曾用英文写过不少文章，但隔了这么长时间再拿起来，手生是免不了的。她时常与宋淇讨论写作上的事，把初稿拿给他看。一段时间后，她便文思畅达、得心应手了。有时写完一章就开心，恨不得立刻打电话告诉宋淇夫妇，“但那时天还没有亮，不便扰人清梦。可惜开心一会儿就过去了，只得逼着自己开始写新的一章”[14]。

《秧歌》写一个在上海做帮佣的女子月香“回乡生产”，发现家里虽然土改后分得了田地，丈夫金根还当了劳模，但日子依旧一贫如洗。年关将近，绝望的饥民开始聚众抢粮，把守仓库的民兵开了枪，女儿阿招被奔逃的人群踩踏而死，金根也受了重伤。月香带着丈夫四处躲藏，金根为不连累妻子投河自杀。月香没了女儿又没了丈夫，愤激之下跑回村里，一把火烧了粮仓，自己也投火自尽。

《秧歌》英文版封面

小说完成后，先以中文在美新处支持的《今日世界》杂志上连载，1954 年 7 月出版单行本，次年春天在美国出版英文本。《秧歌》面世以后，得到了美新处负责人麦卡锡的嘉许。他觉得一个中国作家，将英文小说写到如此之好的程度，实在令人妒忌。此后麦卡锡与张爱玲成

1954年，张爱玲在香港

了关系很好的朋友。《秧歌》在美国读书界也有不错的反响。《时代周刊》评论道："这本动人的书，作者的第一部英文创作。所显示的熟练英文技巧，使我们生下来就用英文的，也感到羡慕。"然而，除了"熟练英文技巧"之外，当时的美国人最感兴趣的，还是小说对所谓中国农村现状的批判与揭露。迄今为止，《秧歌》在大陆仍旧褒贬不一，个中原因大概与政治不无关系。多年以来，海外与港台倒有不少正面的评价。胡适认为这部小说"平淡而近自然"，夏志清则称其为"公认的'经典'之作"，龙应台更是将其誉为"世界级的作品"。

《秧歌》之后，张爱玲又创作了长篇小说《赤地之恋》。关于这本书的写作，张爱玲自己也承认"是在'授权'的情况下写成的，所以非常不满意，因为故事大纲已经固定了"[15]。宋淇在《私语张爱玲》中也有类似的说法："这一段时期，她正在写《赤地之恋》，大纲是别人拟定的，不由她自由发挥，因此写起来不十分顺手。书成后，美国出版商果然没有兴趣，仅找到本港的出版商分别印了中文本和英文本。中文本还有销路，英文本则因为印刷不够水准，宣传也不充分，难得有人问津。"到底是因为"印刷不够水准"，还是别的什么原因导致了该小说的滞销，而今已无从查证。但无论怎样，张爱玲在香港的创作都呈现出与先前迥然不同的面貌。

在港期间，张爱玲也有机会重操电影创作，但她主动放弃了。对此，宋淇在《私语张爱玲》中有详尽的记述："那时候，我在电影界从事剧本审查工作。李丽华和我认识颇久，知道爱玲在香港，而且同我们相熟，再三要我代约爱玲一见。她当年在上海大卖其座的《假凤虚凰》等片，与爱玲所编的电影剧本属同一公司出品，慕名已久，此刻刚组织了丽华影业公司，打算自资拍片，恨不得快些请到一流人才为她编剧以壮大声势。

她听说爱玲性情孤僻，绝不见生客，因此托我想办法安排。这明明是出难题给我做，叫人伤透脑筋。一方面，李丽华的水磨功夫是出名的，而且她又是红得发紫的天王巨星，肯亲自出马，等于纡尊降贵，实在难以推辞；另一方面，这话却不能和爱玲直言相谈，否则强其所难，可能为她断然拒绝。只好多费时间用文火炖、慢火熬，终于获得爱玲首肯，约定了一个日期。"

"记得那天下午，李丽华特地从九龙过海来我家，打扮得非常漂亮，说话也特别斯文，等了相当久，爱玲才迤迤然而来。她患深度近视，又不肯戴眼镜，相信李丽华在她眼中只不过是一片华丽的光影。坐了没多久爱玲托词有事，连我们特备的茶点都没吃就先行告退了。爱玲那时把全副精神放在《赤地之恋》上，同时在申请移居美国，根本没有心思写剧本。日后虽然写了几个电影剧本，也没有一部由李丽华主演。两人的缘分仅止于这惊鸿一瞥似的短聚。"

据说张爱玲早有移居美国的打算，而此时有了机会，她自然不会轻易放过，因此不作他想。事情源于美国 1953 年公布的一个难民法令，该法令允许少数学有所长的人移居美国，日后可申请为美国公民。法令规定，在远东地区，三年中共有五千名额，其中三千给本地人，两千给外地人，凡有美国公民作保者均可申请。张爱玲是上海人，符合后者的条件，于是立刻请美新处处长麦卡锡做保人，办理申请移民的手续。

1955 年，35 岁的张爱玲离开了她居留三年的香港，踏上了去往美国的旅程。

/ 注释 /

[1][6][7][8][10][11] 张子静、季季：《我的姐姐张爱玲》，吉林出版集团有限责任公司 2009 年版。

[2] 爱读：《张爱玲做吉普女郎》，见《海派》1946 年 3 月 30 日。

[3][4] 转引自蔡登山：《传奇未完：张爱玲》，云南人民出版社 2004 年版。

[5] 胡珂：《抒愤》，见《时代日报》1947 年 12 月 12 日。

[9] 对这个结尾，张爱玲并不满意，去美国后她将《十八春》的下半部重加改写，易名为《半生缘》，1966 年起在台湾的《皇冠》杂志和香港的《星岛晚报》

连载，次年在台湾出版。《十八春》中，小说以许叔惠、石翠芝决定去延安作结；《半生缘》中将去延安的情节改为许叔惠前往美国留学。

［12］王祯和：《张爱玲在台湾》，见《张爱玲评说六十年》，中国华侨出版社2001年版。

［13］［14］见张爱玲、宋淇、宋邝文美著，宋以朗编：《张爱玲私语录》，北京十月文艺出版社2011年版。

［15］水晶：《蝉——夜访张爱玲》，见《替张爱玲补妆》，山东画报出版社2004年版。

下卷

『异国飘零』(1955—1995)

第七章 梦寻美国

每个人都是几何学上的一个“点”——只有地位，没有长度、宽度和厚度。整个的集会全是一个个的点，是虚线构成的图画。而我虽然跟别人一样，也在厚棉袍外罩着蓝布长衫，却是没有地位，只有长度、宽度与厚度的一大块，所以我非常窘，一路跌跌撞撞，踉踉跄跄地走了出去。

——《华丽缘》

1955 年秋，张爱玲搭乘“克利夫兰总统号”邮轮离港赴美，到码头送行的只有宋淇和邝文美夫妇。船到日本，张爱玲就迫不及待地寄回一封长信，向邝文美倾诉道：“别后我一路哭回房中，和上次离开香港的快乐刚巧相反，现在写到这里也还是眼泪汪汪起来。”这样的心绪，既有离别好友的伤感，也不无只身飘零的孤苦。

在张爱玲的一生中，出走成了改变她生命图景的重要节点。17 岁那年，她从古墓般陈腐的父亲家中出逃，投向母亲和姑姑光鲜亮丽的公寓生活。父亲一向不认同学校教育，也不想让女儿接受过多的教育，认为那只不过是赔钱的生意。可以想见，如果没有那次出走，张爱玲就很难有香港大学的求学经历，等待着她的只能是“女结婚员”的命运。32岁时，张爱玲在生存处境和创作前景渐渐好转的时刻，突然悄无声息地出走香港，永远离开了她爱恨交加的故土，从此踏上了流浪的不归路。这次出走的幸与不幸，很难假设也无从评说，但有一点是肯定的，这就是柯灵在多年后所提到的：“曾经运动成风的年代，到文化大革命而达到顶点，张爱玲留在大陆肯定逃不了。”[1]

对张爱玲来说，香港也不是她的久居之地。在香港大学续读了不到3个月，她就兴冲冲地去了日本，希望在旅居日本的好友炎樱的帮助下，谋得一份生存的职业。3个月后，炎樱去了美国，谋职未果的张爱玲只好重回香港，一边靠给美新处翻译维持生计，一边用英文创作长篇小说《秧歌》。在挨过了3年多的时光之后，张爱玲终于等到了一个绝好的机会——以难民身份移居美国。

虽然是以难民的身份去美国，但张爱玲未必将自己看作“难民”，尽管她囊中羞涩，又无固定工作。何况她赴美的请求之所以获得批准，也是因为她属于“少数学有所长的人士”。说起来，经过3年的打拼，她在香港的生活与写作渐有起色，又有宋淇夫妇这样的知心朋友帮衬，如果继续留在香港，未必没有好的前景。那么，为什么一遇到移民美国的机会，她便毫不犹豫地再次出走呢？对此，张爱玲本人没有提及，她的朋友也未曾说起。多年之后，夏志清曾有过这样的猜测：“想来因为《秧歌》已出了英文版，她才决定来美国的。”[2] 这未必是张爱玲去美国的唯一理由，但至少说明她这次出走美国，和文学有着密不可分的关系。

另据宋以朗披露，张爱玲出走前，麦卡锡不仅帮她写了封推荐信，还帮她在纽约找了一位出版经纪人，名为罗德尔（Marie Rodell），在这样的情况下，张爱玲去了美国。

张子静在《我的姐姐张爱玲》一书中也说过，他的姐姐张爱玲在“中学时代就梦想有一天像林语堂那样，在美国写英文小说成名”。如果此言不虚，当足以证明张爱玲这次出走的一个重要原因，即为了在英语世界里实现自己的文学梦想。

很久以前，张爱玲就为这个梦想默默地做着准备。在香港读书期间，为了学好英文，她尽量不使用中文，写信、作笔记都用英文。因战事中断学业回到上海不久，她就尝试着为英文报纸《上海泰晤士报》和英文月刊《二十世纪》撰写文章。到香港后，她开始用英文创作第一部长篇小说《秧歌》。起初，她对英文创作的成败并无把握，因此就连宋淇夫妇也不从说起，直到初稿完成之后，她与宋淇夫妇的关系也密切到无话不谈的程度，才将初稿拿给他们看。《秧歌》英文稿寄给美国经济人和出版商后，张爱玲便陷入焦急的等待之中，如宋淇所言，“那情形犹如产妇难产进入产房，在外面的亲友焦急万状而爱莫能助”。的确，一个默默无名的异国作家，要在美国出版小说实非易事，而这部小说又是张爱玲实现文学梦想的第一次尝试，其渴望之情、焦急之状自可想见。为了缓解焦虑，宋淇夫妇找出从上海带来的一本牙牌签书，为她求卦，竟得到“东西相对两团圆”之签。如果将这句签语理解为中英文《秧歌》在东西方世界圆满出版，自然是皆大欢喜。想不到的是，张爱玲竟然喜欢上了这本牙牌签书，日后出书、出门、求吉凶，都不忘翻翻它。

1954 年 7 月，中文版《秧歌》先行出版，张爱玲便将此书寄给了身在美国的胡适先生。在此之前，张爱玲与胡适并不相识，也无联系，之所以寄《秧歌》给他，想必不仅仅是出于对前辈的仰慕，也不完全是因两个人都喜欢《海上花列传》的缘故，而是透过熟稔美国文化的胡适先生对这部小说的反应，投石以问路。由此可见，张爱玲至少在办理赴美签证的同时，就着手谋划进军美国文坛的事情了。

果然，3 个月后，胡适致信张爱玲，对《秧歌》给予了充分的肯定，认为它是一本“很有文学价值的作品”，颇得《海上花》“平淡而近自然”的神韵，并请张爱玲多寄两三本《秧歌》来，以便介绍给朋友看。胡适的肯定，无疑给了张爱玲实现美国梦的底气。

《秧歌》英文版封面

在经历了一番难耐的等待之后，英文版《秧歌》终于由纽约司克利卜纳公司出版，且获得《纽约时报》《星期六文学评论》《纽约先驱论坛报》及

《时代》杂志的好评，翻译版权卖出 23 种。尽管销量欠佳，离林语堂当年的畅销盛况相距甚远，但这无疑给张爱玲的英文写作增添了信心。

据宋淇回忆，张爱玲对英文版《秧歌》在美国市场的反响十分在意，在诸多大报给予肯定性评介之后，《时代》杂志却迟迟未有评论，这总让张爱玲觉得是一大缺憾。《时代》杂志选书一向极严，因此其评论在出版界极有分量。一天，宋淇从办公室带回一本新出的《时代》杂志，先不拿给她看，只说要给她一个惊喜。张爱玲开口就问："是不是《时代》终于有了书评了？"张爱玲这样在意一份杂志的书评，相信不仅仅是看重《秧歌》一书的成败得失，而是有着更长远的考量。

当然，这并不意味着张爱玲对自己的英文写作缺乏信心。她在此之前的英文写作是成功的，她对自己的英文写作能力也充满自信。还在她创作《秧歌》期间，从大陆出去的女作家韩素音在伦敦出版了一部自传体小说《瑰宝》（*A Many Splendoured Thing*），被英语世界视为极富东方风味的罗曼史，韩素音因此成了西方人眼中的第一位华人女作家。1955 年，好莱坞将该作搬上银幕，拍摄时还专赴香港取外景，在当时引起很大的轰动。彼时张爱玲就在香港，对此自然甚为关注。她曾表示："我从来不觉得妒忌她（韩素音），虽然她这本书运气好，我可以写得比她好，因为她写得坏，所以不可能是威胁。"(《张爱玲语录》) 至于她一向追慕的林语堂，她甚至觉得他在英语世界的成功名实不符，认为"他中文比英文好"。如"'人亦要做钱亦爱'，一字不能改。英文用字时常不恰当"。(《张爱玲语录》) 从对韩、林两位作家掂斤播两的评比中，可以感觉到她对自己英文写作能力的那份自信。

不过，在经历了人生的起落之后，张爱玲已经没有了先前的那份张扬。对于别人的英文写作水平怎样，她只是和密友说说，而对于自己的那份自信，她也只会埋在心里。在赴美的船上，有陌生的旅客认出了她，这令她十分惊奇和不安。在途中写给邝文美的信中说起这件事，她写道："我很困扰——并不是不愿意有人知道我……但是目前我实在是想隐姓埋名。"她还顺便告诉邝文美："我到了那边，小的事故大概常常有，大的不幸和失望是不会有的，因为我对于自己和美国都没有幻想。"目前隐姓埋名，是为了以后的再次爆发吗？幻想可以没有，但希望总是有的吧，要不然怎会有“失望”一说呢？从这些甚为低调的言词中，分明可以感觉到张爱玲的心中是攒着一把劲，憋着一股力的；她的自信和自傲藏在骨子里。

不管怎样，此刻，张爱玲正越过浩瀚的太平洋，向着一片未知的大陆进发，她要在那个陌生的英语世界里，释放自己全部的能量，重新扯起文学梦想的风帆。

11 月，张爱玲抵达旧金山，然后改乘火车前往纽约。纽约是一个繁闹的都市，一个世界各地的作家心向往之的文化、艺术、出版中心。张爱玲一向喜欢大城市，喜欢在嘈杂的市声里安眠和写作，何况那里有出版她第一部英文小说的司克利卜纳公司，有她大学时代的闺中密友炎樱。

到了纽约，张爱玲先在炎樱家住了些时日，而后经炎樱介绍，搬进哈德逊河附近的救世军女子宿舍。该宿舍是一家专为收留穷困者而开设的慈善机构，由一帮号称“上校”“中校”的女人管理，入住的人员也十分复杂，有无家可归的老太、厮混街头的酒鬼、流浪汉。这期间，张爱玲还与炎樱一同拜望了胡适。

尽管居住条件恶劣，但张爱玲没有时间抱怨，她必须尽快地开始工作。英文版《秧歌》收获了不少好评，但销路平平，未能再版，没给她带来多少收入。因此，眼下最紧要的，是解决生计问题。在张爱玲赴美之前，宋淇已重返电影圈，担任新成立的国际电影公司的剧本审查委员一职。为帮助张爱玲解决赴美之后的经济问题，宋淇便向她预约电影剧本，还帮她预支部分剧本稿费，以解眼前之急。在 1955 年 11 月 20 日写给邝文美的信里，张爱玲就透露：“现在我正忙着写剧本，希望两星期内能寄来。”为了不使杂乱的环境影响写作，张爱玲甚至一改过去昼夜颠倒的作息习惯，“早起早睡，完全正常”。在救世军女子宿舍，她先后完成了《人财两得》和《情场如战场》两个剧本。

编写剧本的收入，不仅解了张爱玲经济上的燃眉之急，也成了她其后七八年中主要的经济来源。翌年，宋淇进入电懋公司，在他的精心运作下，张爱玲成为第一个登上影剧杂志封面的编剧，且为电懋的大牌明星林黛等人编写剧本。

但是，剧本的收入毕竟有限，也未必及时，于是张爱玲便开始向写作基金之类的组织谋求支持。1956年2月13日，她向新罕布什尔州彼得堡的麦克道威尔文艺营提出入营申请，申请书中写道：

亲爱的先生/夫人：

我是一个来自香港的作家，根据1953年颁发的难民法令，移民来此。我在去年10月份来到这个国家。除了写作所得之外我别无其它收入来源。目前的经济压力逼使我向文艺营申请免费栖身，俾能让我完成已经动手在写的小说。我不揣冒昧，要求从3月13日到6月30日期间允许我居住在文艺营，希望在冬季结束的5月5日之后能继续留在贵营。

张爱玲敬启[3]

在几个保证人的合力推荐下，张爱玲幸运地获得了入营许可。3月中旬，她离开纽约，乘火车到波士顿，再转乘巴士到新罕布什尔的彼得堡市区，经过一天的颠簸劳顿，终于到达麦克道威尔。

文艺营坐落在群山之中。在占地四百多英亩的森林和草地之间，散落着几十个小巧的工作室和农舍式的别墅，此外还有社交和管理中心、图书馆、餐厅等大型建筑。营中的日常管理与服务也极有特色：早晨营员们一起共进早餐，之后各自回工作室创作。午餐有专人送至工作室入口，以便他们随意取用。下午四时后，营员们可到社交大厅娱乐、谈话，或喝杯鸡尾酒，然后共进晚餐。这的确是一个幽静而舒适的创作场所。文艺营已有五十多年的历史，当年创建者的初衷就是为有才华的艺术家们提供良好的创作条件。

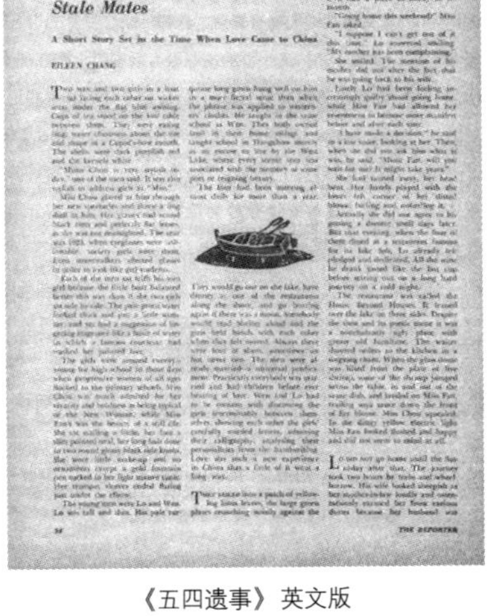
VIEWS & REVIEWS

Stale Mates

A Short Story Set in the Time When Love Came to China

EILEEN CHANG

THE REPORTER

《五四遗事》英文版

张爱玲来营之后，也分到一间工作室。尽管这里的冬天零下二三十度，但她还是克服了严寒带来的不适，着手写作她来美后的第一部英文小说

Pink Tears（中文名《粉泪》）。这部小说是《金锁记》故事的扩展。《金锁记》是张爱玲40年代的成功之作，她希望通过对这部作品的再创造，来冲击英语文坛。

在写作《粉泪》的同时，张爱玲应宋淇之请，为电懋公司编写了电影剧本《拜倒石榴裙》（1959年公映时改名为《桃花运》），同时在美国《记者》杂志上发表英文小说 *Stale Mates*（后译成中文为《五四遗事》）。看起来，张爱玲的写作紧张而充实，似乎美国文坛的大门正向她徐徐打开。

到文艺营不久，张爱玲就结识了左翼作家赖雅。赖雅（1891—1967）以戏剧创作出道，曾在麻省理工学院执教一年，1914年，获哈佛大学硕士学位，后为《波士顿邮报》记者，赴欧洲报道第一次世界大战。回国后成为自由撰稿人。他有才气、有个性，兴趣广泛，热衷交际，又善谈吐，因此在文人作家的圈子中颇受欢迎。华莱士·史蒂文斯、辛克莱·刘易士等作家都是他的好友。

赖雅的第一任妻子豪尔维治，是美国颇有名气的女权运动家。由于赖雅生性豪奢，落拓不羁，不愿受家庭的牵绊，而豪尔维治则忙于自己的女权事业，夫妻俩聚少离多，婚姻生活形同虚设。女儿霏丝出生以后，赖雅继续游走各地，仍不愿回归家庭尽为夫为父之责，最终，维持了9年的婚姻宣告破裂。

离婚后，赖雅搬到纽约，后又跑到欧洲。先后旅居巴黎、柏林、英国及土耳其，赖雅在旅游观光的同时，结交了很多重要作家，包括康拉德、乔伊斯和庞德等。

整个20世纪30年代，赖雅都在为好莱坞写作剧本。他的才华深得制片人和导演的赏识，他的名字曾在多部电影中出现，如《艰难之旅》《斯大林格勒的好男儿》等。他有成为好莱坞一流编剧的潜质，可惜没有成为一流编剧的欲望和执著。他是一个性情疏淡的人，在事业与快意生活之间，他更多的时候是选择后者。他的小说或文章，多是在需要钱的时候，才拿出来卖给报刊，这大概也是他才华出众而籍籍无名的原因所在。即便如此，他在好莱坞的收入仍相当可观，即使短期合同每周也有500美元之多，这在20世纪30年代可是一个不小的数字。然而，也许正是这种优渥的生活，消磨了他的创作意志。

20 世纪 30 年代欧美知识界普遍左倾，好莱坞也成了左翼思潮的大本营。大约就是在这个时期，赖雅开始信奉马克思主义，而且至死无悔。他最为人所知的是和德国左翼剧作家布莱希特（1898—1956）的交往。二人 1928 年在柏林相识，随后赖雅开始在美国大力推介和揄扬布莱希特的作品。他们的友谊与合作关系持续了二十多年，即便二人的关系破裂之后，赖雅仍旧不懈地推介布莱希特的作品。

20 世纪 40 年代初，赖雅的身体每况愈下，先是摔断了腿，接着轻度中风，1954 年，他再次中风住院。糟糕的身体状况，令一向热情好动的他深感不安甚或恐惧，并影响了他写作的信心。尽管他仍坚持创作，但期间只有一部传记作品得以出版。1955 年，赖雅争取到来麦克道威尔文艺营写作的机会，并在这里邂逅了张爱玲。

张爱玲与赖雅的关系发展得很快，几次短暂的接触和交谈之后，彼此都留下了很好的印象。不久，他们开始互访对方的工作室，交流也逐渐深入，中国书法、中国政治、共产主义运动等等，都成了他们讨论的话题。当然，文学自是必谈的话题。赖雅对《秧歌》的文笔十分欣赏，对《粉泪》的结构布局也提了些建议。共同的话题和爱好，使他们越来越投契，两个月后的 5 月 12 日，二人便有了亲密接触。

5 月中旬，赖雅在文艺营的居住期限已满，只好申请到纽约北部另一个文艺营暂住 6 周。张爱玲送他到车站，并向他谈了自己在写作和生活上的困境及现状，也倾吐了自己的感情。临别，张爱玲还送了赖雅一些现金，尽管她自己也很拮据。赖雅为她的坦诚与体贴而感动。分别后，二人频繁通信。7 月 5 日，赖雅收到张爱玲的来信，信中说自己怀上了他的孩子，赖雅即刻回信向张爱玲求婚。

赖雅自第一次婚姻结束以后，一直过着闲云野鹤般的单身生活。他本就不善于照顾家庭，又居无定所，身无分文。在如此困窘的境况下，养育孩子就成了他无法承受的负累，因此他向张爱玲提出不要孩子。张爱玲也深知处境艰难，眼下连安顿自己都是个问题，做母亲更是奢望。早几天，张爱玲住营期限已到，营友将纽约的房子借给她暂住，她便趁此机会找炎樱帮忙，做了人工流产。《小团圆》中有这样的记述：胎儿已四个月，医生打了催生针，从下午直到晚上胎儿才由下体排出。“夜间她在浴室灯下看见抽水马桶里的男胎，在她惊恐的眼睛里足有十寸长，毕直的欹立在白瓷壁上与水中……一双环眼大得不合比例，双眼突出，抿着翅膀，是从前站在门头上的木雕的鸟。”小说中的情节虽有虚构的成分，但想必也有张爱玲堕胎时的真实感受和经验。这期间，赖雅一直陪伴在她身边。

8 月 14 日，张爱玲与赖雅举行了简单的婚礼。远在英国的黄逸梵得知女儿结婚的消息，还寄来 280 美元给赖雅以表祝贺，赖雅收到贺礼甚为感动。张爱玲的出版代理人莫瑞·罗德尔也将这一喜讯打电话告诉了麦卡锡，麦卡锡十分高兴，“以为这下子爱玲衣食无忧了”。莫瑞却回答说：“我们女儿没嫁出门，倒是招进个穷女婿。”麦卡锡方才明白，新郎原来是一个穷困潦倒的无产者，比张爱玲更不懂谋生之道。

婚后第五天，张爱玲写信给邝文美，报告了自己结婚的消息。信中写道：“14 日我和赖雅结婚——赖雅是我在麦克道威尔遇见的一个作家，今年 2 月里我到那里去的时候他已经在那里，但他比我走得早——我没有告诉你，因为我怕你又会送东西给我。事实上也只是登记，炎樱愿意作证。”谈到赖雅的情况和自己对这桩婚姻的态度，她这样写道：“赖雅离过一次婚，有一个女儿已经结了婚了。他以前在欧洲做国外通讯记者，后来在好莱坞混了许多年修改剧本，但近年来穷途潦倒，和我一样身无分文，而年纪比我大得多，似乎比我更没有前途。除了他在哈佛得过硕士学位，这一点想必见赏于吴太太之流，此外实在是乏善足陈。炎樱刚回来的时候我在电话上告诉她，说：‘这婚姻说不上明智，但充满热情。’详细情形以后再告诉你，总之我很快乐和满意。”

张爱玲明白赖雅既无经济能力，写作的前景也不看好，年龄又比她大了 29 岁，但她还是毫不犹豫地接纳了他。共同的志趣和情感的契合，使他们走到一起。在后来写给朱西宁的信中，张爱玲曾经有过这样的表白：“他（赖雅）是粗线条的人，爱交朋友，不像我，但是我们很接近，一句话还没说完，已经觉得多余。”[4]

当然，他们的结合也不无现实的考量。这一年，赖雅已经 65 岁了，贫病交加，前景黯淡，与张爱玲的不期而遇无异于打开了他人生的一道风景。他喜欢她的庄重与温雅，也为她的体贴与温情而打动，在日渐凄凉的晚景中，他需要一个这样的人与他相依相扶，共同走过。而张爱玲呢，只身飘零异域，像无根的浮萍，无依无靠，除了写作再无别的谋生之道。她一心想实现自己的文学梦想，但她既不了解美国的文学，也不熟悉美国的市场。正是在这个时候，她遇见了赖雅。他宽厚、热情，又懂得关心人，有着她所不具备的交际能力，更重要的是他关注她的写作，也熟悉美国的文学市场。从年龄、身体状况和经济能力上看，他不是理想的伴侣，但从性情和志趣上看，他正是她可以依靠的对象。这是一个两难的选择，但张爱玲并没有犹豫，因为她更为看重的是自己的文学理想，与此无关的事情都可忽略不计。这是张爱玲的第二次婚姻，也是最后一次婚姻，如她所言"这婚姻说不上明智，但充满热情"，让她觉得"快乐和满意"。

婚后，两个人继续待在纽约，他们还一起观赏纽约市容。张爱玲对这个大都市有了更为亲切的感觉。纽约是张爱玲喜欢的城市，她一直希望在这里发展自己的文学事业，可惜经济条件所限，这一愿望始终未能实现。

新婚的生活自有一份温馨和甜蜜，两个人如影随形，情深意浓。张爱玲专心于小说创作，同时还要抽些时间编写剧本，以便尽快地赚取稿费贴补家用。起初，二人的作息时间还算一致，后来张爱玲用于写作的时间越来越长，时常到天亮才休息，中午之后起床。赖雅习惯早起，为了不打扰她休息和写作，常常一个人出门遛弯，并顺便负责采购、借书、存取款等一应杂务。他们生活上十分节俭，为此，赖雅还养成了记账的习惯。这可不是他的风格，年轻时他写作的收入很高，可他花钱的热情和豪爽劲头更高。现在的情形不同了，除了一点稿费之外，他们几乎没有什么固定的收入，不精打细算就有断炊的危险。从他所记的账目上看，他们每月的花费大约在 120 美元到 180 美元之间，除去 70 美元左右的房租之外，剩余的主要开销是采购、电话费、邮费和书籍费。

除了生活的困窘之外，张爱玲还承受着事业的重压。10 月初，他们一同回到麦克道威尔文艺营，开始第二期的驻营生活。张爱玲一直在写的《粉泪》终于完成，她将稿件寄给出版公司，然后就陷入了焦急的等待之中。这是她特别看重的一部小说，成败与否，关乎着她能否在英语文学世界里站住脚跟，关乎着她寻梦之旅的顺逆。尽管赖雅觉得"那看起来是个很好的作品"，但张爱玲仍然忧心忡忡，情绪也变得焦躁起来，这样的状态持续了十多天，才渐渐地平复下来。

恰在这个当口，赖雅又中风了。张爱玲看着虚弱而僵硬的赖雅，内心充满沮丧。她本想能在他宽厚的肩膀上靠一靠，让她获得力量，获得家的温暖感觉，不成想他竟然就这样倒下了。赖雅也明白张爱玲内心的失望，尽管他知道自己正在一步步走向死亡，但他还是向张爱玲表示自己能坚持得住，绝不会离开她。

半个多月后，赖雅的身体明显好转，他请朋友迈克给张爱玲拍照。看着照片上瘦削的面影，赖雅怜惜地写下“瘦爱玲”。12 月 19 日，赖雅的病再次复发，这次更严重，面部麻痹，几乎失语，在医院治疗了 4 天才回到家里。这一次张爱玲不是失望，而是惊惧。

圣诞节前夜，赖雅试着帮张爱玲装饰圣诞树，夜里不停地为她祈祷，还一再向她保证自己会活下去。张爱玲送给他一个吻，一份深深的安慰。这个寻常家庭里的圣诞之夜，有爱意，有温暖，只是多了点凄清，少了些欢乐。

赖雅的身体日渐康复，新年之后，他们还一同出门探亲、购物。为了和戴尔出版公司面谈稿件的事，他们还乘飞机去了一趟纽约。戴尔出版公司表示，出版张爱玲的作品，是“一个新的风险”，很难立刻决定，需待两周后再给她答复。张爱玲十分失望，好在 3 天的纽约之行还有一个意外的收获，在他们拜访任职哥伦比亚广播公司的朋友玛莉·勒德尔时，签下了将《秧歌》改编成电视剧的合同。回家后，很快收到了勒德尔的来信，她告诉张爱玲《秧歌》的买卖已成交，稿费 1350 美元，另加改编费 90 美元。这对他们来说，算得上一笔为数不多的大收入了。

4 月中旬，他们驻营的期限已到，在申请其他文艺营未果后，他们只好搬到彼得堡松树街的一间公寓里，房租每月 61 美元，不包括电费，这对他们来说是不小的负担。结婚半年了，他们终于有了自己的家，两个人开始忙活起来，添置床单、窗帘以及日常生活必需的用具。为了尽量节省开支，赖雅还写信给他的表嫂，要她支援些闲置不用的居家物品，但她也无多余之物。赖雅只好三天两头地跑跳蚤市场，购置廉价的桌椅炉灶。张爱玲也时常跟了去，有一次，她花三元七角五分钱买到了四件绒衫和一件浴袍，虽是旧衣服，却无破损，也十分合体，她为此还高兴了好一阵子。

更多的时候，张爱玲在家里收拾房间，她亲自动手油漆墙壁，先把赖雅的房间漆好，再把自己的房间漆成蓝色，这是她自小就喜欢的颜色。房间里发现蚂蚁，她赶紧用杀虫剂喷洒，毫不手软。赖雅见她如此“残忍”，便给她取了个“杀蚁刺客”的绰号。

一段时间的忙碌之后，家终于收拾好了，他们开始了宁静而平实的生活。写作之余，赖雅出门采买，回来后张爱玲就帮着他做些简单的饭菜，虽然是并不复杂的家常菜，但他们做起来十分认真。空闲的时候，他们时常去镇上的小图书馆借阅书籍，偶尔也到酒吧里听几个本地人演唱。去的最多的地方，是镇上唯一的一家电影院，两人都是电影剧作家，电影自然是他们共同的喜好。在这家不大的影院里，他们度过许多夜晚，看过许多电影。松树街离文艺营不远，有时他们也会过去拜访从前的营友，正是在那里，张爱玲在电视上看到了改编的《秧歌》，只是好端端的小说被改得“惨不忍睹”。

日子一天天平静地过去，看似波澜不惊，赖雅的身体状况还算稳定，张爱玲在忙着手头上的工作。这前后也有不少好消息传来：年初，夏济安、宋淇编辑的《文学杂志》刊登了张爱玲的《五四遗事》，这是她在台湾杂志刊载的第一篇小说；她为电懋编写的《情场如战场》在香港上映，演职员阵容强大，岳枫导演，四大头牌明星林黛、秦羽、张扬、陈厚参演，票房创香港国语片新纪录；好友邝文美写的《我所认识的张爱玲》一文在《国际电影》刊登；《文学杂志》刊登了夏志清撰写的《张爱玲的短篇小说》，肯定张爱玲在小说史上的地位。这些消息虽来自港台，但对张爱玲都是再好不过的抚慰。

这几年，宋淇夫妇主动承担了张爱玲文学代理人的角色，变着法地包装宣传张爱玲，推介她的作品，帮着她承揽剧本编写工作。《文学杂志》的主编夏济安，是台大外文系教授，和宋淇是上海光华大学同学，又是编辑部的同事，《五四遗事》能在《文学杂志》上发表，自然少不了宋淇的推介之功。夏志清系夏济安的弟弟，哥伦比亚大学中国文学副教授，当时还是研究生，读了宋淇送他的《传奇》《流言》，才得识张爱玲，继而有了《张爱玲的短篇小说》一文。邝文美文笔优美，但很少为文，她精心撰写的这篇文章，看似平实、节制，实则真情充沛，将张爱玲说成不世出的天才。张爱玲在致邝文美的信中说："你在电影杂志上写的那一篇，却使我看了通体舒泰，忍不住又要说你是任何大人物也请不到的官方发言人。当然里面并不是全部外交辞令，根本是真挚的好文章，'看似容易却艰辛'。我想必不知不觉间积了什么德，才有你这样的朋友。"

当然，不顺心的事情给张爱玲带来的挫伤更深。比如她根据《赤地之恋》改写的 *Naked Earth* 始终卖不出英美版权，只好由香港友联出版社出版，版权页内还注明："不得在英国、加拿大或美国发售。"5 月初，更大的灾难降临，小说《粉泪》被司克利卜纳公司退稿。退稿信中说：小说中"所有的人物都令人反感……我们曾经出过几部日本小说，都是微妙的，不像这样 squalid（肮脏）。我倒觉得好奇，如果这小说有人出版，不知道批评家怎么说"。这样的评价和退稿的结果，犹如一股强大的冲击波，把张爱玲击倒了，她一连躺了几天，打了几针维他命，直到 6 月初，身体才稍微转好。

在这样的身体状况和心境下，张爱玲依旧没有闲着，她在酝酿新的故事，同时为宋淇编写剧本。自来美国以后，编写剧本就成了她最主要的收入来源。结婚之后，经济状况依然没有什么改变。赖雅虽然坚持写作，但很少有作品发表，他的收入仅仅是每月 52 美元的社会福利金。因此，尽管张爱玲在小说创作上出师不利，遭受打击，但她仍然不能停下手中的笔，好在香港那边能以最高标准付给她稿酬——每部 800~1000 美元，而张爱玲在生活上又十分节俭，每月的支出只有 150 美元左右，这样算下来，一部剧本的收入，可以维持她和赖雅差不多半年的生活。

8 月中旬，又有一个坏消息从伦敦传来，母亲黄逸梵病重，需要动手术。黄逸梵自 1948 年再次出国之后，一直在海外漂泊，大部分时候靠变卖自己名下的古董维生，后来定居伦敦，曾一度下工厂当了一段时间制作皮包的女工。从黄逸梵最后一次出国到现在，已有 20 个年头，母女虽有书信往来，始终没有机会见面。而今听到母亲病重的消息，张爱玲十分焦急，但自己实在没有能力前往伦敦，只好寄去 100 美元，同时寄上《我所认识的张爱玲》和《张爱玲的短篇小说》两篇文章，给病中的母亲以安慰。也许是牵挂母亲的安危，张爱玲又病了好几天。

年底，母亲去世。写作上的挫折，母亲的病逝，这些事情纠缠在一起，常使张爱玲深感伤心和无奈，对自己的生存能力也产生了怀疑，觉得自己渺小无助。赖雅总是陪伴在她身旁，给她安慰和呵护。这一年的最后一天，赖雅为她做了一盘蛋炒饭，并送上深深的一吻。这一天，赖雅在日记中写道："让这一年最后的日子过去，新的一年即将开始，真高兴在这里，带着好的想法。"夜里，他们很晚才上床，屋里很暖和，外面下着大雪。

母亲去世时，给张爱玲留下一只箱子。很长一段时间，张爱玲都不敢去触碰它。箱子里装的是母亲的衣物和剩余的古董，还有一些照片，有母亲的，也有自己儿时的。赖雅看过这些照片，他说这些"照片就像一部小说"。其中的部分照片，后来收在《对照记》里。古董和衣物，后来也变卖了一部分，在他们生活拮据的时候，这些变卖得来的钱就显得越发珍贵。

张爱玲"多次发作一种莫名的疾病，每次都持续三到五天，发作时不能进食，否则便会呕吐"[5]。尽管有疾病的困扰，但张爱玲依旧没有放下写作。也许是母亲的死，触动了她对过往的记忆，她开始构思和写作自传性长篇小说《易经》(*The Book of Change*。后分为《易经》和《雷峰塔》上下两部)。同时，她还在改写被退稿的《粉泪》，取名为《北地胭脂》(*Rouge of the North*)。这部小长篇倾注了她太多的心血，寄托了她太多的希望。赖雅也很关心她的改写工作，提出了许多具体的意见。这期间，在胡适的帮助下，张爱玲获得了亨廷顿·哈特福基金会的资助，基金会也同样批准了赖雅的申请，并且许诺他们在 11 月入驻。7 月 26 日，是赖雅 67 岁生日，他郑重其事地立下遗嘱，将个人财产全部留给张爱玲。这些他称为"无用之物"的东西，包括他自己的文稿和与布莱希特、史蒂文斯等名作家的书信。

8 月 2 日，张爱玲接到宋淇的来电，要她在 8 月 15 日前提交一个剧本，她仅用了 4 天就完稿交差。剧本、翻译之类的工作，虽给她带来所需的收入，但在她觉得"这工作也就是休息"（给邝文美的信），她最为看重的是小说创作，可是偏偏正是她倾力而为的小说，却得不到英语文坛的认可。她为此焦虑，为此忧伤。一天夜里，她梦见一个很有名的作家，取得了骄人的成就，自己却不认识他。醒来回味这个奇怪的梦，她禁不住涕泪交流，许久才平静下来。

/ 注释 /

［1］柯灵：《遥寄张爱玲》，见陈子善编《私语张爱玲》，浙江文艺出版社 1995 年版。

［2］夏志清：《岁除的哀伤》，江苏文艺出版社 2006 年版。

［3］司马新：《张爱玲在美国——婚姻与晚年》，上海文艺出版社 1996 年版。

［4］朱西宁：《迟复已够无理——致张爱玲先生》，《中国时报·人间副刊》1974 年。

［5］司马新：《张爱玲与赖雅》，台湾大地出版社 1996 年版。

第八章 山重水复

病后的世界像水洗过似的，看事情也特别清楚，有许多必要的事物也都还是不太要紧。任何深的关系都使人容易受伤，在命运之前感到自己完全渺小无助。我觉得没有宗教或其他思想体系的凭借而能够禁受这个，才是人的伟大。

——张爱玲致邝文美的信

1958 年 11 月中旬，张爱玲和赖雅住进洛杉矶亨廷顿·哈特福基金会。该基金会与他们先前住过的文艺营相似，也是一个帮扶艺术家的机构。基金会所在地离市中心不远，毗邻高档社区，周围热带花卉和植物终年开放，四时常绿，碧波荡漾的太平洋尽收眼底。张爱玲喜欢繁闹的城市，不喜欢清寂的乡居生活，彼得堡那样的万人小镇常令她感到憋闷。她曾向赖雅委婉地表达过迁居的想法，尽管两个人意见相左，但赖雅最终还是顺从了张爱玲。在他看来，张爱玲的路还很长，而他自己则已日暮途穷。

基金会提供膳食，虽然饭菜并不怎么样，但免去了亲自下厨的劳烦，因此他们的生活要比先前轻松了许多。他们还买了一台电视机，养了一只名叫雪尔维亚的小猫。一切安顿停当后，赖雅着手写他的自传，张爱玲则接手翻译陈纪滢的长篇小说《荻村传》(英文本改名《荻中笨伯》)。美新处最初请英千里来翻译这部小说，由于书中多北方粗话、土话，而英千里的译文过于典雅，麦卡锡才转请张爱玲重译。麦卡锡原为香港美新处负责人，后来回美国任职，对张爱玲多有关照。

张爱玲习惯夜间写作，常工作到凌晨两三点钟，而赖雅则靠读书或看电视打发晚上的时光。自从有了电视，两个人很少去影院，这倒很对张爱玲深居简出的脾性。赖雅好动，喜欢交际，而张爱玲喜欢独处，不喜应酬，两个人正好相反。有一次，赖雅的朋友牵来一只山羊，赖雅故意不说明，只叫她出来会客，张爱玲坚决拒绝，赖雅做张做势地和她争辩起来，最后玩笑揭穿，张爱玲才爽快地出来见"客"。虽说这只是个无伤大雅的玩笑，赖雅还是对她的防御心理不能理解，他甚至觉得这种不愿与人交际的行为实属怪癖。当然，张爱玲也有自己的消遣方式。在与邝文美的书信往来中，时常看到两人有关服饰、衣料和发型之类的交流，张爱玲偶尔也会让邝文美代买衣料，做几件衣服。来西岸后，也许手头稍微宽松了些，年轻时喜好服饰打扮的故态又有点复萌，有时候她会盛装打扮，请基金会里懂摄影的人给她拍几张艺术照。一次，她用一块旧布料给自己缝制了一件衣服，并穿着它参加晚餐，令在场的人大为惊艳。赖雅不无得意地写道："她无疑是这里最美的女人。"

翌年4月，驻会期限又到，这一次他们没有再申请文艺营之类的机构，而是选择到旧金山自租公寓居住。在赖雅看来，久居文艺营是对生活的一种逃避，较为封闭的居住环境，会使人离生活越来越远，这对艺术家是不利的。他说："爱玲跟我需要一个城市，我们虽然不讨厌旧金山，但以营区为家，远离城市，并不适合艺术家。"[1] 到旧金山不几日，他们寻到了布什街上的一家公寓。寓所有两个房间外加浴室和厨房，月租70美元，水电费另算。安顿下来后，为了不打扰张爱玲的写作，赖雅在另外一条街上给自己租了一间很小的工作室，每天到那里写他计划中的自传。张爱玲翻译完《荻中笨伯》后，又应请将其改写成中、英文剧本，稿酬3000美元。尽管报酬丰厚，但张爱玲并不想在这类工作上花费太多心思，她时刻牵挂的还是自己的小说。她在1959年8月9日写给邝文美的信中这样说道："我在赶写《荻村》剧本，中文本昨晚刚写完，麦卡锡15日过埠，大概来不及译好打好给他看。其实不必如此急急，但我总想做完它，腾出充分的时间来写小说。一方面这工作也就是休息，因为我始终为那小说烦恼着，虽然已经经过大的改动，还想拆了重换框子。"她为自己的小说千思百虑，因为那是她安身立命的文学梦想。

张爱玲的梦想是清晰而具体的，她曾跟宋淇夫妇数叨过："我要写书——每一本都不同——（一）《秧歌》；（二）《赤地之恋》；（三）《粉泪》；然后（四）我自己的故事，有点像韩素音的书……（五）《烟花》（改写《野草闲花》）；（六）那段发生于西湖上的故事；（七）还有一个类似侦探小说的那段关于我的圆脸表姐被男人毒死的事……"（《张爱玲语录》）。"自己的故事"应是后来陆续写成的自传体小说《易经》《雷峰塔》和《小团圆》；《野草闲花》是鸳蝴派作家苏广成的小说，1956年搬家时遗失了，张爱玲还致信宋淇请他代购，以便改写之用；"西湖上的故事"想必就是《五四遗事》。这个书单或许很长，如果一切顺利的话，相信她会一一将其变现的，即便仅只这些作品，也已经相当可观了。

不妨大胆地推测一下，张爱玲创作英语小说的梦想，其实自从大陆出走之后就开始了，香港只不过是她奔赴梦想的跳板，她真正的目的地是美国，是纽约那样的大城市。那里繁华而热闹，文化氛围浓郁，是她扬名立万的理想之地。她要在那里再次扯起文学的风帆，重现20世纪40年代上海滩头的辉煌，然后住华屋，着美服，周游世界各地。她是一个极端自我的人，只管拼贴自己的人生蓝图；她是一个虚无论者，却一心想挣脱宿命的绳索，在灰暗的人生底子上留下一抹亮色。可是世事多艰，当理想碰着锅碗瓢盆，碰着意识形态的迷障与文化的隔膜，她却穿不过去了。

1959年11月初，张爱玲收到入籍通知，办理手续需要8个多月的时间。年底，收到炎樱的信，信中对《北地胭脂》再遭退稿深表同情。读着信，张爱玲眼里噙满泪水，内心充满了沮丧。她病倒了，一连几天卧床不起。

转过年，张爱玲的身体时好时坏。7月，她取得了美国公民资格，但这对她来说只是身份的认证，至于公民的政治权利之类，根本不在她关注的范围之内，她仅仅是一个作家，只关心个人及人性的健康与病态。赖雅则不然，他至死持守着左翼理想主义的信念，连对斯大林时代的集权政治和恐怖事件也取容忍的态度。关于中国“文化大革命”的报道，张爱玲推荐给他看，他也认为是西方媒体的反面宣传而拒绝阅读。但这丝毫不妨碍二人的生活与情感，在这个问题上张爱玲是超然的，她绝不会让政治介入私人生活，第一次婚姻是这样，这第二次婚姻亦如此。

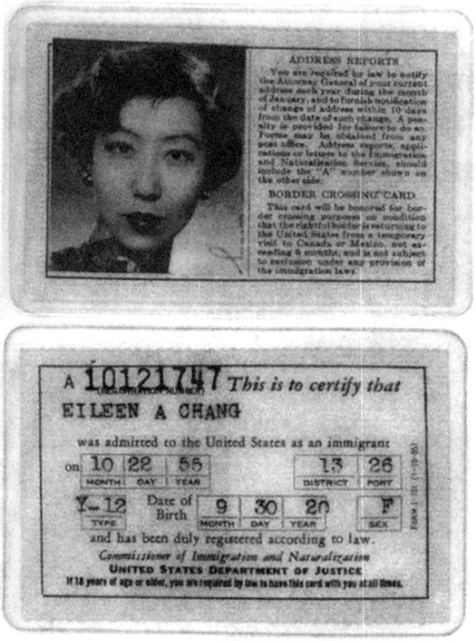

张爱玲的美国绿卡

早几年，宋淇见张爱玲英文写作的路子不顺，曾劝她不妨先写一本畅销小说，待奠定了文坛上的地位再说，并且还建议她选一个容易讨好的题材。张爱玲当时拒绝了。这一两年，面对一个个挫折，她的情绪变得越来越焦灼乃至沮丧。1958年底，她就打听去香港的费用，打算开写前几年就在酝酿的一部小说，小说暂名《少帅》。主人公是在国际上有一定知名度的张学良，这是一个颇富传奇色彩的题材，想必能让英语世界的读者感兴趣。张爱玲想通过这本书的写作，扭转被动的局面。她毕竟只有40岁，正是创作的好年华，怎肯轻言放弃，何况眼下生活已安定下来，经济也不像先前那么拮据，至少能拿得出回香港的1000美元费用。她决定到台湾去搜集小说资料，之后顺便到香港编写剧本。

对张爱玲的计划，赖雅十分抵触，他在日记中写道：“好，她想要改变，而我想要过和眼前一样的生活。”张爱玲解释此行的计划完全是为了小说和他。这是张爱玲的心里话，短暂的离别，是为了美好的将来，她期望通过这次远行，撞开英语文坛的大门，在不远的将来搬到她朝思暮想的纽约一展宏图。她甚至早就认定今年会有转机。1959年2月，她写信给邝文美，说起她六年前预借剧本稿费偿还问题时，她这样写道：当时预借剧本稿费，“本来为了救急，谁知窘状会拖到5年之久，目前虽然不等钱用，钱多点总心松一点。如果能再多欠一年，那我对公司非常感谢，因为我仍旧迷信明年运气会好些，这是根据 13 年前算的命”。

1961 年 10 月，张爱玲再次展开她梦想的翅膀，飞往台湾。多年前，她从香港回上海，曾路经台湾，远远地看见岛上的山，“浅翠绿的欹斜秀削的山峰映在雪白的天上”，“像古画的青绿山水”，而此刻她就要踏上这美丽的小岛，寻访通往梦想的幽径。

此时，麦卡锡正任职美国驻台北领事馆文化专员，他在家中热情地接待了张爱玲，并约请白先勇、陈若曦、王祯和等年轻作家与之见面。几位作家早知张爱玲大名，更佩服她的才气，只是无缘得见，今天有幸一识庐山真面，自然既兴奋又期待，甚至迫不及待地猜测张爱玲的样貌。

“她准是又细又瘦的。”白先勇抢先说道。

“我想她一定既丰满又性感。”陈若曦尽管承认白先勇一向对女人特具眼光，但她还是说出了与之不同的猜想。

翻译过王祯和等人小说的殷太太说：“我问过麦卡锡先生，他说张爱玲很胖很邋遢，究竟有多胖多邋遢？”

事后，陈若曦在谈起见面的情景和对张爱玲的印象时描述道：

> 终于来了张爱玲。看了她一眼，我不禁回头瞪了先勇一眼；我说过的，他对女人别具眼光。她真是瘦，乍一看，像一副架子，由细长的垂直线条构成，上面披了一层雪白的皮肤，那肤色的洁白细致很少见，衬得她越发瘦得透明。紫红的唇膏不经意地抹过菱形的嘴唇，整个人，这是唯一令我有丰满的感觉的地方。头发没有烫，剪短了，稀稀疏疏地披在脑后，看起来清爽利落，配上瘦削的长脸蛋，颇有立体画的感觉。一对杏眼外观滞重，闭合迟缓，照射出来的眼光却是专注，锐利；她浅浅一笑时，带着羞怯，好像一个小女孩。嗯，配着那身素净的旗袍，她显得非常年轻，像个民国二十年左右学堂里的女学生。浑身焕发着一种特殊的神采，一种遥远的又熟悉的韵味，大概就是三十年代所特有的吧……[2]

见过气韵动人的张爱玲，大家方明白麦卡锡欲扬先抑的手段。

这次来台湾，张爱玲本想面见张学良，以搜集到更多的第一手资料，可是此时张学良正在软禁中，张爱玲见面的请求最终未获批准。见面不成，张爱玲就想顺便了解一下当地文化，麦卡锡便安排王祯和陪她到花莲游览。

花莲恰好是王祯和的老家，张爱玲就住在他家里。白天，王祯和陪她看酒家，看山寺，看小镇的风景。有一天，在一条小巷里看见妓女在店里跳舞，她大感兴趣。第二天王祯和就带她参观妓院，妓女看到穿着时尚的访客，听说还是从美国来的，都觉得十分新鲜。一天夜里，王祯和还专程带张爱玲到花冈山去看阿美族的丰年舞。歌舞场面浩大，他们几个人挤到前排，坐在草地上兴致勃勃地观看，享受难得的野趣。在周围人的眼里，张爱玲显得年轻而清盈，给人留下美好的印象。她注重保养，也很在意自己的形象，每晚临睡前，都花许多时间润肤护肤。一次大家约好一起照相，她竟用了一个多小时化妆。

既然都是作家，也免不了谈起文学。王祯和问起张爱玲的写作计划，她说眼下正在改一个长篇，还考虑写一个以伦敦为背景的长篇。问她是否考虑以台湾为背景写小说，她说怕是写不出来，因为语言隔阂。还说，台湾对她是 silent movie（默片）。问及大陆的作品，她以为在大陆都是按一种 formula（模式）来写作，不会有好东西的。

游完花莲，本计划再到屏东参观矮人祭，然后由高雄回台北。不料刚到台东车站，就从站长那里听到赖雅中风的消息。张爱玲十分焦急，连忙乘麦卡锡派来的专车返回台北。

张爱玲的这次远行从一开始就遭到赖雅的反对。5 年的夫妻生活，使赖雅对张爱玲产生了深深的依恋，他担心张爱玲一去不返，因此内心充满不安甚至恐惧。张爱玲为了打消他的顾虑，建议他在旧金山等她，可赖雅觉得她人走了，家也就不存在了，一个人在这里苦等孤守已没有什么意义。他像一只落单的孤雁，不知该如何安顿自己，就打电话给刚刚迁居华盛顿的女儿霏丝，霏丝同意他到华盛顿来住。于是，在张爱玲启程之前，他们就变卖了所有家当。从麦卡锡那里，张爱玲了解到她走后赖雅的情况。赖雅送走张爱玲后，又在旧金山待了一周，然后乘巴士去华盛顿，途经宾夕法尼亚的比佛瀑布市时再次中风昏迷，被送进当地医院。霏丝接到通知后及时赶到，并将这一消息告知麦卡锡，随后又把赖雅接到华盛顿医治。

知道赖雅病情有所缓解，身边又有霏丝照顾，张爱玲的心情稍微放松了些。这次远行，几乎花光了张爱玲所有积蓄，此刻她身上的钱连买一张回程机票都不够。斟酌再三，她决定先去香港写剧本，挣点返程费用和今后一段时间的生活费，再回美国。

到香港后，张爱玲先在宋淇家里住了几天，然后在附近公寓租了一间小屋住下，开始为电懋公司编写电影剧本《红楼梦》（上、下），稿酬1600 ~ 2000美元。她夜以继日地赶写剧本，不巧的是眼睛溃疡出血的老毛病又犯了，为了控制病情不得不找医生打针。为尽快写完剧本返回美国，张爱玲从上午10点工作到凌晨1点，这使她的眼疾越发严重。从美国飞台湾时，脚因飞机座位狭窄而肿胀，至今尚未消肿。她需要一双宽大的鞋子，可又无钱购买。有时她连日常生活用品都无钱支付，宋淇夫妇主动借钱给她。更糟的是剧本一改再改，一时无法通过。这期间，赖雅不断来信催促她回去，她只好将来时预订的船票退掉改订提前返美的机票，可船票的退款一时不能返还，而她手里的现金连支付机票的预订金都不够。

在这时候，宋淇又提出让张爱玲再写一个剧本，稿酬800美元。张爱玲算计了一下，她和赖雅每月开支大约200美元，如果拿到这笔钱，她和赖雅几个月的生活费就有了着落。为此，她决定再一次推迟离港日期。

赖雅不断有信来，告诉张爱玲身体已无大碍，还说他在霏丝家附近找到了一间小公寓，房租也不贵，还给她画了房子的草图。由于一时疏忽写错了地址，张爱玲写给赖雅的五封信都丢失了，直到1962年1月赖雅才收到她的第六封信。信中告诉赖雅，她打算搭2月30日的飞机回去，焦头烂额的张爱玲想不起2月只有28天。赖雅含怨带怒地来信质疑，张爱玲回信解释道："你说'无限期的延后'是什么意思？我说我会在2月30日回来（就是3月2日，2月没有30日，你大概不知道吧），后又改成3月16日，是因为要多赚800美元——我称它为'有回报的两周'。我工作了几个月，像只狗一样，却没拿到一分酬劳，那是因为一边等一边修改的缘故，为了省时间，许多剧本会在最后一分钟完成。"[3] 2月20日，她又写信安慰赖雅，要他不要丧失信心，其实这也是在给自己鼓劲：

甫德，心爱的

……告诉我有关华盛顿的情形，我们不可能在那待过一年，等明年运势转了我们会去纽约。为了 1963 年的运势，我简直要急疯了——疯言疯语成了我唯一可用的心理道具。“即时或从不”，我现在工作的情绪高昂。你可以给我的最好的，就是在我身边陪伴我，帮我，或给我一二百美元来平静我的心灵。你知道我一向不干扰你所做的事，除非是为了你，那我会表达自己的意见。甜心，你不用说我都知道，你跟我一样对未来觉得茫然。相信我的直觉，我们的未来一定顺心。撇开我的迷信不谈，我知道 3 月 16 日以后，我会很快回到你身边，快到你连自己的名字还没念完我就到了。亲亲你的左耳一下。

你的爱[4]

在信里，张爱玲一再强调 1963 年的转机，一心想着杀回纽约——这也许就是她此刻在香港苦拼苦撑的动力所在。她把《少帅》看成扭转运势的关键作品，不惜倾其所有财力，不远万里来寻中国题材和传奇故事，可是一来就碰了钉子。对一个作家来说，没有题材可写，岂非枉然？分明是时运不济，却要说运势将转，这除了说明她的固执和坚持之外，只能给病体支离的丈夫以言语的抚慰了。

张爱玲的第三个剧本审查通过，但《红楼梦》仍无消息。这期间，报上纷传电懋的竞争对手邵氏电影公司欲抢先开拍《红楼梦》。如果此言当真，电懋势必放弃原来的计划，张爱玲几个月的心血也将付之东流。她的情绪跌落到冰点，但她所有的委屈、愤怒和失望，也只能对丈夫倾诉：

甫德，心爱的

……宋淇告诉我，离开前会付新剧本的费用，言下之意是不付前两部，即《红楼梦》上与下。据称他们是担心邵氏公司会提前拍摄《红楼梦》而决定放弃这部戏。这些不确定的状况加重了我的基本开销，更加深了我在这儿的悲惨。因为我决定离开加速了这件事的结果产生。典型中国人的做法，避重就轻，只谈我的剧照。待在我的小房间里，觉得快休克了，整个人要爆炸了。3个月的辛苦还欠他们几百元的生活费与医药费，我估计他们会从《红楼梦》的稿费里扣我的钱。我无法入眠，眼疾刚治好，走到阳台上，站在一轮月下，今夜是元宵节的前一夜。他们已不是我的朋友了，不过我会从如此恶劣的交易中存下几百元。我打算再留两周，跟他们协商后续问题，按原定计划3月16日离开。他们找来了李写剧本，你不难想象他们怎么拿我跟他比较。昨天去航空公司付了部分的机票钱，今天旅行社捎信告知我退款已经下来了，一切都处理好了，所以甜心，请你写信来，你知道吗，当我在黑暗中孤独地徘徊在阳台上时，心中不禁猜想你是否知道我的处境、我的心情，顿时觉得在这个世界上我可以投向谁？爱你

爱玲

3月2日[5]

这是窘迫难堪的5个月，也是令她伤心失望的5个月。3月16日，张爱玲终于带着一身的疲惫飞回美国，结束了这次噩梦般的台港之行。

两天后，张爱玲回到华盛顿，赖雅高兴地在日记中连写两次“爱玲在这里！”4月15日又写道：“爱玲，你把春天带回来了，你就是春天！”[6] 赖雅的身体彻底垮了，他希望从张爱玲那里获得活下去的力量。张爱玲回来一个月，赖雅又住了几天院，11月再次住院一周，花掉411美元。张爱玲的身体也毛病不断，两个人轮番看医生。1963年7月，赖雅外出跌倒，摔断了股骨，随后又几次中风，终致卧床不起。

经过这一年多的折腾，手里的一点钱几乎花光，夫妇俩又重陷窘境。他们俩都有版税收入，但数额很少，再有就是赖雅52美元的社会福利金，这是他们的基本收入来源。从香港回来后，张爱玲写了篇记述台港之行的散文，题为 *A Return to the Frontier*（《重回前线》），发表在美国的《记者》杂志上，拿到300美元的稿酬。还有一些独自或与人合译的诗歌、小说陆续在香港出版，也得到一点稿费。这些收入加在一起也十分有限，且断断续续，时有时无，用这些钱来应付两个人的日常生活开支，还勉强够用，若再加上两人医病的花费，则显然入不敷出。在这种情况下，张爱玲

只得一边照顾赖雅，一边继续为香港方面编写剧本和翻译诗文。

谋生之余，张爱玲开始写作英文小说《少帅》(*The Young Marshal*)。小说以张学良和赵四小姐的爱情故事为主线展开。为了更准确地了解英语读者的意见，她把部分小说打印稿拿给几个美国人试读。第一个是她的英文作品经纪人，他读后觉得人物太多而感到混乱。她又找麦卡锡和一位著名时事评论员读过，这二人都是中国通，大致能了解作品中出现的人物，因此表示喜欢这部小说，但也认为要对人物的背景多用一些笔墨。面对这些意见，张爱玲甚感棘手，要写少帅张学良，就无法避开众多真实的人物，而要写好这些人物，既不能违背史实，又要有丰富的细节。对张爱玲来说，史实倒还容易把握，但细节就无从知道了。因此之故，小说的创作十分困难，在写了几万字之后，张爱玲只好暂且搁下。

1964 年，电懋老板陆运涛在台湾坠机身亡，电懋公司行将倒闭，宋淇另觅生路，张爱玲的电影编剧生涯也随之终结。9 年里，张爱玲编写了 10 个剧本，已拍摄的 8 个几乎都是卖座的影片，没有拍摄的只有《红楼梦》和根据勃朗特小说《呼啸山庄》改编的《魂归离恨天》。这样的产量，即便是专业剧作家，也算得高产了。尽管张爱玲从来不以编剧为志业，写剧本仅仅是为了解决眼前的生计，却不料竟有如此可观的收获，这正应了一句俗语：有心栽花花不开，无心插柳柳成荫。

电影是大众的艺术，要想获得成功，赢得票房，就必须符合大众的口味，最大限度地接近大众的生活趣味和价值偏好。正是这个原因，张爱玲的电影剧本都是相当通俗的作品，不仅在故事情节的编排上，就是在价值观念的取舍上也很接近大众的口味。比如她从来不相信幸福，更不相信爱情，但她写的剧本既有爱情，又有幸福，结局也都是皆大欢喜，充分体现了当时流行的市民阶层的价值观念和审美偏好。这样的写作态度和价值取向，与张爱玲的小说创作完全不同，甚至截然相反。

没有剧本可写，就断了主要的收入来源，这对张爱玲来说，可谓雪上加霜。为了减轻经济压力，张爱玲决定把家搬到黑人社区，这里有政府的廉价住宅。在 1964 年 11 月 11 日写给宋淇夫妇的信里，张爱玲讲述了租房的经过："前两个月我申请廉价房子，其实从前一到纽约就想登记住这种公营房屋，没有职业不合格，现在是因为赖雅年纪关系，很快的租到一个新造的公寓，房租只有本来的三分之一，目前可以生活无忧。地方比原来的大得多，又是我喜欢的现代化的房子，空空洞洞，大窗子里望出去，广场四面都是一迭迭黄与蓝的洋台，像在香港和 Mae 看的蓝与赭色的洋台一样。刚定下来赖雅忽然又头晕起来，彻查后吃了一程子药，总算病没发。”安顿下来后，张爱玲就联系美国新闻处，从那里得到一些翻译的活计。此时，麦卡锡已从台湾回到华盛顿，任职于美国之音广播电台。他介绍张爱玲为电台做一些零散的工作，且许诺报酬从优。她先后将索尔仁尼琴的《伊凡生命中的一天》和《玛曲昂娜的家》，以及莫泊桑、詹姆斯的作品改编成广播剧。

张爱玲一边照护赖雅，一边改编广播剧，每写完一个，就亲自送到电台总部。美国之音编辑高克毅，曾记述过他第一次见到张爱玲的情景：

> 果然是一位害羞、内向的女作家，她不肯涉足我们的办公室。我接到外边接待处的电话，出来迎迓，只见一位身段苗条、身着黑色（也许是墨绿）西洋时装的中年女士，在外厅里徘徊，一面东张西望，观看四壁的图画。那天我回家告诉太太，梅卿说：“啊呀！爱玲是我在上海圣玛利的中学同学呀。”当时我们就跟她接头，要请她吃饭聚一聚，可是被她委婉而肯定地推辞掉。[7]

此后不久，高克毅到张爱玲家谈稿子的事，想见一见赖雅，张爱玲以赖雅卧病不能见客为由婉拒了。这时的赖雅已瘫痪在床，大小便失禁，的确不方便会客。

两年间，张爱玲每天在照顾赖雅与工作之间奔命，但工作的酬劳也基本解决了两人的生活与治病之需。为便于照应赖雅，张爱玲在起居室里安置了一张行军床。她本就身单力薄，又加上自身病痛不断，平日里做做护理还能应付，若是送赖雅去医院之类的事情，就只好请赖雅的女儿霏丝帮忙了。日复一日的劳碌，千焦百虑的挣扎，使张爱玲身心俱疲，她仿佛陷进了没有尽头的雾障，看不见光亮，找不着方向，心中的小说梦与纽约梦也渐渐褪去鲜艳的色彩，变得模糊不清了。

当然，张爱玲是执拗的，她不会轻言放弃，这从一部小说的改写和翻译可以见出她的坚持。自踏上美国的土地之后，张爱玲就不断地改写和扩充《金锁记》，先是英文的《粉泪》，后是英文的《北地胭脂》，都未获出版。此时她又将其翻译成中文长篇小说《怨女》，幸运的是这一次经宋淇介绍，终于在香港《星岛日报》上以连载的方式面世。同年她开始将1951年在大陆出版的《十八春》改写成《半生缘》。第二年（1967），英文版《北地胭脂》终于在英国出版，但反响不大。可以说，无论张爱玲怎样的努力，怎样的不服气，她十多年来在英语文坛的左冲右突，始终未能突破那层似有若无的雾障。

但是，无论如何，生活还将继续，而要生存，就须谋到一份能养活自己的工作。稍早之前，张爱玲听说俄亥俄州的迈阿密大学正在招聘驻校作家，便动了心思。1965年，张爱玲在印第安纳大学的一次会议上认识了刘绍铭、庄信正两位年轻学人，还曾托他们帮着介绍“适当的差事”。此时两个人一起努力，又经夏志清从中斡旋，终于帮张爱玲争取到这个机会，聘期7个半月，月薪大约1000美元。

1966年9月，张爱玲动身前往迈阿密大学。行前，她将赖雅托付给霏丝照顾，可霏丝既要工作，又忙于家计，实在无法应付。张爱玲又花钱请了两个黑人女性照看，但赖雅大小便失禁，她们又难以保持公寓的卫生，无奈之下，张爱玲只好把赖雅接到迈阿密大学。

在迈阿密大学，校方并未给张爱玲安排教学任务，只是希望她每周与师生交谈几小时。英文系教授请她参加研究生班的交流活动，她却借故推脱，一次也没有去。“她竭尽全力只忙于自己的写作和照管赖雅，无闲他顾。大学里的官员们自然因为她在校园中不肯露脸而失望。他们当然不可能事先知道，张爱玲是20世纪最少露脸的作家之一。而对张爱玲来说，她可能觉得这就像是再一次生活在文艺营中，除了笔耕不辍外，并无其他义务。由于大学仅提供公寓的住宿条件以及适量的车马费，而不支付薪水，因此，她觉得在校园中当一名驻校作家并没有什么义务。”[8]这样的表现很难令校方满意，因此也再无续聘的可能。

1967年4月，聘期届满张爱玲带着赖雅悄然离开迈阿密大学前往剑桥。在夏志清的推荐下，她得到了麻州剑桥赖德克利夫大学的工作邀请。该大学是哈佛的姊妹大学，她将在那里从事“独立研究”，专心将《海上花列传》译成英文，同时藉哈佛大学燕京图书馆之便，研究《红楼梦》。

这期间，赖雅的病也越来越重，人瘦得只剩下一把骨头。这个一向希望给他人带去快乐的人，在最后的几年里却成了别人心中的痛。1967 年 10 月 8 日，赖雅走到生命的终点。他死后没有举行葬礼，骨灰交由霏丝安葬。

对张爱玲来说，赖雅曾经是她的依靠，是她在文学路途上相互搀扶的同路人；他给过张爱玲无微不至的关心与呵护，给过她家的温暖，可是在他生命的最后几年里，他却给张爱玲带来无尽的痛苦和不堪负载的拖累。在写给刘绍铭的信中，张爱玲这样说道："不管我多照顾自己，体重还是不断减轻。这是前途未明、忧心如焚的结果。你和你的朋友虽常为我解忧，但情况一样难见好转。"这是身心俱疲的感觉，是焦灼与无望的心绪流露。而今赖雅走了，她在失去的同时也获得了解脱。

在这十多年里，张爱玲为自己的文学梦倾尽了心力。据"赖雅七年日记中所记，张爱玲几乎每天创作不断，她写了英文《少帅》长篇，还有二部中篇英文小说。一部八万字，在旧金山去台北前刚完成，在陈若曦《张爱玲一瞥》中提到，可惜日记中不提书名，也不提内容。另有一部中篇或短篇《上海游闲人》(*The Shanghai Loafer*)，已写完并交其代理人，始终未见发表。还有一部自传性小说，肯定起了大纲，有无完成则不知。另有二短篇 *Bridge of Filial Piety* 与 *The Corpse Driver*，题材想是取于中国古代文学，也不知完成未。与此同时，张爱玲为谋生，还写了八九部电影剧本，又为美国新闻处做不少翻译工作，如《荻村传》英译，再加上此书中、英文编剧"[9]。司马新提到的自传性小说，大概就是 1957—1964 年间写成的英文自传体小说《易经》(*The Book of Change*)。因篇幅过长，张爱玲写完后将其一分为二，前

AT HOME & ABROAD

A Return to the Frontier

EILEEN CHANG

《重返边城》(即《重回前线》) 英文版

半部分名《雷峰塔》，后半部分仍叫《易经》）。也许还有作品迄今未被发现，但仅就目前所知她这一时期的创作而言，其数量与20世纪40年代想必不遑多让。然而，她在美国发表的英文作品却少之又少，除了在香港写成的英文《秧歌》，只有英文短篇《五四遗事》和英文散文《重回前线》（刊登在美国《记者》杂志上）发表。此外还有为美国之音广播电台改编的广播剧。这样的结果，与张爱玲当年来美时的期待落差巨大，以致令她"忧心如焚"。

造成张爱玲英文创作失利的原因很多。首先是来自政治、意识形态方面的成见。宋以朗在《张爱玲私语录》《〈雷峰塔〉〈易经〉引言》中披露，英文编辑曾对张爱玲的小说《粉泪》提出这样的退稿意见："所有的人物都令人反感。……我们曾经出过几部日本小说，都是微妙的，不像这样squalid（肮脏）。我倒觉得好奇，如果这小说有人出版，不知道批评家怎么说。"在美国编辑看来，张爱玲的小说对这之前旧中国的描写，颠覆了美国人的认识。由此可见，张爱玲写《雷峰塔》和《易经》，并没有去迎合美国当时的主流意识形态，其作品不受青睐也就在情理之中了。

其次是文化的隔膜造成的认同困难。张爱玲热衷于对一个故事反复重写，而这些故事大都取材于她所极为熟稔的中国经验与中国题材，特别是人物众多而又纷杂琐细的日常生活情节，常使对中国社会和家庭生活完全隔膜的英文读者一头雾水，从而失去阅读的耐性。与林语堂不同的是，张爱玲并不想迎合西方人的口味，而是坚持用自己"最深知的材料"，以"平淡而近自然"的风格，来揭示复杂的人性，呈现五味杂陈的"人生味"，这也是美国出版界不能接受她的作品的原因之一。

再就是语言问题。无论是在大陆还是在香港，张爱玲的英文写作一直深得好评。麦卡锡在谈到他初读《秧歌》的印象时说："我大为惊异佩服。我自己写不出那么好的英文。我既羡慕也忌妒她的文采。"《秧歌》在美国出版后，纽约《先锋论坛报》也有类似的评论："这本动人而谦实的小书是她首部英文作品，文笔精炼，或会令我们许多英文母语读者大为歆羡。"[10]可是当她进入英文世界之后，英文写作却似乎成了问题。夏志清就曾对庄信正说过，她的英文"很怪"，大概因为主要是自学而成。宋淇也有类似的看法。刘绍铭则认为她的英文小说中有许多中式表达的成语、俗语，给外国人带来阅读困难。他觉得“张爱玲的小说，写得再坏，也有诱人读下去的地方——只要作品是中文。《异乡记》有些散句，不需 context，也可兀自燃烧：‘头上的天阴阴的合下来，天色是鸭蛋青，四面的水白漫漫的，下起雨来了，毛毛雨，有一下没有一下的舔着这世界。’张爱玲英文出色，但只有使用母语中文时才露本色，才真真正正地到家。她用英文写作，处理口语时，时见力不从心。”[11]也许正是这些语言上的问题，造成了她英文作品的出版困难。然而，张爱玲自己并不这么看，“她不觉得有语言障碍，身边的人也没有反映语言问题，通常都是语言之外的障碍，如‘东方主义’，政治因素，意识形态，及真人真事作为原型的复杂性等等”[12]。到底造成张爱玲英文作品出版困难的原因是什么，可以有不同的看法，但一个基本的事实是，这之前她在欧美出版的英文作品极少，这之后直到她去世，干脆一部英文作品也没有出过。

命运似乎有意要开张爱玲的玩笑，当她的英文作品在美欧备受冷落之时，她的中文作品却在台港悄然热了起来。这固然源自其作品本身的魅力，也与海外华人学者的推重和台湾出版界的热心介绍密不可分。早在 1957 年，宋淇和夏济安、夏志清兄弟就在台湾《文学杂志》上推出张爱玲的小说《五四遗事》，同年该杂志还先后刊载两篇夏志清评论其作品的文章。1961 年夏志清又出版英文本《中国现代小说史》，以专章大篇幅详论张爱玲的文学成就，奠定了她在文学史上的地位。书中写道：

> 对于一个研究现代中国文学的人来说，张爱玲该是今日中国最优秀最重要的作家。仅以短篇小说而论，她的成就堪与英美现代女文豪如曼殊菲尔、安泡特、韦尔蒂、麦克勒斯之流相比，有些地方她恐怕还要高明一筹。《秧歌》在中国小说史上已经是本不朽之作。

夏志清超乎寻常的评价与推重，在港台文坛产生了较大的影响。1965 年，宋淇又将张爱玲推荐给台湾皇冠出版社老板平鑫涛。平鑫涛的堂叔平襟亚，早年在上海从事出版事业，张爱玲曾在他经营的《万象》杂志上发过小说，还打算把第一本小说集《传奇》交给他出版，后经柯灵劝阻而未果。平鑫涛在上海读大学，后到台湾以《皇冠》杂志起家，著名作家琼瑶是他的妻子。除琼瑶外，皇冠旗下还拥有司马中原、朱西宁、高阳、三毛等一批极具市场号召力的作家，其“皇冠丛书”畅销海外市场。张爱玲加入皇冠的阵营，重新回归暌违多年的中文世界，很快受到港台读者的广泛关注，随即兴起了继20世纪40年代上海之后的第二次“张爱玲热”。据统计，皇冠在短短的几年内，就先后推出了《怨女》《张爱玲短篇小说集》《秧歌》《流言》《半生缘》等多部作品。这些作品中，短篇小说和散文为20世纪40年代旧作，《怨女》《半生缘》是对旧作的重新改写。宋淇将她的“旧作之被发掘”，戏称为“古墓被盗”，张爱玲则“觉得字眼不免太重了一些，自嘲地称之为‘古物出土’”[13]。从这轻松的话语中，可以见出张爱玲重回中文世界的喜悦心情，但在她的内心深处，是否也同时涌起酸楚与悲凉，这就不是外人所能知道的了。不管怎样，张爱玲从此开始风靡华人世界，由台港而大陆，越到晚年，风头越健，正可谓“失之东隅，收之桑榆”，山重水复之后，又见柳暗花明。

然而，台港的“热”似乎并未给张爱玲带来多大的影响，尽管英语世界里的文学梦已残破不堪，但她依然在那里寂寞而固执地寻索着。

1968年夏天的一个雨夜，台湾记者殷允芃经夏志清介绍拜访了张爱玲。殷允芃在文章中记述道：走进她剑桥的公寓，访者发现她的起居室陈列异常简单，但明亮，空空的黄木梳妆台旁边，是一个小书架，上面摆着的大都是英文书。书架顶上竖着两张相片，一张是阿拉斯加神柱，一张是黑白的旧金山夜景。窗旁的书桌上，散乱地铺着些稿子、剪报和一本翻开的《红楼梦》。最惹眼的，是一张指示如何填写所得税的表格。

面对年轻的访者，张爱玲慢声细语地说起纽约，一个她心向往之的城市。她说:“我喜欢纽约，大都市，因为像上海。郊外的风景使我觉得凄哀。坐在车上，行过旷野，渺无人烟，给我的感触也是一种荒凉。我还是喜欢走在人多的地方。”

说到人生，张爱玲认为人生的结局总是一个悲剧，老了，一切退化了，是个悲剧；壮年夭折，也是个悲剧。但人生下来，就要活下去，没有人愿意死的，生和死的选择，人当然是选择生。“人生，是在追求一种满足，虽然往往是乐不抵苦的”，她说。

对于写作，她的态度是“只要活着，就要不停地写”，她说，“我写得很慢。写的时候，全心全意地浸在里面，像个怀胎的妇人，走到哪儿就带到哪儿。即使不去想它，它也还在那里。但是写完后，我就不大留意了。”

张爱玲与访者谈到刚刚出版的《怨女》是根据《金锁记》重新改写的，原有的故事轮廓依稀可见，但风格、手法都已改变。在她看来，一个作家，如果一味模仿自己早期成名时的作品，是一件很悲哀的事。譬如海明威的晚年作品，漫画似的，竟像是对以前的一种讽刺。她也在变，过去的风格是葱绿配桃红，是参差的对照；而今的风格是“平淡而近自然”，是“穿插、藏闪”的笔法。她觉得“一个作家应该一直在变，因为一个人不可能是静止的”。以前的人多半是过集体生活，从描写动作和谈话，就可看出一个人的个性，譬如像《红楼梦》。但现在每个人独处的时间比较多，小说用心理描写才能表达深入。

在张爱玲看来，现代的小说或是趋向于平白直述的历史记录，或是抽象难懂的诗。她认为，如果可能的话，小说应避免过分的晦涩和抽象。作者是应该尽一份努力，使读者明白他所要表现的。而且一个小说的故事性，也仍然需要保留。

关于读书，张爱玲说自己读书没有计划也不系统，唯一的标准，是要把她带入一个新的境界，见识新的事物或环境。因而她的阅读范围很广，无论是劳伦斯、亨利·詹姆斯、老舍或张恨水，只要能引起她兴趣的，都一视同仁地看，没有兴趣的，即使是公认的巨著，她也不去勉强。

她坦承:“像一些通俗的、感伤的社会言情小说，我也喜欢看的。”最近写的长篇小说《半生缘》，就是看了张恨水小说之后的产物。像是还债似的，只有写出来才觉得一吐为快。“但写的时候是很认真的，我写不来游戏文章。”她说,“就算当时写得高兴，写完后就觉得不对，又得改。”

每讲完自己的一个看法，张爱玲总是以淡然的语气谦虚地说：“我的看法并不是很正统的。”一般人认为理所当然的事，她并不一定赞同。

“我是孤独惯了的。”她说，“以前在大学里的时候，同学们常会说——我们听不懂你在说些什么。我也不在乎。我觉得如果必须要讲，还是要讲出来的。我和一般人不太一样，但是我也不一定要要求和别人一样。”

“我常常觉得我像是一个岛。”她说，习惯性地微扬着头。

说了这么久，张爱玲忽然想起什么似的，她很热心地走出走进：“看你们，还像孩子似的，就想着要拿点东西给你们吃。”

于是，煮了浓咖啡，端出核桃甜饼，倒上两小杯白葡萄酒，又拿出花生米来。可是谁也没有喝咖啡时加糖的匙。

张爱玲解释着，像是理所当然似的：“真对不起，汤匙都还放在箱子里没打开。反正也在这儿住不长久的，搬来搬去，嫌麻烦。”那时她在剑桥已经住了快半年。

喝着咖啡，两个人山南海北地谈着，从亨利·詹姆斯的《丛林野兽》到老舍的《二马》，从台湾的文坛到失了根的中国留学生，从美国的嬉皮士运动到男女学生的道德观念。听着的人，说着的人都觉得自然而不费力。因为她对任何话题都感兴趣，而又能往往意会在言发之前。

张爱玲说：我很惊奇，台湾描写留美的学生，总觉得在美国生活苦，或许他们是受家庭保护惯了的。我很早就没了家族，孤独惯了，在哪儿都觉得一样。而且在外国，更有一种孤独的借口。

说起嬉皮士运动，张爱玲直截了当地说：我不喜欢他们的成群结党，但他们的精神不错，反对既有社会制度，不愿做现在的这种 organizational-man（组织化的人）。但我希望他们的出发点是个人的真正体会。他们的表现方式，details（行为），我不赞成。[14]

这是张爱玲第一次向外界敞开心扉，让读者看到她真实而细微的内心世界。她确实像一个“岛”，孤独而平静地存在着，自成一道独特的风景。

/ 注释 /

[1][3][4][5][6] 周芬伶：《哀与伤——张爱玲评传》，上海远东出版社 2007 年版。

[2] 陈若曦：《张爱玲一瞥》，载《现代文学》1961 年 11 月号。

[7] 高克毅：《请张爱玲写广播剧》，见刘川鄂《传奇未完：张爱玲 1920—1995》，北京十月文艺出版社 2008 年版。

[8] 司马新：《张爱玲在美国——婚姻与晚年》，上海文艺出版社 1996 年版。

[9] 司马新：《张爱玲的今生缘——〈张爱玲与赖雅〉之外一章》，载《联合文学》

第 13 卷第 7 期。

［10］［11］刘绍铭：《爱玲小馆》，海豚出版社 2013 年版。

［12］宋以朗、符立中主编：《张爱玲的文学世界》，新星出版社 2013 年版。

［13］宋淇：《私语张爱玲》，见张爱玲、宋淇、宋邝文美著，宋以朗编《张爱玲私语录》，北京十月文艺出版社 2011 年版。

［14］以上关于这次访谈的文字根据殷允芃《访张爱玲女士》一文整理。

第九章 独上红楼

人生是残酷的。看到我们缩小又缩小的、怯怯的愿望，我总觉得有无限的惨伤。

——《我看苏青》

从殷允芃的采访中，我们看到了一个虚无者的生存信念，她说:“人生的结局总是悲剧，但有了生命，就要活下去。”“人生是在追求一种满足，虽然往往乐不抵苦。”我们也看到了一个写作者的固执与自信，她说:“只要我活着，就要不停地写。”在张爱玲心里，写作也许就是她活下去的理由，是抚慰她心灵的上帝之手，是她生命存在的一种方式。

但是，十多年来，张爱玲为了自己心中的文学梦，孜孜矻矻，殚精竭虑，却始终敲不开异域的文学之门。反复改写旧作不能奏效，精心演绎中国经验和中国故事也不灵验，而要从美国生活中寻找题材和灵感，似乎又不可能。也许正是这样的困局，才使她将目光投向了大学校园。这两三年里，她先是做迈阿密大学的驻校作家，后又争取到了赖德克利夫大学的奖助金，这不仅使她的生活有了基本的保障，也使她有机会关注自己一向钟情的《海上花列传》和《红楼梦》。这两部小说是张爱玲自幼就喜欢读的，也给她日后的写作带来深刻影响的。多年前她就曾在写给胡适的信中提及把《海上花列传》译成英文的想法。前不久，她告诉来访的殷允芃《海上花列传》已经翻完了二十回，占全书的三分之一，同时在写一篇有关《红楼梦》的文章，还打算把十年前就已开始写的一个长篇，重新整理一番，继续写完。

在赖德克利夫大学，张爱玲的研究工作获准延长至 1969 年 6 月。按理说，这本来可以是一份相对轻省的差事，但她却把自己搞得异常繁忙。她写信告诉夏志清，说自己因眼睛出血去看医生，"天天从下午忙到天亮，虽然想听唱片，也想到府上见你太太，只好都搁下来"。夏志清看了很难过，总觉得她是为了赶稿，才伤了眼睛，甚而抱怨她先前不该嫁给又老又穷的赖雅，否则不会为了生活，去翻译，去做研究，浪费了她的才华。然而张爱玲似乎没有这样的抱怨，也从不说后悔，仿佛只有不停地劳作，才能使自己获得一份安宁与安全似的。

令人惊奇的是，张爱玲竟然还在翻译、研究、写小说的间隙，接受於梨华的邀请，不避辛苦地跑到加州大学，给学生做了一次演讲。要知道，她一向视教书为畏途，而在人前说话，对她来说也是一件并不轻松的事情。这是张爱玲十分难得的一次演讲，也是她一生中唯一的一次演讲。

於梨华与张爱玲相识于几年前。张爱玲去迈阿密大学做驻校作家之前，曾在纽约住了一两个月。於梨华对张爱玲的写作才华倾慕已久，听说她人在纽约，就让夏志清陪着前去拜望，这是二人第一次见面。於梨华在《来也匆匆……》一文中这样描述张爱玲给她的第一印象：

> 大概公寓小，更显得她人高大。实际上她不大，但的确比一般东方女性高，高而细。她脸庞大，不能归入瓜子脸、鹅蛋脸这一型的。眼珠略突，嘴巴不小，更不属于丹凤眼、樱桃小口类的。她是独具一格，且是令人注意的那种。她口音稍带上海腔，很细柔。她话不多，却不是因怕羞而不说的那种。

几天后，三人又在百老汇附近的"全家福"吃过一次早点。於梨华发现她吃扬州汤包慢吞吞的样子，远没有喝冰激凌苏打爽快，方知道她偏爱西食，不喜欢油腻的中餐。和饮食一样，在居住方面，张爱玲自然喜欢现代化的大都市，纽约更是她的梦想之地。她告诉夏、於二人，她一点儿也不在意百老汇的纷沓嘈杂。从高楼上望下去，车水马龙，熙熙攘攘，各种声音、各种气味一点儿都不妨碍她写作。这和从前没有什么不同，她早年就喜欢上海的市声，丁当作响的电车铃声，还喜欢嗅油漆和汽油的味道。也许繁闹的纽约让她想到了上海，进而感受到一份特别的亲切。於梨华觉得，正是她有特异的敏锐感觉，她的作品才会展示出精致的色彩、声音、气味、服饰和景致。

此后，於梨华和张爱玲时有书信来往，也还见过面。一次，於梨华在信中问及她有没有再去台湾的打算，张爱玲回信说：

> 我到台湾去的可能性不大，台湾有许多好处都是我不需要的，如风景、服务、人情美之类。我需要的如 Privacy（隐居），独门独户，买东西方便，没有用人，在这里生活极简单的人都可以有，港台都很难……从出了学校到现在，除逃难的时期外，一直住惯了这种生活，再紧缩点也还行。寂寞是心境关系，在台湾如找我的人多些，也只有多得罪人……

信中透露了张爱玲喜欢的是隐居般的简单生活，没有夹缠和挂碍，自由自在，独往独来，做自己想做的事情，享一份孤独的清静。这样的生活，港台不能给她，大陆更不能给她，这也许是她出走大陆又离开香港的原因之一吧。从这封信里，於梨华看到的是她日后的生活路向：她的生活则一直顺着这方向走，一年比一年更把自己隔离起来，更不愿同世间人打交道，直到她死，伴着她的是她自己，以及她塑造的、别人忘不了、她自己亦不能忘的诸多人物。

那时，於梨华在加州大学讲授英译中国现代小说，指定《秧歌》《北地胭脂》为参考书。英文本《秧歌》1956 年出版后无再版，坊间已难买到，张爱玲得知，就将自己私藏的十几本《秧歌》捐给了於梨华。於梨华顺便邀她到加州大学演讲。

《来也匆匆……》一文记述了这次演讲的过程：因头天夜里一场大雪，张爱玲乘坐的飞机晚点了 20 分钟，於梨华焦急地等待，直到看见张爱玲的身影：

> 记得很清楚，她穿一件暗灰薄呢窄裙洋装，长颈上系了条紫红丝巾，可不是胡乱搭在那里，而是巧妙地调协衣服的色泽及颈子的细长。头发则微波式，及肩，由漆黑发夹随意绾住，托出长圆脸盘。眼珠有点突，没戴眼镜（通信中知道她戴眼镜的），想必有隐形镜片，所以看人时半抬下巴，半垂眼睑。我不认为她好看，但她的模样确是独一无二。

车到加州大学时，已晚了十几分钟，但张爱玲坚持要去洗手间整理一下，於梨华觉得她的头发一点也不乱，她却不肯马虎。

她演讲的题目是：*The Exotic West：from Rider Hanggard On*（奇异的西方，从一个未经驯化者的角度）。本来说好脱稿演讲，但她还是照着稿子讲。提问环节，她回答简截了当，偶有冷场，也神态自若，丝毫无羞窘之色。

演讲结束后，张爱玲不接受系里为她准备的茶点，也不接受於梨华共进晚餐的邀请，只是提议两人一起喝杯饮料。其实时间很宽裕，完全没有必要这么急。进了学校的咖啡间，张爱玲点了一份香草冰淇淋苏打，坐在那里，面带期盼。看着饮料端过来，她露齿一笑，流露出儿童初获玩具的神情，津津有味地吃起来。於梨华从她微妙的神情与细微的举止中发现，她其实有着童稚般的无邪，完全沉浸在自己的小世界里。

於梨华以作家特有的敏锐和细腻，发现了张爱玲单纯与可爱的另一面。[1]

这次例外的演讲之后，张爱玲又躲进自己的小天地，忙她那一摊子事情。她在 1969 年 1 月 23 日写给庄信正的信中说："我趁这时候借书方便，写几篇《红楼梦》考证，加上译书，快来不及了，所以一向忙得昏天黑地，连（夏）济安的《黑暗之门》[2] 都还没来得及看。"她就这样昏天黑地地忙，日复一日，年复一年。她虽为大学的聘员，却深居简出，独往独来，把书斋当成了与世隔绝的桃花源，这种“把我包括在外”的态度，自然又给她带来麻烦。在写给夏志清的信中，她几次提到与周围同事关系不睦：“我又不太会做人，接触虽少，已经是非很多，不但不给介绍什么教授，即使有人问及也代回掉，说我忙。”这样到了 6 月份，她在赖德克利夫大学研究所任职届满之后，就又一次“失业”了。

同年 7 月，原在加利福尼亚州加州大学柏克莱分校中国研究中心工作的庄信正离职他就。庄信正是 1966 年博士毕业后就任这个职位的，他的前任是夏济安教授。1965 年夏济安病逝，主持该研究中心的陈世骧教授便邀他顶替夏济安留下的空缺。“当时加州大学遐迩闻名，它的中国研究中心同样声誉卓绝。在台湾大学时期我就视夏先生为振聋发聩的导师，对他的学问和品德都很钦佩，他空出‘宝座’在我看来不消说是最好的去处，何况顶级上司又是陈先生这位学术界前辈。于是连声道谢，毫不犹豫地接受了。”[3]庄信正回忆说。

三年后，庄信正请求离开中国研究中心，到更适合自己发展的洛杉矶南加州大学任教。行前，陈世骧要他帮着物色人选接替空缺。于是，他转托夏志清介绍人选，夏志清便推荐了张爱玲。庄信正第一次见到张爱玲是在 1965 年印第安纳大学组织的一次中西文学研讨会上。那次他负责接待张爱玲，会后还与刘绍铭一起到她下榻的旅馆求见。庄信正的博士论文选题是“《红楼梦》”，本人又是张迷，因此与张爱玲有许多共同的话题，之后庄信正时常向张爱玲请益，也偶尔帮一下她的帮。在这件事上，庄信正自然成了陈世骧和张爱玲之间的联络人，从动议到申请书的提交、履历表的整理，庄信正都热心帮忙，跑前跑后，传信捎话。他把这称之为“有事弟子服其劳”。

1969 年 3 月底，亚洲学会年会在波士顿举行。夏志清主持一个专题小组，邀请庄信正提交论文。小组讨论时张爱玲到场听讲，会后与夏正清、於梨华和庄信正一同聚餐。就是在这次会议上，庄信正向张爱玲转交了陈世骧发给她的正式书面聘书。

在庄信正看来，这个职位对后任张爱玲和前任夏济安来说都是屈就，因为那不是一个文学的岗位，充其量只能让他们二人临时用来落落脚而已。夏济安 20 世纪 50 年代末来美做“交换学人”，期满后决定留在美国。

他原是台湾大学外文系名教授，但无博士学位，很难在美国大学里找到教书之类的工作，最后在陈世骧的帮助下进了加大中国研究中心，做起了“解码”、引申中共新词术语的工作。这本来是个谋生计的差事，但夏济安做得认真，任期内写了好几篇颇受好评的“解码”文章。张爱玲的情况与夏济安类似，她一无学历，二无工作经验，又是“临水照花”的体格，要在美国社会找个适合的工作，并不是太容易。这些情况张爱玲是清楚的，她托夏志清找工作时这样说:“我找点小事做，城乡不计。”因此，研究中心的差事对她来说虽有点“屈就”，也未必合她的性情与兴趣，但若无夏志清等人的帮忙，想必也不容易。

接到正式聘书后，张爱玲又请庄信正帮忙代寻住房，并在信中讲明条件：

（一）一间房的公寓（号称一间半），有浴室，小厨房。

（二）离办公室近，或者有公共汽车来回方便。地点合适，宁可多出点房钱，每天可以省不少时间。

（三）最好房子不太老，比较干净。

（四）此外都随便，家具可有可无，如有床，最好是榻床或沙发。装修、光线、嘈杂、房间太小，都完全没有关系。

张爱玲并不挑剔，只要求房子干净、方便，其他则可有可无。当时的中国研究中心不在校园内，而是在伯克利市区的一条大街租了两层楼。张爱玲不会开车，大学城又无公共交通工具，庄信正就在研究中心附近找了两处房子。其中一处位于杜伦特大街，住宅区清净，距研究中心只隔两条街，一房一厅，只是房租贵。张爱玲最后选定了这一所小公寓。

7 月初，张爱玲来到伯克利。她在这里的工作主要是研究中共政治术语，但大陆的新术语不是时时都有，且她上任之初并非全职，因此张爱玲也无太多的事要做。也许正是这样的工作环境，使她很快又回到了惯常的生活状态，离群索居，独来独往，沉浸在自己的小世界里。

在伯克利大学中国研究中心，张爱玲就像一个影子，她喜欢昼伏夜出，刻意地躲开人群。据她的助手陈少聪回忆，张爱玲习惯晚睡晚起，通常下午才去办公室，别人下班了，她仍待在那里。因此同事们很少有与她接触的机会，偶尔在幽暗的走廊一角瞥见她的身影，也是一闪而过。“她经常目不斜视，有时面朝着墙壁，有时朝地板。只闻悉悉窣窣一阵脚步声，廊里留下似有似无的淡淡粉香。”[4]

张爱玲与陈少聪共用一间办公室，中间用薄板隔成里外间，张在里间，陈在外间。张爱玲每天下午来上班，总免不了要和陈少聪打个照面，但两个人并不说话，只是相互微笑一下，或点头致意，算是履行了招呼的程序。后来连这种最低限度的招呼也省略了——在她要来办公室的时间，陈少聪索性避开，暂时溜到图书室里去找人闲聊，直到确定她已经平安稳妥地进入了她的孤独王国之后，才回到自己的座位来。

陈少聪说:“我尽量识相地按捺住自己，不去骚扰她的清静，但是，身为她的助理，工作上我总不能不对她有所交代。有好几次我轻轻叩门进去，张先生便立刻腼腆不安地从她的坐椅上站了起来，眯眼看着我，却又不像看见我，于是我也不自在起来。她不说话；我只好自说自话。她静静地听我嗫嗫嚅嚅语焉不详地说了一会儿，然后神思恍惚答非所问地敷衍了我几句，我恍恍惚惚懵懵懂懂地点点头，最后狼狈地落荒而逃。”[5]

张爱玲不怕噪声，但她自己很安静，如同默片里的人物，即使在办公室里也是如此，好像生怕被别人发现似的。她与外界的联系，大多通过书信或字条进行，连电话也很少打。陈少聪也如法炮制，每过几个星期，就将搜集的一叠资料卡片用橡皮筋扎好，趁张爱玲不在的时候，放到她的办公桌上，上面再压张小字条。“除非她主动叫我做什么，我绝不进去打搅她。结果，她一直坚持着她那贯彻始终的沉寂。在我们‘共事’将近一年的日子里，张先生从来没对我有过任何吩咐或要求。我交给她的资料她后来用了没用我也不知道，因为不到一年我就离开加州了。”[6]

陈少聪还记得，有一次张爱玲生病，她登门探望，知道张爱玲不会开门，便揿了门铃，把配好的草药放在门外地板上。几天后，陈少聪上班，发现自己书桌上有一个字条，是张爱玲的笔迹，压在一小瓶“香奈儿五号”香水下面，字条写着:“谢谢。”

张爱玲与同事的关系，表面上看客客气气，实际上已很紧张，而她与上司的关系，也因为她的不善或不屑应对而变得越来越糟。

张爱玲与陈世骧相识于5年前，而且夏济安兄弟、庄信正、高克毅都是两人共同的朋友，说起来两人的关系应该十分融洽，但她难得去拜望陈世骧夫妇，这自然是性格使然。在早年的文章里，她就一再强调自己“怕见客”,“在待人接物的常识方面，我显露出惊人的愚笨”,“在现实的社会里，我等于一个废物”，而“在没有人与人交接的场合，我充满了生命的欢悦”。这些年种种的挫折与磨难，非但没有使她的这一性格有所改变，反而有变本加厉的趋势。而陈世骧夫妇膝下无子，因而好客，喜欢热闹，家里聚会很多，夏济安、庄信正在这里任职的时候，都是他们家的座上客。张爱玲则视应酬为畏途，不喜欢去凑这样的热闹，这就与夏、庄二人形成了明显的反差。对此，一向敏感的张爱玲是有所察觉的，她隐约感到这个研究中心人多，也复杂。据庄信正说，“有一次见面时告诉我不久前去陈府，陈先生指着在座的几个客人说大家就像个大家庭，她回说她最怕大家庭。她大约也已经警觉陈家聚会太多——夏志清先生和我该都向她提过，何况这是很多人知道的事。陈先生对她的性格并不熟悉，导致误会几乎是难免的”[7]。

当然，张爱玲并非一点人情世故都不通，这从她与别人的通信中可以看出，不但礼貌周全，还时时替人着想。在她就职之初，她与陈世骧之间的交谊并不坏。有一天，陈世骧在家中宴请张爱玲，叫了几个晚辈学生陪同。张爱玲坐在陈世骧旁边的沙发上。陈先生叼着烟斗，热情地说着话。张爱玲则很少言语，眼睛总好朝上看，小孩子一样的神气，有一句没一句的，声音又小，有时就像自言自语。在座的年轻人觉得，这位女作家“始终以不虚饰的面容，活在自己的世界里”。其实张爱玲只是不善也不懂得迎合而已。

不去陈家的事也是有的。张爱玲在 1971 年 5 月 7 日的信中告诉庄信正：“陈家请客我没去只有一次，是真的病了。后来陈先生生日，说吃了饭要赶时间去听演讲。我没去，结果饭后没听演讲，仍旧许多人回陈家，怪我没再打电话去打听。”如此微妙琐细的应酬之道，也确实是难为张爱玲了。

人际关系的紧张是这样，工作上的麻烦则更大。在两年的任期内，张爱玲仅交了一篇讲“文革定义改变”的文章和两页新名词。对这样的成绩陈世骧自然不满。一是论文类似笔记不合规范，二是单纯地解释名词，且只有短短的两页。按照她的前任庄信正的理解，在中国研究中心的主要任务是写一本专题论文由中心出版。而张爱玲从语义学出发，以词条的形式介绍，陈世骧就觉得她没像夏济安和庄信正那样遵循学术论文的写法，因此也难以出版。张爱玲却觉得委屈，以为这事本来是按照陈世骧的意思做的，并不是没有尽心尽力，何况文章和名词也并非一无是处。

陈世骧还把张爱玲的文章转给研究中心校改英文的 Jack Service 和一个女经济学家看，此外还有英文教授 Nathan。他们看了，都说看不懂。张爱玲拿回去通篇改写后，陈世骧仍说不懂。张爱玲不解地说:“加上提纲、结论，一句话读八遍还不懂，我简直不能相信。”陈世骧被张爱玲抢白了几句，更为不悦，随后便公事公办，以书面方式通知张爱玲被解聘。

面对这突如其来的打击，张爱玲决意要重新改写那篇论文。她在 1971 年 5 月 7 日写给庄信正的信中说:“我并不是一定要捱篇文章给陈先生。如果收回，剩下附录的几页名词，两年的工夫才这么点？至少他不要是他的事。”不料陈世骧于 1971 年 5 月 23 日因心脏病猝逝，文章交付的对象不在了，张爱玲一时无法证明自己，于是她在 1971 年 6 月 10 日写信给夏志清，详细解释了这件事的来龙去脉：

> 我刚来的时候，就是叫写 glossary，解释名词，不要像夏济安、信正写专论。刚巧这两年情形特殊，是真没有新名词。……所以结果写了篇讲文革定义的改变，追溯报刊背景改变，所以顾忌特多，没有新名词，最后附两页名词。世骧也许因为这工作归东方语文系，不能承认名词会有荒年。我觉得从 semantics（语义学）出发，也是广义的语文研究。……他表示第一句就不清楚，我也改了寄去，也不提，坚持只要那两页名词，多引上下句，以充篇幅，随即解雇。……我本来写文章应当随时找 Johnson（指约翰逊，加州大学政治系教授，时任加大中国研究中心主任）商量，但是正在写的东西，我实在不惯跟人讨论，根据的材料又太多……我是真全副精力在做，实在来不及。Johnson 这人又 abrasive（粗鲁）……我对自己写的东西总是尽到最后一分力。但无论怎样不让它影响情绪，健康很受影响。预备找水晶。

夏志清在信后作了长长的按语，客观公允地予以澄清。他首先说到1969年8月26日陈世骧写了一封祝贺他新婚的毛笔信，其中有一句说“张爱玲女士已到此月余，颇觉相得”。由此可见陈世骧对张爱玲并无“宿怨”，更无“敌意”。接着他又分析了导致“解雇”的原因：

> 假如世骧并无恶意地叫爱玲去编一本glossary，她多看报刊之后，发现了那年的“名词荒”，大可征求他的同意去改写一个题目的。只要她同世骧、美真兄嫂保持友善关系，什么事情都可以商量的，何况只是一个题目？……但世骧专治中国古代文学与文学理论，张爱玲的作品可能未加细读。作为一个主管人，他只看到她行为之怪癖，而不能用欣赏她的文学天才和成就去包涵她的失礼和失职。在世骧看来，她来中心两年，并未在行动上对他表示一点感激和敬爱；在研究中共词语这方面，也可能从未向他请教过，只一人在瞎摸！最后写的报告，他也看不懂，glossary只有两页，还要语言顶撞！迁怒之下，陈教授把她“解雇”了。世骧对爱玲不满意，曾在我面前表示过。

他还说到这件事给张爱玲带来的影响，字里行间流露出对张爱玲的同情与理解：

> 这封长信是爱玲两年间在加大中国研究中心的工作报告，也可以说是她在美国奋斗了十六年，遭受了一个最大打击的报告。她在迈阿密当驻校作家，校方对她并不满意没有关系。……去赖氏学院，虽然研究所几个主管处得并不好，关系也不大。主要她在两年间，译了《海上花》之大半，从事了《红楼梦》考证研究的工作，心境是好的，病痛也不多。在加大中国研究中心，她只是位雇员，上面有主管，主管对她的工作不满意，随时有解雇的危险。……她日里不上班，早已遭人议。一旦解雇，消息传遍美国，对她极为不利，好像大作家连一篇普通的学术报告都不会。

张爱玲受到了沉重的打击，却又无处辩白，于是便告诉夏志清“预备找水晶”。

水晶是台湾作家，1970 年 9 月来加州大学柏克莱分校攻读比较文学博士，指导教授即是陈世骧。水晶对张爱玲心仪已久，听说她在该校供职，多次登门拜访，均被张爱玲拒之门外，后来几次打电话，张都不接，最后允诺会给他写张字条，而字条，最终也没见到。哪知峰回路转，1971 年 6 月 3 日，水晶意外地收到张爱玲的来信。信中说：

> 水晶：
>
> 陈先生丧事那天，我正感冒，撑着去的。这次从春假前闹起，这两天更发厉害。Office（办公室）也常不去。工作到月底为止，但还是要一直赶到月底，一时不会搬。你信上说 6 月中旬要离开这里。我总希望在你动身前能见着——已经病了一冬天，讲着都嫌腻烦。下星期也许会好一点，哪天晚上请来一趟，请打个电话来，下午五六点后打。祝近好，文章收到非常感谢。
>
> 爱玲 6 月 3 日

张爱玲约见水晶的用意，是想通过水晶向外界特别是台湾读者发声。谈话一进入正题，张爱玲首先告诉水晶，她有一个笔名叫梁京，她曾用这个笔名在大陆写过一个长篇小说《十八春》，还说这个小说当时在上海《亦报》连载，如何引起轰动，周作人也曾在散文中引用过小说主人公曼桢的名字。1966 年张爱玲将《十八春》改写成《半生缘》，两年后在台湾《皇冠》杂志上连载，次年又出版了单行本。她急着与水晶谈这个话题，无非是以此表明她不但在中共治下生活过，还写过轰动一时的作品，这足以证明她是熟悉大陆的，因而研究中共术语非但有资格，而且还完全胜任。张爱玲的另一层用意是，当时她在台湾声誉日隆，作品的销售行情看好，她要通过水晶的文章，维护自己在读者心目中的形象。

与此同时，张爱玲坚持以“文革定义改变”及两页新名词为底本，将其扩充、改写成短文《知青下放》及长文《文革的结束》。为此，张爱玲继续留在柏克莱，直到 1972 年 9 月完稿，随后将两篇文章寄给杂志社与商业出版社发表，试图以这两篇文章讨回公道，遗憾的是这两篇文章最终也未能获得出版。

访谈后水晶很快写成《蝉——夜访张爱玲》一文，分五次刊登在1971年7月9日至13日的《中国时报》“人间副刊”上，惊动了华文文坛。这是张爱玲第二次接受访谈，也是一生中最后一次。至于张爱玲的用心是否取得了预期的效果，则不得而知，但有一点是肯定的，作为张迷的水晶当时沉浸在终能见到张爱玲的惊奇与喜悦里，未必觉察到张爱玲主动邀访的用意，他更感兴趣的是张爱玲这个神秘的人，她的生活，她的创作，以及她不为人知的想法。

约见的时间是周末晚上7点半。在见到张爱玲的那一刻，水晶大脑里瞬间闪过的是胡兰成所说的“六种震动”，是雪莱诗篇里常说的“撕去一层面幕”。他看到了张爱玲的瘦，“白描的牡丹花”般的脸，大而“清炯炯”的眼睛，“五凤翻飞”的头发。他想象中的张爱玲是“病恹恹、懒兮兮的女人”，是李贺诗句里的“蓝溪之水厌生人”。可眼前的她却是“这样活泼和笑语宴宴”；“她微扬着脸，穿着高领圈青莲色旗袍，斜着身子坐在沙发上，逸兴遄飞，笑容可掬”。她要以神采飞扬的形象示人。

“她的起居室有如雪洞一般，墙上没有一丝装饰和照片，迎面一排落地玻璃长窗。她起身拉开白纱幔，参天的法国梧桐，在路灯下，便随着扶摇的新绿，耀眼而来。”室内“有餐桌和椅子，还有像是照相用的‘强光’灯泡，唯独缺少一张书桌，这对于一个以笔墨闻世的作家来说，实在不可思议。”水晶问起张爱玲为何没有书桌？“她回说这样方便些，有了书桌，反而显得过分正式，写不出东西来！”她就在一张上海人所谓“夜壶箱”的小桌子上翻译《海上花》，考证《红楼梦》，写作她的小说。这是一个简单的家，一个临时栖居的公寓，但是她“最合理想的逃世地方”。

他们说起读书，别人的书和张爱玲的书，也顺便问到她起居饮食的情形。她微扬着脸说：大概每天中午起床，天亮时才休息。至于饮食，一天只吃半个烧饼大小的食品，先前喜欢吃鱼，怕血管硬化，遵医嘱连鱼也不吃了。她也说起自己的身体，有患 high cholesterol 病的可能，还时常发作一种类似感冒的病，一犯起来就要卧床几天，不吃不喝，因为吃了就会吐出来。

水晶问起张爱玲写作的情况，她说一待 6 月份结束研究中心的工作，就准备用英文写一篇《红楼梦》考证，同时把英译《海上花》的工作做完。还说先前写过一部英文小说，兜来兜去找不到买主，预备将它翻译出来；不过有些地方得改。另外用中文写的军阀时代的长篇小说，写了一半搁下来了，也想把它赶完。还有两个短篇，极待整理出来。想写的东西实在太多，又譬如美国人的事情，她也想写的。不过，她写的东西，总得酝酿上一二十年，不是要写这么久，而是要隔这么久才写得出来。

末了，张爱玲又细声慢语地说，我现在写东西，完全是还债——还我欠下自己的债，因为从前自己曾经许下心愿。我这个人是非常 Stubbom（顽强）的。略一沉吟，她又补充说，像许多洋人心目中的上海，不知多么色彩缤纷，可是我写的上海，是暗淡破败的。而且就连这样的上海，今天也像古代的“大西洋城”，沉到海底去了。

张爱玲是为写作而生的，所以写作就成了她的宿命，但是她只写自己熟知的，自己要写的，丝毫不理会洋人是不是喜欢，这就是她的“顽强”和固执，清高与自信。有人说性格即命运，但不知张爱玲多舛的命途中，哪些是因了性格，哪些又是因了其他东西的捉弄。

已过了凌晨两点，他们足足谈了 7 个小时。当水晶走出那间亮如白昼的公寓，他的大脑里迅即闪现出一个意象——张爱玲太像一只蝉了，薄薄的纱翼虽然脆弱，身体的纤维质素却很坚实，潜伏的力量也大，而且，一飞便藏到柳荫深处，枝桠梢头，发出“清烈”的声音，那声音细若游丝，眼看就要断了，然而它却会震得人发聋。[8]

10 月，张爱玲了结了柏克莱的一切事务，随即搬去洛杉矶，开始了隐居式的生活。

搬家之前，张爱玲打电话托庄信正代觅住处。庄信正在好莱坞区与日落大道交叉的一条小街上找到一间公寓，有一间卧室，房租也还便宜，庄信正觉得公寓的环境与大小都会合她的心意，就选定了这里，然后告知张爱玲，并与她约好见面的地点、时间。

到了约定的时间，庄信正偕同妻子杨荣华赶到见面地点。杨荣华虽然早就听丈夫说起过张爱玲，也曾收到过她寄赠的作品集，但见面还是第一次。杨荣华注意到她手掌上有一大块淤青的伤口，原来是捆绑行李时被绳子勒破了，她忙用道歉似的口吻解释自己笨手笨脚。这个细节让杨荣华意识到她是一个需要悉心关照的人。杨荣华留意到，“张爱玲很高，很重视仪表，头发梳得丝毫不乱，浅底洒着竹叶的旗袍更是典雅出色，但她露在无袖旗袍外的两条臂膀是那么纤细，走在路上又是那么勇往直前，目不斜视”。看到她如此优雅，又如此瘦削，杨荣华便“忍不住跨到她的右侧摆出护卫的架势：有车来为她挡车，有风来为她挡风”[9]。

公寓有些旧，但有会客室，丝绒沙发、厚地毯和落地窗帘，不难想见当年的豪华与考究。管理员是个矮胖的中年太太，殷勤而多话，不停地问长问短，张爱玲生怕这样的“热心人”打扰了她的生活，便干脆一本正经地回说:“我不会英文。”

公寓是有家具的，张爱玲只带了一个铜制立灯，它的样子很特别，架子向上撑到天花板，中间排着三个可以转头的灯罩，每个灯泡足有 200 瓦。此外她还打算买台电视机，问了杨荣华家用的电视牌子，准备第二天电话订购。

一切安置停当，临别时，张爱玲含蓄地告诉庄信正夫妇：虽然搬来洛杉矶，最好还是把她当成住在老鼠洞里。意思是谢绝来往。不久，她把自己的电话号码告诉了庄信正，不过声明不接电话。

庄信正夫妇自然了解并尊重张爱玲的性格，未经邀请，从不主动登门。有朋友知道他们是张爱玲的“内线”，想通过他们拜访张爱玲，结果是此路不通。

张爱玲自来美以后，先是在文艺营之类的地方辗转栖身，后来终于有了自己的家，日子虽然清苦，但夫妇俩相互依靠，相互搀扶，倒也不乏温馨。可是好景不长，赖雅一病不起，为了生计，张爱玲只好在朋友的帮助下到一些大学里谋差事，靠并不丰厚的奖助金维持生活，可正是流走大学的这几年，让她经历了许多不快、伤害甚至羞辱。她不善交际，又缺乏跟人沟通的耐心与兴趣，加上她一向不惯俯就和迎合别人，这就难免在与人共事时遭遇尴尬或挫伤。此时，她的旧作在台湾连续出版，在读者和文学圈中人气渐高，收入也随之稳步增加。她偶尔在台港两地刊物上发表文章，也能拿到最高的酬金。这些收入虽说不上丰厚，但维持一个人简单的生活不成问题。在这种情形之下，她决定不再外出谋事，而是躲进公寓，遁迹闹市，做自己想做的事情。

在柏克莱时，因湾区气候较冷，张爱玲时常感冒，“尤其是去年 11 月起接连病了大半年，更瘦成一副骨骼”。她希望迁居凤凰城或洛杉矶这样暖和点的地方。后来在庄信正的帮助下，她终于在洛杉矶安顿下来，从此开始了与世隔绝的生活。

自从 17 岁从父亲家里逃出来，张爱玲绝大部分时间都住在公寓里。她不购置家具，不买书籍，只带着一个简单的行囊随意栖止，四处为家。她在香港时就曾对宋淇说过这样的话：“一添置了这些东西，就仿佛生了根。”她对公寓的要求也不高，小一点，方便出行，有简单的家具和设施，不怕环境嘈杂，但不能脏乱，更不能有虫。公寓虽是个半开放的居住空间，但她最大程度地保持了寓所的私密性。她既不接受客人来访，也很少接听电话，与人联系主要通过书信。她和庄信正同住一城，也是靠书信联系。她对庄信正说：“这电话本来等于‘门虽设而常关’。”她日常生活的情形，庄信正多是通过她的来信获知的。在信里，她告诉庄信正，看电视只在工作累了的时候借以消遣，更多时候是拿它来当“背景噪音”催眠，还说老电影催眠最有效。早年养成的夜间写作的习惯，使她患上了失眠症，无法早睡，长期服用安眠药又有副作用，因此她除了看电视之外，偶尔也会喝烈酒催眠。

在张爱玲搬来之后的近两年时间里，庄信正只有幸去过张爱玲公寓一次。那是 1974 年 6 月，庄信正夫妇准备搬到中西部印第安纳州，便写信将这一消息告诉她。有天晚上意外地接到张爱玲电话，约他们夫妇几天后的晚上 8 点去她那里，带上相簿。

到了约定的那天，庄信正夫妇提前 10 分钟赶到，略作徘徊，待到 8 点整才小心翼翼地上前敲门。两下，没人应，再两下，还是没人应。他们只好坐在拐角的会客室里

张爱玲签赠庄信正夫人杨荣华的照片

等候，每10分钟前去敲一次门，直到8点40，门应声而开。看到他们俩张爱玲十分惊讶，原来她以为约的是第二天，而此刻她正在等人送货。杨荣华在《张爱玲召见记》一文中记述了这唯一一次造访的情景：

> 在几只二百烛光灯泡的照耀下，张爱玲的房间亮如白昼。她让我们坐在客厅小桌旁的两张木椅上，然后忙着张罗泡咖啡，舀冰淇淋，要招待两个人，她好不容易才凑足碗、匙和杯子。她的客厅，除了和我们同一牌子的小型电视机，没有其他摆设，也不见书架。

张爱玲饶有兴致地看了庄信正一家的照片，然后又拿出一本脱了线的相簿给他们看。相簿里除了她幼年时的家庭照，大多是她和炎樱的艺术照，还有一些母亲与姑姑欧游的照片。观看照片之余，他们还聊到国际间的大事、影艺人物动态等等。她平常总是开着电视，所以消息并不闭塞。她还说起自己喜欢看午夜的“脱口秀”节目，爱看畅销小说，并向他们推荐*Vanity Fair*杂志。

时间在轻松愉快的交谈中过去，信正夫妇告辞时已是凌晨3点半钟。天亮后，他们赶在商店开门时买了一本相簿送去，托公寓管理员转交张爱玲。

这就是张爱玲的生活，简单而清寂。她深居简出，一个人躲在三楼“老鼠洞”般的公寓房里，过着有家而不像家的日子。朋友们惦记着她，但又不便打扰，大家都知道她不愿意别人介入她的生活。还是在前些时，夏志清写信给庄信正，说：“她在加大写的论文，我也无法欣赏，无处发表，对她一定是个大打击。希望劝劝她，多写小说，把《海上花》译完，不要灰心。”信正也以晚辈的身份委婉地表示了自己的看法，还尽量安慰她，提醒她文学创作才是她的当务之急。“其实终其一生，张爱玲以写作为唯一的志业，此外如日常生活、健康、收入等等全放在后面。她使我想起福克纳在一次谈话录中说过他希望死后自己的墓志铭会是He did the books and he died（他写了书然后死了）。”[10]

张爱玲给庄信正回信说：“现在在写小说。我这样长期‘三年不飞，三年不鸣’的下去，不用别人提醒，自然也是心里一个结，忧煎更影响工作，成为 vicious circle。我总极力给自己减轻压力，与人来往，也希望能让我暂时忘记这问题，像你们即使见面不提，我也无法忘记，谈过以后又需要花点时间松懈下来，才能够做事。如果常见面，过往的人问起我来，更害你难措辞，也更使我于心不安。”其实，张爱玲从未懈怠过，这几年里，她从未停止写作，也没有停止研究《红楼梦》与翻译《海上花》。

早在 1967 年任赖德克利夫大学驻校作家时，张爱玲就开始英译《海上花》，迁居洛杉矶后，更是倾力于此项工作，终于将全书六十四回译毕。

《海上花》是清末韩邦庆创作的一部长达 40 万字的吴语方言小说，1894 年刊行，是同期同类小说中最为出色的一部作品。胡适称其为“一个第一流的作者用他的全力来描写上海妓女家生活”的优秀小说。鲁迅视其为清代“狭邪小说”的压卷之作，认为“上海此类小说之出尤多……惟大都巧为罗织，故作已甚之辞，冀震耸世间耳目，终未有如《海上花列传》之平淡而近自然者”。张爱玲则从作家的视角，将它看做“是旧小说发展到极端，最典型的一部。作者最自负的结构，倒是与西方小说共同的。特点是极度经济，读着像剧本，只有对白与少量动作。暗写，白描，又都轻描淡写不露痕迹，织成一般人的生活质地，粗疏，灰扑扑的，许多事‘当时浑不觉’。所以题材虽然是八十年前的上海妓家，并无艳异之，在我所有看过的书里最有日常生活的况味”（《忆胡适之》）。

早在 20 世纪 50 年代，张爱玲在给胡适的信中就表示:“我一直有一个志愿，希望将来能把《海上花》和《醒世姻缘》译成英文。里面对白的语气非常难译，但是也并不是绝对不能译的。”对于吴语，张爱玲是懂得的，她幼年时的私塾老师就操一口苏白。而对于妓家生活她也不陌生，小的时候，她时常被父亲的姨太太带了到堂子里玩耍，妓女的日常生活及她们的行话隐语自然也十分熟悉。据炎樱说，张爱玲童年时父亲房中有不少“儿童不宜”的禁书，张爱玲全都偷偷地看了，后来母亲发现全部拿走，但为时已晚。父亲的书房，为张爱玲打开了一个书里的世界。她回忆说：“我看的《胡适文存》是在我父亲窗下的书桌上，与较不像样的书并列。他的《歇浦潮》《人心大变》《海外缤纷录》我一本本拖出去看，《胡适文存》则是坐在桌前看的。《海上花》似乎是我父亲看了胡适的考证去买来的。《醒世姻缘》是我破例要了四块钱去买的。”（《忆胡适之》）而后两本小说，她多年来反复阅读，“前后不知看了多少遍，自己以为得到不少益处”。（给胡适的信）自《秧歌》开始，张爱玲的小说一改过去的曲折传奇而趋于平淡自然，对“穿插、藏闪”的叙事方式也似乎青睐有加，这大概就是她从《海上花》中获得的“益处”。

这些幼年时的经历、阅读和20世纪50年代以后的创作实践，为张爱玲译注《海上花》提供了方便。

尽管有了这么多便利的条件，但在英译的过程中，张爱玲还是碰到了许多难题。先是《海上花》的英文书名，张爱玲初定为 *Flowers of the Sea*，宋淇想到《孽海花》，以为会给西方读者造成中国小说千篇一律的错觉，建议她改为 *The Belles of Shanghai*（《上海佳人》）。她回信表示反对，认为 belles 一般指良家美女，小说中有三类妓女，统称上海佳人便不够确当。经过两人反复斟酌，张爱玲最后敲定用 The Sing-Song Girls of Shang hai 一名，并解释说这个书名暗合了 Street talkers of London（伦敦的马路天使）之类的说法。小说中人名的译法，更是令张爱玲煞费周章，原来在写英文小说时就为此吃过不少苦头，这次英译《海上花》，她放弃了拼音译法，而是把“赵朴斋”译为 Simplicity，“洪善卿”译为 Benevolence，这样译至少可以使英语读者容易接受，否则读者看了拼音之后，非但名字叫不上来，说不定连性别都分辨不清。

《海上花》译完后，先在宋淇主持的香港中文大学翻译研究中心的《译丛》杂志刊发了第一、二两章，同时还配发了张爱玲撰写的一篇介绍《海上花》的短文。

此后几年，张爱玲时常与夏志清讨论《海上花》译稿的问题。夏志清回忆说：“她想找经纪人把它交大书局审阅。我劝她把书稿当学术性的读物看待，加一篇她自己写的导论，我的前言，交哥大出版所处理较妥。她不接受我的建议，后来的信上也就不提这部《海上花》了。有一天庄信正对我言，这部译稿搬家时丢了，我听了好不心痛。除了首两章已发表过外，张爱玲三四年的心血全付之流水。全书译稿早该“全录”一份副本，交信正或我保管的。”[11]

在译注国语本《海上花》时，张爱玲删改了一些方言词句，并将原书六十四回压缩为六十回，1980年译注完毕，两年后由皇冠出版社出版。

钱伯诚先生认为，国语本《海上花》译固然有特色，也见出才女的勇气；注则更有特色，既有勇气，更有灵气，因为带有批点的意味。“《海上花》的世界虽已消逝，但是张爱玲所向往的和怀念的。她沉浸其中，她的批点自能独具慧眼，深入肌理。”[12]

1968年，张爱玲在翻译《海上花》的同时，着手准备撰写关于《红楼梦》的论文。翌年1月23日，她在写给庄信正的信中说：“我趁这时候借书方便，写几篇《红楼梦》考证。”迁居洛杉矶后，她蜗居在自己的“老鼠洞”里，更是锲而不舍地做起了“红楼梦”。正是“十年一觉迷考据”，孜孜“五详红楼梦”。她自言“偶遇拂逆，事无大小，只要‘详’一会《红楼梦》就好了”。

《红楼梦》是张爱玲终生迷恋的伴侣，是她享用不尽的精神盛宴。她曾经向宋淇夫妇说起过自己的“人生恨事”：1. 海棠无香；2. 鲥鱼多骨；3. 曹雪芹《红楼梦》残缺不全；4. 高鹗妄改——死有余辜。

人生四恨事中，竟有两恨与《红楼梦》相关。

张爱玲很小就开始读这部书。她说：“8岁的时候第一次读到，只看见一点热闹，以后每隔三四年读一次，逐渐得到人物故事的轮廓、风格、笔触，每次的印象各各不同。现在看来，只看见人与人之间感应的烦恼。”（《论写作》）十多岁时，她还模仿这部小说写了五回《摩登红楼梦》，让贾府里的人物穿越百年时光，到她生活的时代重新上演悲欢故事。这部半截子摩登故事虽未能发表，但其对白的声口，叙事的笔法，却颇具《红楼梦》的神韵。十年之后，她的小说创作更是深得其妙，举凡建筑、器皿、服饰之类的细节，以及世家旧族的琐屑日常生活与悲喜无常的人物命运，更是带有《红楼梦》之类白话小说的影子和韵味，并在此基础上形成了紧俏世故、新旧杂糅的叙述方式。

更重要的是，张爱玲破落的世家大族后裔的身世，也使她对小说里呈现的繁华过尽“白茫茫大地真干净”的荒凉与虚无，有着非同常人的体味。她曾经说过：“中国文学里弥漫着大的悲哀。只有在物质的细节上，它得到欢悦——因此《金瓶梅》《红楼梦》仔仔细细开出整桌的菜单，毫无倦意，不为什么，就因为喜欢——细节往往是和美畅快，引人入胜的，而主题永远悲观。一切对于人生的笼统观察都指向虚无。”（《中国人的宗教》）在她眼里，《红楼梦》之类的小说乃至戏剧，无不是从热闹、喧嚣的物质生活里走向荒凉与虚空。这些人生虚无与世界虚空的感受，不仅化成了她20世纪40年代小说创作的重要意象和主题，也不可避免地氤氲成她生命的灰暗底色。如今，在经历了事业的挫败和生活的打击之后，张爱玲选择了独上“红楼”，埋身于译注和考据，试图以小说世界的热闹或喧嚣，来抵挡生命的虚空。也许正是基于这样的身世和心境，她才会对《红楼梦》有着自己的独特理解。她认为贾家“散场是时间的悲剧，少年时代一过，就被逐出伊甸园。家中发生变故，已经发生在庸俗黯淡的成人世界里。而那天经地义顺理成章的仕途竟不堪一击，这样靠不住。看穿了之后宝玉终于出家，履行以前对黛玉的看似靠不住的誓言”。这样的领悟，或许就掺杂了对自身家世的感怀和对自己坎坷命运的嗟叹。

自1972年开始，张爱玲的红学论文陆续发表在台湾的《幼狮文艺》《皇冠》等杂志上，1977年由皇冠出版社结集出版，封面由张爱玲亲自设计。书中收录《红楼梦未完》《红楼梦插曲之一》以及“五详红楼梦”等7篇。在十年的研究过程中，张爱玲时常与宋淇通过书信往来切磋。因其研究内容和考证方法自成一路，宋淇戏称为Nightmare in Red Chamber，还不时在信中探问其“红楼梦魇做得怎么样了”。张爱玲觉得“红楼梦魇”虽是戏言，却倒是点出了她与《红楼梦》的奇特因缘，便将这部论文集名之为《红楼梦魇》。在这部颇具特色的红学专著的序言里，张爱玲于文末写道：

> 我这人乏善足述，着重在“乏”字上，但是只要是真喜欢什么，确实什么都不管——也幸而我的兴趣范围不广。在已经“去日苦多”的时候，十年工夫就这样掼了下去，不能不说是豪举。正是：
>
> 十年一觉迷考据，
>
> 赢得红楼梦魇名。

在这段看似轻松的文字里，“去日苦多”四个字分外扎眼。张爱玲似乎有一种神秘的“感应”功能，譬如於梨华邀她给自己的学生演讲，曾开着一辆红色轿车去接她，张爱玲上车后说：“我是在飞机上时，就猜想你开的是红色跑车。”於梨华十分惊愕。她还对宋淇夫妇说过：“不得不信telepathy（心灵感应）。”那么，张爱玲此后的岁月真的如她所言“去日苦多”吗，她又会经历怎样的“苦”呢？

/ 注释 /

[1] 张爱玲和於梨华一节文字，材料来自刘川鄂《传奇未完：张爱玲1920—1995》一书，特此说明。

[2]《黑暗之门》是夏济安先生研究1930年代中国左翼文学运动的英文遗著。该书在他1965年去世后经胞弟夏志清编定，1968年华盛顿大学出版。庄信正向张爱玲极力推荐，并寄送给她阅读。

[3] 庄信正：《初识张爱玲》，载《联合报》1995年9月18日。

[4][5][6] 陈少聪：《与张爱玲擦肩而过》，见《有一道河，从中间流过》，台湾九歌出版社2006年版。

[7][10] 庄信正编注：《张爱玲庄信正通信集》，新星出版社2012年版。

[8] 水晶夜访张爱玲一节文字，材料来自水晶《蝉——夜访张爱玲》一文，该文见水晶《替张爱玲补妆》，山东画报出版社2004年版。

[9] 杨荣华：《张爱玲召见记》，见《张爱玲庄信正通信集》，新星出版社2012年版。

[11] 夏志清：《超人才华，绝世凄凉——悼张爱玲》，载《中国时报》1995年9月12、13日。

[12] 钱伯城：《谈张爱玲注译〈海上花〉》，载《文汇读书周报》1995年9月5日。

第十章

柳暗花明

趁脸孔尚在，我就要站在世界面前——不要等到自己——像一些老年人——只沦为时间流逝的一个记号。

——《张爱玲语录》

从 1970 年代开始，“张爱玲热”在台港逐渐升温，其作品也越来越抢手。除《皇冠》外，高信疆主编的《中国时报》“人间副刊”，痖弦主编的《联合报》“联合副刊”等著名副刊，竞相向张爱玲约稿，同时四处搜寻她的旧作重新发表。据统计，在台湾地区，整个 20 世纪 60 年代只《皇冠》一家杂志发表张爱玲作品 3 篇，连载小说两部。20 世纪 70 年代张爱玲作品发表数量猛增至 22 篇（部），刊发其作品的报刊则有“人间副刊”“联合副刊”《幼狮文艺》《文季季刊》和《皇冠》杂志 5 家。20 世纪 80 年代更有 25 篇之多。这些作品，有新作，也有旧文，但无论新旧，都受到读者的追捧，颇有几分洛阳纸贵的热闹。

这种热闹的气氛，也感染到身在美国的唐文标。他当时在加州大学沙加缅度校区任数学教授，竟撇下自己的“正业”，频繁出入加大著名的东方图书馆，搜寻张爱玲的旧作。工夫不负有心人，他终于发现了《连环套》和《创世纪》两篇小说。这两篇未完成的小说因张爱玲自己极不满意，未收在当年出版的《传奇》(增订本)里。唐文标在未征得张爱玲同意的情况下，抢先将这两篇佚稿刊登在1974年的《幼狮文艺》和《文季季刊》上，引发了读者的好奇与关注。其后，唐文标将数年间搜集的张爱玲资料加以整理，在1984年由台北时报文化出版公司连续推出5部《张爱玲资料大全》。唐文标擅自刊印他人著作的行径，令张爱玲十分不满，便委托皇冠出版社告唐文标侵权。经过多番周旋，时报出版公司最终决定停止发行。

更为有趣的是，“张爱玲热”竟连带胡兰成也在台湾火了一把。

1974年，一直遁居日本的胡兰成，应聘来台湾阳明山文化学院任教。远景出版公司沈登恩得知“张爱玲以前的先生”在台湾，自然心生好奇，即刻登阳明山造访。胡兰成趁机拿出旧作《山河岁月》和《今生今世》，要沈登恩出版。沈登恩连夜读完《今生今世》，从记述张爱玲的“民国女子”一章里，他看到了巨大的商机。第二天一大早，沈登恩就赶到阳明山，与胡兰成签订了这两本书的出版合同。

依胡兰成的请求，远景先行出版了《山河岁月》。该书出版前，远景删去其中一章，同时改写了另一章。尽管这本书上市后销路并不好，但其中歪曲抗战的内容，还是引起了台湾文化界的反感。赵滋藩、余光中、胡秋原等人先后在报纸上发文，批评该书“妄发议论，歪曲历史，为自己文过饰非”，《山河岁月》随即被清查收缴。查禁事件使已付排的《今生今世》搁浅，胡兰成主动提出裁掉敏感的“渔樵闲话”一章，删减其他相关章节部分文字，共计9万余字，才得在翌年出版。

在出版《今生今世》时，远景巧借张爱玲之名大打广告，在该书封底简介中这样写道:(他)“梦想有一天要越过大河，飞越高山，在红衫翠袖中，温香倚玉；和五湖四海的英雄较劲道，比本领。较劲道，比本领,他彻底地被击败了。但是他赢得了一代佳人的垂青。张爱玲在他落难浪迹天涯的时候和他结婚，后来他们在钱塘江边分手，张爱玲回忆这次的生离死别，她说:‘那天船将开时，我一个人站在雨中，流着泪，痴痴地望着滔滔的黄浪，不知多久。’”沈登恩还向张爱玲约稿，希望出版尚未在台湾刊行的《赤地之恋》，并说“胡兰成可作序”。张爱玲自然不会答应。

对胡兰成在《今生今世》中有关两人感情经历的描述，张爱玲从未作过公开的表态，但在私下里却是极为反感的。她在写给夏志清的信中说:"胡兰成书中讲我的部分夹缠得奇怪，他也不至于老到这样，不知从哪里引用来我姑姑的话，幸而她看不到，不然要气死了。"她还说,"三十年不见，大家都老了。胡兰成会把我说成是他的妾之一，大概是报复，因为他写过许多信来，我都没回信"。从这些话里可以看出，张爱玲对胡兰成其人其书态度十分明确，但张迷们不明就里，于是胡兰成便成了好事者追逐的对象。

超级张迷朱西宁，因酷爱张爱玲的作品而爱屋及乌，在读过《今生今世》之后，意外听闻此书作者就在台湾，便带着妻女上阳明山访胡。此时胡兰成因《山河岁月》事件被文化学院解除了聘约，遂离开书院移居朱西宁隔壁。为答谢朱家的知遇之恩，胡兰成闲时便给朱西宁的两个女儿天文、天心讲授四书五经，并指导她们写作。朱西宁计划写作《张爱玲传》，去信张爱玲征求意见。张爱玲认为朱受到胡兰成的影响，从此断绝来往。同年，胡兰成黯然返回日本。1981年7月25日，胡在东京家中猝发心脏病而死。张爱玲得知后，在写给友人的信中说:"《大成》杂志与平鑫涛两封信都在我生日那天寄到，同时得到七千多美元（其中两千多是上半年的版税）与胡兰成的死讯，难免觉得是生日礼物。"

张爱玲热非但未因胡兰成受到影响，反倒随着作品的热销和媒体的频繁曝光而更加火热。台湾文坛旋即吹起张派文风，风格肖似张爱玲的作品，也受到评家与读者的青睐。1977年4月，就读淡江大学的朱天文，集合同学成立了三三集刊社，成为培养"张派"作家的重镇；除天文、天心姐妹外，苏伟贞、袁琼琼、钟晓阳、丁亚民、林俊颖等小说家皆为该社重要成员。其时，台湾文坛正流行中国古典文学韵味及中国风土情调的作品，张爱玲的作品既有古典诗文的意象与韵致，又有旧小说精细而繁复的技巧，更是成为年轻一代小说家效仿的对象；报刊举办的征文赛事也推波助澜，"张派"风格的作品屡屡获奖，张派文风越吹越劲。

在这种情势下，张爱玲自然就成了台湾报纸副刊追逐的对象，其身价也扶摇直上。据当时任《联合报》副刊编辑的苏伟贞讲，该报给张爱玲开出的稿酬是新作一字5元台币，旧文一字3元。1974年，台湾几家大报的编辑从水晶那里获悉了张爱玲在美国的住址，《中国时报》社社长余纪忠立即指示“人间”副刊寄一万美元预付稿费给她。在当时的台湾，一万美元相当于40万台币。张爱玲的稿酬轻松打破之前梁实秋的纪录，创下新的标高。张爱玲虽未接受这笔预支稿费，但还是给《中国时报》寄来近3万字的散文《谈看书》和《谈看书后记》，《中国时报》连续9天以头条刊出。

此后，张爱玲作品的电影版权费也迎风而上。1976年，在宋淇的运作下，香港丽的电视（后改组为亚视）拍摄了她的《半生缘》。这是张爱玲作品首次上电视。1982年，香港导演许鞍华动员邵氏电影公司开拍《倾城之恋》，邵氏通过宋淇购买该小说电影版权，最终以一万五千美元高价成交。翌年，张爱玲又以一万五千美元将《怨女》版权卖给台湾中影，邵氏甚至愿出两万美元抢购；《红玫瑰与白玫瑰》则涨至两万美元。20世纪70年代以后，张爱玲的版税收入日趋丰厚，生活有了极大的保障，再也无须为生存四处谋职或接一些她根本不感兴趣的活计了。

几十年后张爱玲在台港及海外华人圈的再度崛起，固然与她百折不挠的坚持有关，更与她独特的文学才华密不可分，但赏识者不懈的支持和推重，也是她重新走红的重要原因。在这众多的推手之中，要数宋淇和夏志清出力最多。

张爱玲出走香港不久，就与宋淇、邝文美夫妇成为莫逆之交，其后40年间她与宋、邝通信多达六百多封，40万字。在张爱玲移居美国的最初十年，宋淇主动承担了义务经纪人的角色，帮助她承揽编剧工作和剧本的推售事务，靠着这些剧本的收入，张爱玲在美国的生活才得以维持。他不遗余力地推介张爱玲的作品，张爱玲在台湾杂志刊载第一篇小说，在皇冠出版社出版作品等等，都是他介绍和联络的结果。为了使张爱玲得到更多观众与读者的认可，他还想方设法精心包装和宣传张爱玲。在任职电懋高层时，他授意电懋宣传部门，在电影杂志封面刊登“张爱玲为林黛编写剧本”的广告，借着大牌明星林黛的知名度，来扩大张爱玲的影响。与此同时，邝文美则在《国际电影》杂志上刊登《我所认识的张爱玲》一文，将张爱玲描写成不世出的天才。1976年，在张爱玲极为看重的《张看》一书出版前夕，宋淇夫妇联手撰写《私语张爱玲》，为“张爱玲热”加油助推。《张看》上市热卖，一个月后再版，创在台销售新纪录。

《私语张爱玲》一文发表时，宋淇为避嫌隙，署名林以亮。不料这“林以亮”随即被多家报社和出版社邀请开专栏或出书。宋淇在写给张爱玲的信中说:“总之，此文的目的总算达到了，将你 build up（壮大声势）的目的完成就算数，其余都是意外。”

为壮大张爱玲的声势，宋淇还搜集了许多张爱玲日常的“说话”，整理成集，名之为《张爱玲语录》。他在“语录”前言中写道:“近日，‘张迷’越来越多，连爱玲自己不愿流传于世的旧作也给人挖掘了出来。自从拙作《私语张爱玲》一文刊出后，读者纷纷来信表示希望多知道这位女作家的日常生活和思想为人。现在我取得爱玲同意，从文美的记录中选出一些片段辑成语录与‘张迷’共享。”宋淇在写给张爱玲的信中直言:《张爱玲语录》“是否能成书颇成问题，但至少对你是一大有利名声之举”。

“语录”发表时作了必要的删减，一是删去了张爱玲对他人指名道姓的批评，二是略掉了对宋淇夫妇的赞语。“前者为存厚道，而后者就是不想借张爱玲来标榜自己”（宋以朗语）。尽管宋淇做事周全，但还是心有顾忌，他在信中告诉张爱玲:“另函附上《张爱玲语录》……关于写你的文章，可以暂时告一段落，以免为人‘牵头皮’，说我们挟你以自重。”张爱玲回信道:“《语录》也收到了，真亏 Mae（邝文美）记下来这些。是真不能再提我了，已经 over-exposure（曝光过度）。”

宋淇是作家、剧作家，也是红学专家，因此他和张爱玲在写作与研究上是相知最深的同道。二人时常通过书信交流学术观点，探讨写作得失，分享为文甘苦。宋淇还根据自己对港台出版界动向的观察和研判，及时地给张爱玲提供建议，并为她加油打气。

《张看》出版后一路热销，宋淇便趁机建议她将写作的重心转到短篇与散文上来。他告诉张爱玲，最近在台湾走红的陈若曦，就是靠大写短篇获得了成功。“可是第一个写的人还是你，所以讲起你来仍是振振有词。我想一个作家总免不了有曲折起伏，但像你那样有‘第二春’还不多见，我们真希望你好好利用这机会替你 spueeze 到每一分钱 possible（尽可能榨取到每一分钱），同时你写熟了手，可以继续写下去，借此机会振作起来。”两年后（1978），张爱玲在《皇冠》杂志上发表了三篇新小说:《相见欢》《色，戒》和《浮花浪蕊》，这也许与宋淇的建议不无关系。

《私语张爱玲》发表后，宋淇曾接到一位在哈佛读M.A.的中国留学生的信，说自己正在写研究张爱玲的论文，这篇文章给他提供了许多前所未知的信息。于是宋淇告诉张爱玲：

> 他这封信使我想起你也不应完全置美国市场于不顾。现在有两个想法：
>
> （一）整理一部分你译过的《海上花》，在《译丛》登出一段最好可以独立的excerpt（节录）……然后加一短的前言。这是现成的。
>
> （二）将来有时间将《倾城之恋》译出来。说来奇怪，文美同我都最喜欢它，认为它最完美，尽管其他几篇有凸出的地方。译者最好由你自己译，实在没有时间，我们另外再找人。好在只要《海上花》先登出来，再过一年也不要紧。主要是我们要将你keep in circulation（保持知名度）。

宋淇不但为张爱玲的中文作品的热销推波助澜，同时也在千方百计地替她开发英语市场。宋淇的第一个“想法”张爱玲并没有马上接受，因为《海上花》还没有译完，第二年译完后才寄去两章译文和一篇短序，《译丛》立刻予以发表。

在另一封信里，宋淇的建议则更为直白与中肯：

> 至于散文，你可以说是五四以来大家之一，至少自成一格，读后再想多看一遍的，还没有别人。我认为你的《流言》水准比小说不稍逊色。心定下来，自然而然有的是题材。你离中国太久，没有机会同人谈话，看的中文书报也较少，停写之后忽然大写，文章有点生硬，尤其是《红楼》，Mae（邝文美）也说句子好像彼此独立，连之不起来，最近多写之后，已渐恢复原来的风格，应该出一本散文专集。看你忽然胆小起来，只想向容易的路上走，真觉得没有出息。像我就情愿不出，看看以前的旧作，Mae认为有问题的，完全不用，所

以今年可能交白卷。这封信我寄一份副本给志清，让他也为你打气。

这些品头论足却又包含了鞭策与鼓励的话，只有诤友才能讲得出口。

另据宋以朗讲，张爱玲每有创作构想，常与宋淇说起，如最后没有写成的《描金凤》。“更有一些是无人知晓的作品，主要是她晚年时跟我爸爸宋淇在信中约略谈过的，如《香港太太》《三宝太监郑和下西洋》《谢幕》《美男子》《填过一张爱憎表》《不扪虱而谈》等。”[1]这些作品或只是初步构想，或只写了一部分，最终都未能完稿。

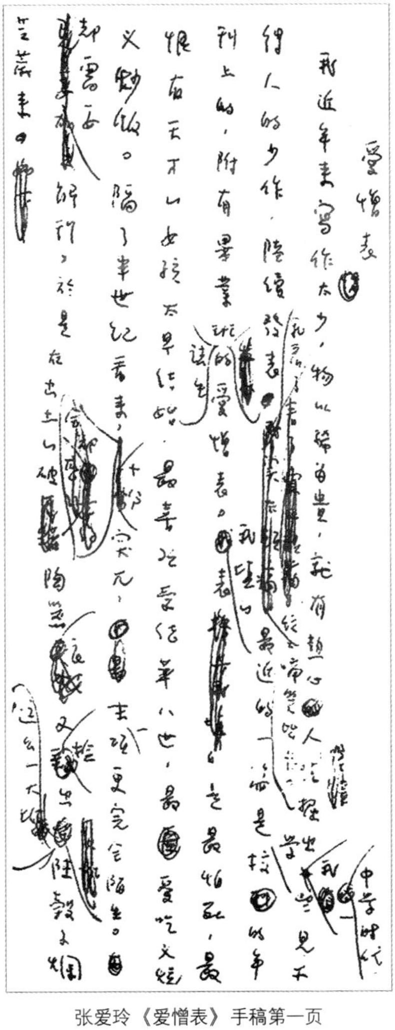

张爱玲《爱憎表》手稿第一页

20世纪80年代末，张爱玲疾病缠身，精力不济，宋淇有时则承担起她文稿的编辑修订工作，甚至还以她的名义代为撰写序言。总之，宋淇是她的经纪人、代言者、同道、诤友和文学创作的建言者，是她二度崛起的幕后推手，而且他为张爱玲所做的这一切事情都是主动的、义务的、心甘情愿的。诚如他写给皇冠出版社总编辑的信中所言：“我们这么多年来为爱玲做了不少事情，完全是友谊，从未有攀龙附凤之想”，“从来不居功”。

早在1944年夏天，夏志清就在一个沪江同学的聚会上，见到过张爱玲。那时的张爱玲脸色红润，戴了副厚玻璃的眼镜，形象同照片上看到的不一样。其时夏志清正专心攻读西洋文学，只读过《西风》上那篇《我的天才梦》，她的小说则一篇也未读过，自然不便交谈，而张爱玲似乎对他也没有印象。20世纪50年代夏志清在写作《中国现代小说史》时，收到宋淇寄给他的《传奇》和《流言》，他初读之时，“全身为之震惊，想不到中国文坛会出这样一个奇才，以‘质’而言，实在可同西洋现代极少数第一流作家相比而无愧色”[2]。他非但对张爱玲的小说赞赏有加，还把她请进小说史，并给予很高的地位；同时第一个在台湾文学杂志上连发两篇文章推介。其后他还把张爱玲自译的《金锁记》，编入《二十世纪中国小说选》，使她的小说成为美国大学里的必读作品。

夏志清持续不懈的推重，终于使更多的人认识了张爱玲，从而阅读张爱玲，研究张爱玲。可以说，夏志清是海外重新发现张爱玲的第一人，是把张爱玲经典化的第一推手。多年之后，余光中曾经这样说过：“今日而来推崇张爱玲，似乎理所当然，但是三十多年前在左倾成风的美国评论界，要斩钉截铁肯定张爱玲、钱鍾书、沈从文等的成就，到与鲁迅相提并论的地步，却需要智勇兼备的真正学者。一部文学史是由这样的学者写出来的。”[3]而这个“智勇兼备”的学者，则非夏志清莫属。

夏志清自 1963 年开始与张爱玲通信，在此后的三十多年里，张爱玲写给夏志清的信件和明信片就有 118 封之多。尽管他们只见过几次面，但通过这些书信可以看出二人联系之频密，友情之深厚。在这漫长的交往中，夏志清责无旁贷地担当起张爱玲作品的义务“代言人”，从介绍推荐、写序言，到联系出版、议定版税，甚至还代催稿费。

据刘绍铭讲，一次夏志清见张爱玲的一篇小说在《明报月刊》上刊出，就关心起她的稿费问题，去信问“明报”编辑张健波给张爱玲寄了稿费没有。夏志清知道，离开加大中国研究中心之后，张爱玲再无固定收入来源，生活全靠稿费和版税。1966 年夏天，夏志清去台湾，张爱玲委托他代为处理《怨女》在皇冠出版社的“连载与出版单行本事”。夏志清不但办妥了《怨女》出版事宜，还代她议定了出版全集的事情，并为她争取到了“特别优待”的稿费和版税。1983 年 2 月 4 日，张爱玲写信告诉夏志清：“这些年来皇冠每半年版税总有二千美元，有时候加倍，是我唯

夏志清《中国现代小说史》

一的固定收入。”

至于对张爱玲作品的推介，夏志清更是不遗余力。早在20世纪60年代,《北地胭脂》遭多家出版公司退稿后，张爱玲请夏志清代她找几位“批评家与编辑看看”，特别指名要找哥大日本文学教授Donald Keene。那时夏志清是哥伦比亚大学东亚系的终身教授，在美国“汉学界”声誉日隆，本可以无求于人，可是受了爱玲所托，不得不与没有任何业务关系的日本文学教授应酬。Keene是美国学者中推介日本文学的权威，跟多家出版公司关系密切，张爱玲点名请夏志清找他看稿，自然不无道理。夏志清只好“硬着头皮”照办，Keene也“居然”把《北地胭脂》看了，还写了评语，尽管“反应并不太好”，夏志清总算“不辱使命”。

即便在生活上，夏志清也是倾心倾力地关照张爱玲。赖雅瘫痪之后，张爱玲的生活更为窘迫，夏志清则动用他在学界的人脉资源，先是帮她申请到基金会的津贴翻译《海上花》，后又介绍她担任加州大学中国研究中心的研究员。至于日常生活中细微的关切与帮助，更是不一而足。1967年5月14日，张爱玲给夏志清的信说:“千万不要买笔给我，你已经给了我这么多，我对不知己的朋友总是千恩万谢，对你就不提了，因为你知道我多么感激。”

如果说张爱玲继20世纪40年代上海之后的二度走红，有其社会、文化及作品自身的原因的话，那么宋淇、夏志清等人台前幕后的推波助澜，则可以说是不可或缺的助因。

在经历了多年被人忽视的难堪之后，张爱玲又恢复了她当年的声望。在台湾，她更是被人们视为小说大师，每有作品面世，便会一纸风行。报刊与出版社则各显神通，或发掘旧文，或重金预约新作，使“张爱玲热”越发火爆。面对这样的局面，张爱玲或许感到一丝欣慰，亦或许生出一种阴差阳错的悲凉。数十年前，她满怀梦想，一心要在英语世界里开启自己崭新的文学旅程，然而英语世界的文学之门，只被她撬开一条窄窄的缝隙，她看到了门里的风景，看到了一座座各具姿态的文学峰峦，却不能跻身其中，更不能登临其巅。她固执地坚持着，像一个苦行僧一样持守着自己的信念，一天天，一年年，不意在无数个日夜之后，在万里之遥的母语世界里，她竟如野火花般再次绽放，铺展成一片如火如荼的热闹风景。这也许是对她坚守信念的一个温情的回报，也许是阴差阳错的世界还给她的一个差强人意的公道。

然而，岁月漫漫，时过境迁，张爱玲已经没有了当年爆红上海滩的欣喜若狂，没有了“忽如一夜春风来”的志得意满。遥对如此热闹的风景，她心如止水。她知道文学的路径曲折多艰，她只有依然故我地独自蹭行，才可能走得更远。

在遥远的异国他乡，张爱玲依旧蛰居在好莱坞日不落大道旁边小街上的公寓里，过着晨昏颠倒的生活，反反复复地描摹着她生命里的故事。她的公寓依旧那么小，进门左边是狭小的厨房，里面放着一个小圆饭桌；中间是客厅，右边离门较远处是小小的卧室和盥洗室。已是凌晨时分，邻居们已然安睡，唯有她的房间里一片雪亮。电视机的声音很大，在声音中短时的片刻寂静里，能听到噼噼啪啪打字的声响。她曾这样自嘲道：“楼下公鸡啼，我便睡。像陈白露，像鬼——鬼还舒服，白天不用做事。”（《张爱玲语录》）

如果“做事”是为了谋食，张爱玲其实也不用了。来自大洋彼岸的稿酬版税，足可以满足她简单的生活，但她依旧忙得昏天黑地。在给夏志清的信里她说：“这种‘无事忙’实在使人无法相信。”夏志清却为这“无事忙”感到宽慰，他在这封信的按语中写道：“最让张爱玲高兴的，我想是她又进入了‘无事忙’的状态。既无公事要办，又不必从事于无聊的研究。”在经历了多年的挣扎与奔波之后，她终于可以静下心来，心无旁骛地写自己的小说了。

来美国二十多年，张爱玲倾力于英文小说的创作，却始终无法在英语世界里立足，而此时她的中文作品竟在母语文坛供不应求。面对这种局面，张爱玲调整了自己的创作策略，开始把重点转回到中文创作上来。她重回当年那个爱恨交加的世界，重拾过去的经验与记忆，展开了新一轮的“生命”书写。这是她第二个中文创作的高潮，和第一次高潮相比，虽然少了些“兀自燃烧的句子”，少了些“传奇”的色彩，却更具人性的深度，更加无所顾忌和从心所欲。

这一时期，她先后完成了《色，戒》《浮花浪蕊》《相见欢》等小说，分别刊登在 1978 年的《皇冠》杂志和《中国时报》“人间副刊”

上。1983年这3篇小说与《多少恨》《殷宝滟送花楼记》《五四遗事》和电影剧本《情场如战场》结集为《惘然记》出版。在书的序中，作者就这3篇小说写道：

> 其实3篇近作也都是1950年间写的，不过此后屡经彻底改写，《相见欢》与《色，戒》发表后又还添改多处。《浮花浪蕊》最后一次大改，才参用社会小说做法，题材比近代短篇小说散漫，是一个实验。这三个小故事都曾经使我震动，因而甘心一遍遍改写这么多年，甚至于想起来只想到最初获得材料的惊喜，与改写的历程，一点都不觉得这期间三十年的时间过去了。爱就是不问值得不值得。这也就是“此情可待成追忆，只是当时已惘然”了。因此结集时题名《惘然记》。

张爱玲在1983年1月4日给宋淇的信中说:“《色，戒》等三篇全都是先用英文写的，但是既未发表，又都大改过。”《相见欢》原名为《往事知多少》，因这题目被陈香梅用了，只好改为现名。小说写两个太太之间的同性之爱，是对性的真情描述与探讨。英文原作以第三者的全能视角叙述，而改写为中文时则采用对话的形式展开，且对话过程中频频出现有意味的沉默，颇得海明威短篇小说的神韵。

据宋以朗考证,《浮花浪蕊》或在原英文小说《上海懒汉》(又名《上海闲游人》)的基础上，加入张爱玲1952年冬赴日本找炎樱的经历写成。如作者所言，作品在改写成中文时“参用社会小说做法”，题材与结构远比她前期的小说“散漫”，也与英文原作面目迥异。

《色，戒》是张爱玲后期小说创作中的优秀之作，写一群爱国青年为刺杀汉奸特务头子易先生，派出最漂亮的女子王佳芝实施“美人计”，但在刺杀就要得手之际，王佳芝恍惚间为情所动而功亏一篑。《色，戒》的故事原由宋淇提供。1983年，宋淇对来访的水晶说过:“那个故事是我的故事。是这样的，这不是一个真的故事，也不是编的。是拿好多东西，这儿一点，那儿一点，凑在一起。”20世纪50年代初，张爱玲把这个故事写成英文小说，移居美国后，又作过多次改写，但始终卖不出去。1974年，她用中文重新改写，并把初稿寄给宋淇看。宋淇以为把女主角写成国民党特务，且参与了一次失败的行动，这样的故事恐难在台湾发表。张爱玲接受了宋淇的意见，将王佳芝的身份改为大学生，同时添加了许多情节。

小说面世后有人撰文提出批评，认为小说的某些细节处理欠妥，王佳芝和她的几个同学的爱国动机缺乏明确的交代，甚至认为它的主题是“歌颂汉奸文学——即使是非常暧昧的歌颂”[4]。针对这样的责难，张爱玲立刻在《羊毛出在羊身上》一文中作了辩驳。她认为爱国动机是无须交代的，读者完全有这样的理解力。她明确反对人物描写的脸谱化，认为写反面人物也应关注其人性弱点，而这正是不少同类题材作品所缺乏的。她直言“我写的不是这些受过专门训练的特工，当然有人性，也有正常的人性的弱点，不然势必人物类型化”。她对于人物塑造的这些看法与英国现代作家福斯特的创作理念如出一辙。

《色，戒》尽量虚化故事背景，而将笔墨集中在刺杀行动的描写上，着力表现活生生的个体在性、爱与“爱国思想”之间形成的冲突，在充满张力的情节演进中，突显出人性的复杂与微妙。当然，这个故事也很容易让人联想到她与胡兰成的情爱纠葛。

值得注意的是这3篇小说在创作技巧和表现形式上都与前期小说有明显的改变，集中体现了她晚期小说创作的风格特点。《相见欢》有意淡化情节，通篇以对话叙事，平淡而琐碎；《浮花浪蕊》则题材“散漫”，作者直言“是一个实验”；而关于《色，戒》，庄信正认为小说“采用的技巧类似‘藏闪法’，这是西方小说家亨利·詹姆斯和乔伊斯已经惯用的”[5]，当然也是《海上花》惯用的技巧。

这种风格上的改变令一些张迷大失所望，认为那个以“参差的对照”和华美繁复的笔法来书写家族传奇的张爱玲已经不见了。青年作家亦舒则公开发文批评，直言不讳地说读了张爱玲的新作《相见欢》，“更觉得爱玲女士不应复出。我有我的道理，一一细说。整篇小说约两万许字，都是中年妇女的对白，一点故事性都没有，小说总得有个骨干，不比散文，一开始琐碎到底，很难读完两万字，连我都读不下去，怕只有宋淇宋老先生还是欣赏的”。末了又说：“我始终不明白张爱玲何以会再动笔，心中极不是滋味，也是上了年纪的人了，究竟是为什么？我只觉得这么一来，仿佛她以前那些美丽的故事也都给兑了白开水，已经失去味道，十分悲怆失措。”[6]

对这样激烈的反映，张爱玲却表现得十分坦然和宽容。她在 1979 年 9 月 4 日写给邝文美的信中说：“亦舒骂《相见欢》，其实水晶已经屡次来信批评《浮花浪蕊》《相见欢》《表姨细姨及其他》，虽然措辞较客气，也是恨不得我快点死掉，免得破坏 image（形象）。这些人是我的一点老本，也是个包袱，只好背着，不过这次带累 Stephen（宋淇）。”她虽未正面回应批评，但显然不认同批评者的看法。她接下去说：“中国人的小说观，我觉得都坏在百廿回《红楼梦》太普及，以至于经过五四迄今，中国人最理想的小说是传奇化（续书）的情节加上真实感（原著的）的细节，大陆内外一致（官方的干扰不算）。”这段话既是对亦舒、水晶等人的间接回应，也表明了她小说创作观念的变化。

自《秧歌》之后，张爱玲更倾心于《海上花》“平淡近自然”的风格和“藏闪法”技巧，同时也吸收了许多西方现代艺术的养分，故意淡化传奇化的情节，重返朴素的日常生活，以“极度经济”的简笔勾勒与轻描淡写，呈现灰扑扑的人生图景和人性的明暗美丑。

这一时期张爱玲还创作了中篇小说《同学少年都不贱》。该小说写的是教会女中同宿舍四个女生间的友谊与人生际遇，故事的时空跨度从 20 世纪 30 年代的上海到 20 世纪 70 年代的美国，内容既有对两性关系的大胆描写，也有对同性恋这一敏感问题的触及。这篇带有自传色彩的小说，反映出张爱玲在拓展小说题材方面的尝试与努力。但她觉得该小说除了外界的阻力，本身毛病也很大，因此没有发表。直到 2004 年，张爱玲去世后的第十个年头，该小说才由皇冠出版社隆重推出。

同期创作而未能在张爱玲生前出版的还有一部《小团圆》，这是张爱玲后期完成的唯一一部长篇小说。这部融合了张爱玲家史和情史的自传体小说，其写作史也如同她的人生一样曲折而漫长。据现有资料看，《小团圆》主要由英文长篇小说《易经》改写而成。

《易经》是用英文写作的一部自传体小说，自 1957 年开始创作，因篇幅过长，后来将其分为《雷峰塔》和《易经》上下两部，1964 年完成。《雷峰塔》写到以作者为原型的主人公“琵琶”离开上海去港大读书为止，《易经》写到她从香港回到上海从事写作为止，故事前后相连。两部小说的情节都作了淡化处理，但细节丰富，家庭琐事尤多，颇类《红楼梦》的写法。这样繁冗琐碎的叙事风格显然不适合英语读者的口味，也不符合他们对中国家庭日常生活的想象，因而编辑觉得“非常乏味”。两部小说虽不能完全等同于自传，但从中可以窥见张爱玲早年的成长经历和青春面影，因此具有极高的文学价值和史料价值，是张爱玲 20 世纪 60 年代最重要的英文作品，遗憾的是这两部小说最终都未能在美国出版。

1975 年年中，张爱玲开始用中文写作长篇小说《小团圆》。她在 1975 年 7 月 18 日给宋淇的信中说：“这两个月我一直在忙着写长篇小说《小团圆》，从前的稿子完全不能用。”张爱玲有对自己的作品反复改写的习惯，不知道她所说的“从前的稿子”是《小团圆》的旧稿，还是别有所指，但有一点是清楚的，那就是《小团圆》的前半部，实际上是对《雷峰塔》和《易经》的缩写。另外《小团圆》写农村的第九章，几乎全部来自纪实散文《异乡记》。《异乡记》是张爱玲 1946 年从上海去温州探望胡兰成的路上记下的乡村见闻，近 4 万字，其中的一些片段已写进《十八春》、《秧歌》和《华丽缘》。

张爱玲还说过：“《小团圆》因为情节上的需要，无法改头换面。看过《流言》的人，一望而知里面有《私语》《烬余录》的内容。”（给宋淇的信）显而易见，《小团圆》是张爱玲对先前所有自传性文字的重写及续写，是对自己生命记忆和心路历程的回望与省思。在张爱玲重返中文写作之初，她就曾对来访的水晶明确表示：“我现在写东西，完全是还债——还我欠下自己的债，因为从前自己曾经许下心愿。”《小团圆》这部“酝酿得实在太久了”（给宋淇的信）的小说，或许就是她要实现的“心愿”，至少是心愿之一。

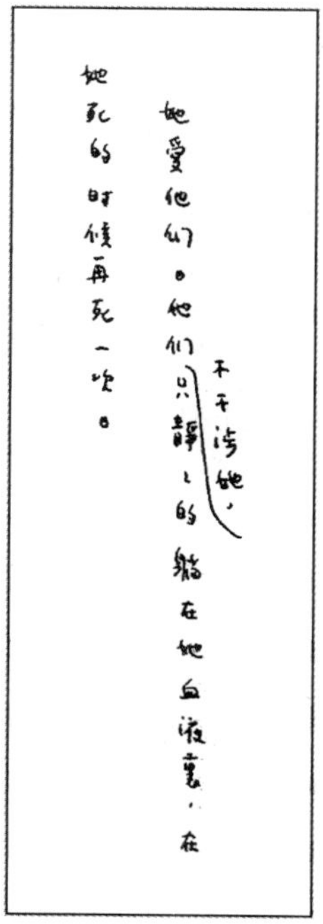

《异乡记》手稿，第三章

《小团圆》初稿写成后，又经过近半年的反复修改和补写，终于在 1976 年 3 月完成第二稿。这期间，夏志清读到张爱玲的《〈张看〉自序》，文中提到母亲的身世和家庭，又说“《创世纪》写我的祖姨母”。夏志清觉得这是很好的写作材料，就去信建议她“写祖父母与母亲的事”，“好在现在小说与传记不明分”。此时《小团圆》已经写毕，张爱玲便回信说：“你定做的那篇小说就是《小团圆》，而且长达十八万字……出书前先在《皇冠》《联合报》连载，一定转寄给你。”

当然《小团圆》并没有即刻在报刊上发表，而是先寄给宋淇、邝文美夫妇过目。这是因为张爱玲在台港地区的出版事务多由宋淇打理，再说这样一部自传体作品，自然要听听知心朋友的意见。其实在这部小说写作之初，张爱玲就多次在信中和宋淇说起，她告诉宋淇，“赶写《小团圆》的动机之一是朱西宁来信说他根据胡兰成的话，动手写我的传记”，本来这“是我一直要写的”，而且已酝酿了很久，岂能让别人抢了先机。她还提到写作过程中的矛盾心理，既然要写自己的经历，就免不了会触碰那段刻骨铭心的情恋，而“胡兰成现在在台湾，让他得了意，实在不犯着，所以矛盾得厉害，一面补写，别的事上还是心神不属”。但《小团圆》毕竟是小说，“是个爱情故事，不是打笔墨官司的白皮书，里面对胡兰成的憎笑也没像后来那样”。而小说里“讲到自己也很不客气，这种地方总是自己来揭发的好。当然也并不是否定自己”。

《小团圆》的写作充满纠结，而宋淇看过第二稿之后的意见则是：要么修改，要么搁置。这是因为小说里的人物和故事太接近真实，也过于冷酷。

书中的女主人公名盛九莉，是一位知名作家、编剧。读过张爱玲相关散文并对她的家世稍有了解的人一望而知，这个人物的原型就是作者自己。书中的其他人物也各有原型：邵之雍 / 胡兰成、楚娣 / 姑姑、蕊秋 / 母亲、乃德 / 父亲、九林 / 张子静、比比 / 炎樱、文姬 / 苏青、荀桦 / 柯灵、燕山 / 桑弧、汝狄 / 赖雅。尽管《小团圆》不是一本怨毒之书，不是“打笔墨官司的白皮书”，但书中对世家旧族几近畸形的家庭关系的描写，对以自己为原型的九莉的“揭发”，以及对亲情、友情和爱情的拷问，还是出人意料，甚至令人震撼。

在书中会看到楚娣、蕊秋与侄辈的不伦恋情，以及与留学生简炜混乱的同性异性恋情；你会看到父母各自享用着自己的生活，视子女为累赘，把亲情变作相互折磨的冷酷；你会看到九莉在慕名前来的“无赖人”面前“直溜下去跪在他跟前抱着他的腿，脸贴在他腿上”，甚至将他扔掉的烟蒂小心地收藏起来，看到在纽约的诊所里，被打下的胎儿双眼突出，欹立在马桶里……

这些人物、故事和触目惊心的场景不是传奇，也不完全是给人带来审美快感的想象性创造，而是生命记忆的直白书写，是一世情怨的彻底清算。诚如陈建华教授所言：“她的确就是把自己的人生——爬满蚤子的华丽的锦袍—— 一层一层抖落，还原她自己的真身，生不带来死不带去的真身。……她的确完成了这样一个自我探索之旅。那时她已是年过半百，却能在盛名之下挑战自己的极限、文学的极限，不惜颠覆华丽而苍凉的旧我，深入到人性的底层，由是使她的写作也臻至一个新的境界、新的高度。”[7]

宋淇的意见则是从现实的层面设身处地为张爱玲着想，他在多封书信中表达了如下看法：

我们并不是 prudes（过分正经的人），老实说，国家的观念也很淡，可是我们要面对现实问题。“无赖人”如果已死了，或在大陆没有出来，这问题就算不了什么，可是他人就在台湾，而且正在等翻身机会，这下他翻了身，可是至少可以把你拖垮。

从好的一方面说，你现在是偶像，不得不给读者群众好的一方面看；从坏的一方面说，你是个目标，说得不好听点，简直成了众矢之的。台湾地小人多，作家们的妒嫉，拿不到你书的出版商，加上唐文标之类的人，大家都拿了显微镜在等你的新作面世，以便在鸡蛋里找骨头，恨不得你出了什么大纰漏，可以打得你抬不起头来。对于你本身，多年已不再活跃，现在又忽然成为大家注意力的中心，在文坛上可说是少见的奇迹，也是你写作生涯中的转捩点，所以要特别珍重。以上就是我们处理你这本新著的 primary concern（主要的忧虑）。

这是一本 thinly veiled（没什么遮掩），甚至 patent（“打着张爱玲”注册商标）的自传体小说，不要说我们，只要对你的作品较熟悉或生平略有所闻的人都会看出来，而且中外读者都是一律非常 *nosy*（八卦）的人，喜欢将小说与真实混为一谈，尤其中国读者绝不理什么是 *fiction*（虚构小说），什么是自传那一套。这一点也是我们要牢记在心的。

女主角九莉给写成一个胆大，非传统的女人：她的爱是没有条件的，虽然明知（一）这男人是汉奸；（二）另外他有好几个女人；（三）会为社会舆论和亲友所轻视。当然最后她是幻灭了，把他抛弃。可是我们可以想象得到一定会有人指出：九莉就是张爱玲，邵之雍就是胡兰成。张爱玲明知他的身份和为人，还是同他好，然后加油加酱的添上一大堆，此应彼和，存有私心和妒嫉的人更是每个人踢上一脚，恨不得踏死你为止。那时候，你说上一百遍：《小团圆》是小说，九莉是小说中人物，同张爱玲不是一回事，没有人会理你。

如果前面的推测应验起来，官方默不作声，读者群众只听一面之词，学院派的辩护到时起不了作用。声败名裂也许不至于，台湾的写作生涯是完了，而以前多年来所建立的 goodwill（好印象）一定会付之东流。以上所说不是我危言耸听，而是我对 P.R.（公关）这一行颇有经验，见得多了，绝非无中生有。[8]

基于以上种种考虑，宋淇明确表示："此书恐怕不能发表或出版。连鑫涛都会考虑再三，这本书也许会捞一笔，但他不会肯自毁长城的。"他认为"现在唯一的办法是改写"。一是改写九莉，务使别人不能认定她为爱玲为止。但这样一来等于全书重写，恐难做到。二是改写邵之雍。这个可能性较大。张爱玲也觉得宋淇的顾虑不无道理，但仅仅出于现实的考量而让她放弃写作这部小说的初衷，自然心有不甘。她再次强调："这是一个热情故事，我想表达出爱情的万转千回，完全幻灭了之后也还有什么东西在。"（给宋淇的信）显然，张爱玲不想因作品之外的这些顾虑而对小说擅动刀笔。她在同一封信中告诉宋淇："我现在的感觉不属于这故事。不忙，这些都需要多搁些时再说。"

此后，《小团圆》成了张爱玲割舍不掉的一个心病。1992年3月，她致信宋淇说“《小团圆》小说要销毁”。不清楚是要销毁保留在宋淇手中的第二稿，还是别有所指，但显然不是她自己手里的底稿，因为她一直在写，且答应出版。1993年7月，她告诉皇冠出版社的编辑说：“我忘了《对照记》加《小团圆》书太厚，书价太高。《小团圆》恐怕年内也还没写完。还是先出《对照记》。”10月，她又致信另一编辑说：“《小团圆》一定要尽早写完，不会再对读者食言。”次年9月，她又致信《联合报》副刊编辑苏伟贞说:“《小团圆》当然仍照宋淇教授原来的安排，在《联副》《皇冠》同时刊出……不过《小团圆》与《对》是同类性质的散文，内容也一样，只较深入。”

张爱玲一直在写，年复一年，但已不是小说，而是与《对照记》性质相同的散文。那又是怎样的一部《小团圆》呢，是改写还是重写，没有人知道，因为无人看过，迄今也没有发现底稿。有意思的是张爱玲也没有再和宋淇讨论这部正在写着的书稿。是因为此时的宋淇重病缠身不忍搅扰，还是怕再次陷入无法出版的尴尬呢。1994年10月5日，她又在信中向庄信正数叨:“我正在写的《小团圆》内容同《对照记》，不过较深入。”11个月后，张爱玲悄然离去，那部散文版的《小团圆》也不知所踪。

2009年,《小团圆》终于由皇冠出版社出版，依据的底稿是张爱玲1976年寄给宋淇的第二稿。

自20世纪70年代初隐居洛杉矶始，张爱玲在时隔30年之后，又一次迎来了写作的盛期。她日夜伏身于好莱坞日不落大道旁的公寓里，先后完成了论著《红楼梦魇》、英译和国语译注本《海上花》；在重返中文写作之后，又连续创作了《色，戒》《浮花浪蕊》《相见欢》《同学少年都不贱》《小团圆》《谈看书》等一系列小说和散文。在近20年的时光里，张爱玲在英文世界里寻寻觅觅，艰难蹭行，终于在山重水复之后，又见柳暗花明。虽是秋意渐凉的时节，虽在曾经的灿烂之后，但文学梦想的再度绽放仍不无春意，抚过她内心的落寞与寂寥，只是这绽放的园地和热闹的花事依旧在大洋彼岸的母语世界，她寻梦之旅启程的地方。

/ 注释 /

[1] 宋以朗:《〈上海懒汉〉是〈浮花浪蕊〉初稿》,载《南方都市报》2013 年6 月25 日。

[2] 夏志清:《张爱玲的小说艺术·序》,见水晶《替张爱玲补妆》,山东画报出版社 2004 年版。

[3] 余光中:《何曾千里共婵娟》,1995 年 9 月 15 日台北《中央日报》副刊。

[4] 域外人:《不吃辣的怎么胡得出辣子——评〈色,戒〉一文》,载《中国时报》"人间副刊" 1978 年 10 月 1 日。

[5] 庄信正:《张爱玲庄信正通信集》,新星出版社 2012 年版。

[6] 亦舒:《阅读张爱玲新作有感》,见《自白书》,香港天地图书出版公司 1981 年版。

[7] 宋以朗、符立中主编:《张爱玲的文学世界》,新星出版社 2013 年版。

[8] 宋以朗:《小团圆·前言》,北京十月文艺出版社 2009 年版。

第十一章 咬啮之痛

在没有人与人交接的场合，我充满了生命的欢悦。可是我一天不能克服这种咬啮性的小烦恼，生命是一袭华美的袍，爬满了蚤子。

——《天才梦》

20 世纪 70 年代末，大陆闭锁多年的国门渐渐开启，国内外信息沟通和人员往来方便了许多，隔绝多年的亲友也终于得到了张爱玲的一些信息。

在所有家人中，张爱玲与姑姑张茂渊感情最深。从 1942 年至 1952 年，张爱玲曾和姑姑在上海同住了 10 年。1952 年张爱玲出走香港，为避嫌猜和麻烦，两人约定不再互通信息，从此姑侄二人天各一方，音信杳然。1979 年初，姑姑从亲戚那里得知了张爱玲在美国的住址，立即给侄女写信：

爱玲：

今天刚得着你的地址，赶快来寄几个字给你，告诉你我的近况，我现在身体还好，没有大病，精神方面，也很愉快。至于这 20 年来经过的情况，以后慢慢的再告诉你吧。

我最急于想知道，你这廿余年的一切，我知道你结婚，而(赖雅)不幸地病故了。这以后你的生活如何维持？要问的话多了，愿你一一告我。

今天这地址是你二表姐叫她儿子送来给我的，大约一年多以前，她自己曾为了打听你亲自来过几次，我因觉得她要找你的目的，不太正确，所以对她也不大热心。

我以前也想打听你的消息，但因有一点顾虑，最近倒是顾虑完全解除，也正在考虑怎样进行，而她已先得了，我得去看她一次了。

我仍住这公寓里，不过现在一楼 106 室。KD 也仍健在，他比我强健，我是已老态龙钟了，你看我的字就可看得出，手指不听指挥。现在先简单的寄这一点，急切盼你来信。我的住址是：上海黄河路 65 号 106 室。祝你安乐愉快

姑姑 1979–2–3 [1]

20 多年的阻隔，要说的话实在太多，但姑姑急于要知道的是侄女这 20 多年怎么过的，靠什么来维持生计。至于她自己的生活，似乎变化不大，还住在老地方，只是搬到了一楼。信中提到的 KD，即张爱玲当年在香港大学读书时的监护人李开第。

张茂渊与李开第的相识，一说在赴欧洲留学的途中，而李开第的后人则说早在 1927 年上海，张、李便经人介绍相识，遂成为好友，交往频繁。张茂渊一直未婚。1965 年李开第丧妻，紧接着又在“文革”中被打成“右派”，工资停发，儿子自杀，女儿又远在广州。危难之际，张茂渊出手相助，照顾他熬过了 10 年噩梦。1979 年李开第平反，在家人的支持下与张茂渊结婚。

在 1979 年 3 月 19 日写给宋淇夫妇的信中，张爱玲也谈到姑姑与李开第之间的患难情缘：“她（姑姑）以前为了爱一个有妇之夫没出来，后来他太太死了，但是他有问题，文革时更甚，连我姑姑也扣退休金。两人互相支持，现在他 cleared（平反了），他们想结婚不怕人笑。他倒健康，她眼睛有白内障。我非常感动，觉得除了你们的事，是我唯一亲眼见的伟大

的爱情故事。”

在同一封信中张爱玲还写道：“我姑姑不要我还钱，要我回去一趟，当然我不予考虑，她以为我是美国公民就不要紧。”她毫不含糊地拒绝了家人让她回国一趟的要求。至于“还钱”一说，大概是指在上海生活的10年间，姑侄相依为命，虽说前几年张爱玲稿费收入不菲，但大部分积蓄都还了胡兰成，后几年生活不太稳定，所余无多，因此在她出走香港时姑姑给了些资助，这种情况想必会有的。

姑姑虽不要张爱玲还钱，但她还是打算寄5000美元给姑姑。这对张爱玲来说不是问题，但考虑到姑姑那边突然收到一大笔海外汇款，可能会招惹不必要的麻烦。要知道20世纪80年代初，万元户都十分稀罕，5000美金更是一笔吓人的巨款。张爱玲权衡再三，还是以每次300美元分多次寄出，用以接济二老的生活。后来姑姑生病，给张爱玲写信都由姑父李开第执笔。几年后，张爱玲的作品在内地陆续出版，她将国内版权事务委托李开第处置，所得版税也留给二老。

1981年11月，上海《文汇月刊》发表张葆辛撰写的《张爱玲传奇》。时隔30年后，张爱玲的名字第一次出现在大陆媒体上，姑姑看到这篇长达14页的文章欣喜无比，立即将这期《文汇月刊》寄给张爱玲。同在上海的弟弟张子静，也看到了《文汇月刊》上的这篇文章，并设法打听到张爱玲的地址。他在给姐姐的第一封信中写道：

姊姊：

记得还是在51年夏天你去香港前在长江公寓见了几次面，到现在已经31年了。在这中间，由于种种原因，不通音讯，姑姑处我也未曾去过。

1976年10月“四人帮”垮台了，以后不久，中美建立了邦交，听到一些亲友谈起你在美国加州，但还不知道你现在的住址。

1981年，我偶然在《文汇月刊》第十一期上看到一位署名“张葆辛（莘）”的作者写的一篇通讯，内容是关于你过去和现在一些情况……我看到这篇文章后，就连忙辗转托在美国的亲友设法打听你的地址，直到现在才得知。

我从52年起就一直在郊区教书，77年调到这里教英语，到今年应该退休了，但是因学校缺英语教师，还要留用一年。叔（即父亲。引者注）：在53年已经去世，就剩后母一人，她现已将近八十岁。双眼已失明，生活靠小八舅（现在日本东京）每月汇款接济……

我写这封信来，就是想通通信，因为年纪已老，不知还有见面的机会没有，你如想回国，倒还便当，如我想到国外来看你，实无此条件。国内情况比你走的时候好多了，政治上安定得多了，不像以前常常搞运动，人心惶惶，就是生活水平不如国外那样，你如有兴致，回来看看，倒也不坏。希望你能给我写封回信，匆此即祝

身体健康

弟子静上 1982.8.10 [2]

30年物是人非，父亲已死，后母失明，弟弟也到了垂暮之年。信中还透露，张子静与唯一的姑姑同居一城，竟然互不往来，可见亲人间感情之寡淡。而张爱玲与弟弟的感情也十分淡漠。据宋以朗讲，张爱玲在一封信中提及弟弟，说“今天不知道去哪里，于是就去巴士站等巴士。把弟弟的信带在身上，准备在巴士上看。可巴士来了，上了巴士，发现信留在巴士上。”随后，她在信上补了一句“那也好，掉了就掉了，不用看了”。[3]

张子静与姐姐的通信想来不会太多。据张子静回忆，1982年他才与姐姐第一次通上信，“但她后来常搬家，去信都被退回，再度音信断绝”[4]。1988年中，报纸上有张爱玲已故的讹传，张子静十分吃惊，赶紧向上海的亲友打听，都说不知道有这回事。后来他只好转请上海市政府华侨事务办公室帮忙，几经辗转才与姐姐恢复了联系。1989年1月，在间隔了7年之后，张子静终于再次收到了姐姐的来信。信中写道：

小弟：

你的信都收到了，一直惦记着还没回信，不知道你可好。我多病，不严重也麻烦，成天忙着照料自己，占掉的时间太多，剩下的时间不够用，很着急，实在没办法，现在简直不写信了。你延迟退休最好了，退休往往于健康有害。退休了也顶好能找点轻松的工作做。我

十分庆幸叔叔（子静注：我们在家对父亲的称呼）还有产业留下给你。……传说我发了财，又有一说是赤贫，其实我勉强够过。等以后大陆再开放了些，你会知道这都是实话。没能力帮你的忙，是真觉得惭愧。惟有祝

安好

煐

一月廿日，一九八九[5]

张子静终生未娶，晚年一个人住在父亲留下的14平米亭子间里，靠微薄的退休金勉强度日。张爱玲始终未给弟弟一星半点的资助，死后所有财产赠予宋淇夫妇。1997年10月，张子静病逝。

《张爱玲传奇》一文不仅引起了张爱玲家人的关注，也唤醒了许多故旧的记忆。1982年12月，上海《收获》杂志发表了柯灵的《遥寄张爱玲》，并重刊《倾城之恋》，北京《读书》杂志也转载了柯灵的这篇回忆文章。两家杂志遥相呼应，南北唱和，逐渐引起学界和读者的注意，其作品也开始在内地市场走俏。

在“张爱玲热”渐次兴起之时，内地也有不少人通过各种渠道邀请张爱玲回国访问。1982年初，香港中大举办“四十年代沦陷区文学”研讨会，著名诗人王辛迪在会上发言，希望在座学者劝张爱玲回国一行。姑姑和弟弟也都曾在信里提出要她回上海看看，但张爱玲误以为这是受到指示向她统战。在给庄信正的信中她还提到姑父李开第最近“接受了个任务”，“没说什么”，以为这也是要说服她回上海。由此看来，张爱玲对大陆还是心存顾虑的，当然，即便没有顾虑她也未必回来，因为她一向惧怕热闹，万众瞩目的荣耀只能给她带来痛苦。

其实，在美国的华人朋友中也曾有人劝她回上海走走看看。还是在1978年，就读哈佛大学的研究生司马新要做《海上花》研究。虽说他出生在上海，也懂苏州话，但导师还是建议他再找一名懂吴语的专家做顾问。他便想到了哥伦比亚大学的夏志清教授，夏又把正在译注《海上花》的张爱玲介绍给他。此后司马新便写信向张爱玲请教，还寄去论文的一章请她指点。1980年，司马新毕业后，去了波士顿一家大公司任职。司马新

也是个“张迷”，虽然他现在的工作与做学问关系不大，但还是与张爱玲保持书信联系。和庄信正一样，他也知道张爱玲不喜欢别人介入她的生活，也不愿意麻烦别人，因而只是远远地关心着她，尽可能在她需要的时候提供些帮助。

由于公司业务上的关系，司马新每年三次去上海、北京、天津采访，也可以顺便到上海、香港探视亲人。1982 年，他写信给张爱玲，问她香港、上海那边是否有事要他代办。她回信说姑姑有两块小玉牌，曾请朋友的儿子在纽约拍卖，后来姑姑不想卖了，让她去纽约取来寄回上海。可她一向忙，没时间去纽约，所以踌躇再三，只好麻烦他代劳。可巧那段时间司马新无事去纽约，就去信向张爱玲说明情况，如急着要他马上请朋友代办，如不急他年底去纽约再办。信中又劝她回上海访问，知道她不肯接受兴师动众的安排，便建议她以私人探亲的方式回去，还说她离沪 30 年，回去一定会有不少惊喜。同时还告诉她，正在哈佛做访问学者的北大教授乐黛云，看了她的作品，十分钦佩，也转请她去北京大学访问。张爱玲很快回了信，先对所托之事说了一番道谢道歉的话，接着写道：

> 承向乐黛云女士介绍我的作品，非常感谢。我的情形跟一般不同些，在大陆没有什么牵挂，所以不想回去看看。去过的地方太少，有机会旅行也想到别处去，请代向乐女士婉辞，替我多多致意，多谢！是真忙得透不过气来，在别人不算忙，我是因为精神不好，工作时间不够用。[6]

此后，“张爱玲热”不断升温，随着沈从文、钱锺书等作家的重返文坛，内地政治、文化环境越来越宽松自由，但张爱玲始终没有起过回国的念头。是不愿重新踏上这块伤心之地，还是欲以孤绝的姿态抗拒命运的拨弄，如今斯人已去，任何答案只能是无法证实的猜想。

进入 20 世纪 80 年代，“张爱玲热”在整个华语世界已成蔓延之势，而她依旧蛰伏在帝国大道清冷的公寓里，过着晨昏颠倒却安稳平静的生活。她的身体也依旧多病——偶有感冒，牙齿、眼睛、腿脚和皮肤也有毛病，虽不严重，也挺麻烦。1983 年 10 月 26 日，她在写给庄信正的信中首次提到跳蚤和搬家的问题，在此后的四五年里，这两件事成了她生活的“主题”。

1983 年 11 月，为避虫患，张爱玲终于搬离了居住 11 年的那间公寓。第二年 1 月 22 日，她写信告诉庄信正：迁到了新居所，没想到冰箱底部的保温层里带来一种特别厉害的跳蚤，用昂贵的特效杀虫剂连续喷杀了两天，“都毫无效力”。“只好将东西存仓库，从圣诞节起，差不多一天换一个汽车旅馆，一路扔衣服鞋袜箱子，搜购最便宜的补上，累倒了感冒一星期，迄未痊愈。”

庄信正看过信，觉得这样下去张爱玲会吃不消的，而他人在纽约又帮不上忙，便立即打电话向夏志清通报了情况，并决定托他在洛杉矶的朋友林式同代为照顾。第二天他又给张爱玲写信，向她说明自己的想法，同时介绍了林式同的背景和为人。他知道张爱玲一向不喜与不熟悉的人交往，也轻易不肯欠任何人情。

林式同与庄信正同年从台湾来美国留学，二人交谊甚厚。林式同学的是建筑，后来又在生意场上奔波，无暇关注文学，自然也不清楚张爱玲是谁，但对朋友所托，满口应允。庄信正在电话里向他介绍张爱玲的情况，还特意提到她的性格和生活习惯，之后还给他寄了些有关张爱玲的剪报和杂志。过了段时间，庄信正给林式同寄来一个黄色信封，要他亲自送交张爱玲，借此机会见面认识，同时看一看她是否需要帮助。

林式同开车 40 分钟去见张爱玲，路上还吃了张罚单，虽说事先有约，还是吃了闭门羹。听到敲门声，张爱玲缓慢而略带歉意地说:“我衣服还没换好，请你把信摆在门口就回去吧，谢谢。”此后 10 多年里，林式同一直以各种方式照顾张爱玲，但他们只见过两次面。第一次见面是在一家汽车旅馆，林式同看见瘦瘦高高的张爱玲头裹一块灰色方巾，身穿近乎灰色的宽大灯笼衣，走起路来悄无声息。见面的时间前后不超过 5 分钟。

这之后，张爱玲在各种汽车旅馆里搬来搬去。林式同要替她找房子，她却以为像现在这种状况，即使找到房子，也无法安住。1984 年 4 月 20 日，她给庄信正写信说，一住进旅馆几个小时就有跳蚤，没办法了就换房间。“小旅馆称 flea-bags（跳蚤袋），也没听说有带着走的。我这大概是因为 dryskin（皮肤干燥），都怪我一直不搽冷霜之类，认为‘皮肤也需要呼吸’，透气。在看皮肤科医生，叫搽一种润肤膏汁，倒是辟 fleas（跳蚤），两星期后又失效——它们适应了。”脚也肿得厉害，是血管的毛病，治好了又大块脱皮，久不收口，要消炎等等。另外有只牙被新装的假牙挤得挪了位，空出个缺口，像缺只牙，连牙医都说是从未见过的怪事。

脚、牙和皮肤都是旧病，只是频繁搬腾的疲惫使“百病俱发”而已。尽管病痛缠身，但张爱玲并不想声张，仅向夏志清简略地说了说情况，至于《联合报》《皇冠》那边只说是搬家累倒了。

6 月间，离洛杉矶夏季奥运会开幕的时间越来越近，旅客逐日增多，旅馆涨价三倍的传言也不胫而走。在这种情况下，张爱玲“冒了个险租了个公寓”，结果跳蚤也尾随而至，“半个月后不得不搬出来”，依旧住回旅馆里。她在给宋淇夫妇的信中讲述了这段日子的情景：

> ……奥运前有一次半条街上有三家旅馆，我从一家搬到另一家，出租车不接这样的短程生意。行李自己拎了去，办公室又没人，只好改到第三家。几大包书分短程一次次来回搬，一包《译丛》连同两包《皇冠》扎得较漂亮，像礼物的书，就被偷掉。两边都是大房子，上下楼再迷路，筋疲力尽，完了出去吃饭，没看见一个极浅的台阶，绊跌了一跤，膝盖跌破还没好又摔破，第二天还流血不止，去看医生，叫吃抗生素药片，说也许兼治我的“跳蚤敏感”。[7]

这期间，庄信正不断来信表示关切，提醒她让林式同帮忙尽快租房子安顿下来，但她不想给别人添麻烦，除非迫不得已。直到 8 月初，张爱玲感觉已经摆脱了跳蚤，这才打电话给林式同，请他帮忙租房子，可是搬进去住了不长时间，跳蚤又不请自来。林式同找人喷洒了杀虫剂，还是不管用，张爱玲只好再去住旅馆。

10 月 6 日，庄信正突然接到张爱玲打来的电话，这是他 1974 年离开洛杉矶之后仅有的一次。张爱玲在电话里谈了虫患给她带来的困扰，并提到想离开洛杉矶。此地气候温和，张爱玲住在这里连感冒都少了许多，她本不想离开，谁承想虫患搞得她无处安住。庄信正建议她搬回东岸。但东岸有一些熟人，她怕与人接触，反倒宁愿去陌生的中西部或南部。她要庄信正代找公寓，要求是房子不太老，只有一间小房间，浴室不破旧，没有地毯，是地板、假砖或水门汀，家具有没有都可，壁橱、街景、树木都不必要，冰箱、暖炉、烤箱可以自理，但必须有大门钥匙。她习惯了晨昏颠倒的生活，常常昼伏夜出，有时午夜出门寄信，因此需要有公寓大门的钥匙。

但在离开之前，张爱玲还得在这里待下去，像一个"流浪者"那样随处栖止；像一个城市隐士那样踪迹不定。对自己的这种生活状态，张爱玲也有过担心。她在信里对宋淇夫妇说，有一天疾走赶路，"心口又有点痛，想起可能 heartattack（心脏病发作）倒在街上"。她曾在身体检查时发现过一次心脏病，故有这样的担心。为防不测，她还给林式同写了一封信，信中什么都没提，只写了一句"万一需要的话"。林式同大为困惑，还以为是有什么事要他作证。11 月底，她又给庄信正去信，将自己租用的两个民营信箱的地址告诉他，以便于联系。信中还讲了自己的近况和今后的打算：

……每天忙得都睡眠不足，成天奔走买东西，补给扔掉的衣物。一天搬一次家，现在需要三小时的准备，经过 VistaSt.一个月的席地生活，fleas（跳蚤）演变得更棘手了。又感冒病倒，前两天刚打电话去问林先生申请低收入住屋有没批准——跟他商量后勉强填的表，不大有希望……如果申请到了，也要等 fleas 没有了才能住进去。如果不成功，我想早点到南部去找房子。[8]

朋友们都十分关心张爱玲的健康，也为她这样搬来搬去担惊受怕。大家时常通报关于她的信息，分析出现这种状况的原因，寻找帮助她的办法。1985 年 2 月份，庄信正将刚收到的张爱玲来信影印寄给夏志清。夏志清回信说："爱玲实在令人 worry（担心）。我想是因 diet（饮食）不好而引起各种 hallucinations（幻觉）。"庄信正觉得这话不无道理，另外他还认为可能与睡眠失常、常年服药、长期独处不无关系。

身在美国加州圣迭戈的水晶致信宋淇和夏志清，探问张爱玲的健康及近况，并将所获信息写成一篇《张爱玲病了！》的短文，发表在《中国时报》"人间副刊"上，以期引起读者的关注。文中引述宋淇致水晶的信说：

> 她自去年（1984）起搬家，即染上了跳蚤。为了省钱，买了一只二手货冰箱，跳蚤即从箱底繁殖，弄得她走投无路，连头发也剃了，每日要洗头，后来只得穿 plastic（塑胶）衣服，再脱扔掉，狼狈不堪，茶饭无心，也无定时。三天换一个 motel（汽车旅馆）。以她的身体如何吃得消？去看医生，说她是心理作怪，然而每天晚上两足会咬得红肿。我于四个月前即去信给她，把你的地址给她，请她如有任何为难时，立刻找你。夏志清也有信来，说她可能是精神病，并嘱她与你接洽。

宋淇和夏志清都希望水晶能尽快与张爱玲取得联系，施以援手。水晶觉得他们交代给自己的这个任务，“却是世界上最难的一个难题”。不要说现在，即便“她从前健康时，也无法撬开她公寓的房门”，“更何况现在连头发都剃尽了，仪容不整，当然更不会让我‘见着’了”。

文章的用心是好的，却不料张爱玲非但不领情，还怪罪水晶泄露个人隐私，从此和水晶断绝了联系。日后水晶忆及此事，仍是追悔莫及：“我一时鲁莽，写了篇《张爱玲病了!》，无意间得罪了她，被摈斥在张门之外，连‘张看’的资格都失去了，是此生的大失败之一！至今她去了，写了出来，希望她能原谅我的粗疏与不敬。”[9]

1985 年前后，平日里几个和张爱玲鱼雁往还的朋友相继与她失掉了联系。从 1985 年底，宋淇再未得到张爱玲的任何信息，直到 1986 年 6 月才收到她的来信。宋淇在 7 月 17 日的回信中写道：“六月九日的五页长信收到了，我们看后，心情为之一宽。这信虽然前后断断续续写了三个月，至少证明你还在努力尝试解决问题，而且有过几乎消灭 fleas 的边缘。这真是一个没人相信只有你自己一人作战的抗战，八百孤军名义上是孤军，究竟还有八百人在一起。”[10]一封信写了 3 个月，足可以想见张爱玲身心俱疲的困苦境况。

还是在 1984 年 12 月底，夏志清收到张爱玲的来信，说自己“这一年来为了逃虫难，一直没固定地址”。此后 3 年，夏志清隔一段时间就去信问候，却始终得不到张爱玲的回复，直到 1988 年才再度收到她的来信。信中说：“天天上午忙搬家，下午远道上城，有时候回来已经过午夜了，最后一班公交车停驶，要叫汽车，剩下的时间只够吃睡，才有收信不拆看的荒唐行径。”夏志清这才知道自己的去信她根本没时间拆阅，回信也就更无从谈起了。

庄信正自从收到张爱玲1985年2月16日的来信之后，就再未收到她的片言只语。期间他先后给她写了5封信和一张贺年卡，寄去书籍、剪报和资料，还在1985年3月的一封信中痛切陈词，劝张爱玲尽早结束这种疲于奔命的生活，却始终不见回音。1986年9月28日，在相隔一年7个月之后，终于收到她的来信，以至庄信正夫妇把这看成一桩喜事。信中，张爱玲述说了这一年多的生活境况：

> 这些时一直惦记着没给你们俩写信，非常不安。但是抗fleas工作等于全天候带加班的职业，上午忙搬家，下午出去买东西补给药物与每天扔掉的衣履与“即弃行李”——大“购物袋”——市区住遍了住郊区，越搬越远，上城费时更长。睡眠不足在公车上盹着了，三次共被扒窃一千多，三次都是接连三天只睡了一两小时。只好决定除每天非做不可的事外，什么事都不做，多睡两个钟头，清醒点。信箱付月费才去一次，拿到信也全都不看，原封不动收起来。你的信都收到，纽约时报书评没工夫看，带来带去多天后还是抛弃了。写信不免要作交代，不多讲点细节又实在使人无法置信，太费力，费时间。大概是我这天天搬家史无前例，最善适应的昆虫接受挑战，每次快消灭了就缩小一次，终于小得几乎看不见，接近细菌。但绝对不是allergy（过敏症）或皮肤病。

在这场诡异的人蚤大战中，张爱玲几乎耗尽了全部的精力和时间，同时也扔掉和丢失了许多东西，如她所言“三搬当一烧”，不但损失了钱财，还丢失了《海上花》英译手稿，甚至连身份证也不知去向。

司马新每年都要给张爱玲写一两封信，寄贺年卡，但自1984年起就得不到她的回音。1985年年底，司马新到纽约拜访夏志清，夏向他出示了《张爱玲病了!》一文，方知张爱玲的状况，很替她担忧。其后，司马新多次与庄信正、宋淇等人联系，商量帮助张爱玲的办法。宋淇说正设法请她去香港，只是她丢了护照，一时不能成行。司马新觉得还是在美国找个良医更为方便，于是多方联络，终于在洛杉矶找到一位名医。司马新立即致信张爱玲，请她与医生预约见面。他怕张爱玲收不到信，或收到不看，遂又致信宋淇请代为转达。他揣测张爱玲不看别人的信件，但宋淇的信一定会看的。谁知信发出之后，再无消息。直到 1988 年 2 月才收到宋淇来信，劈头一句“报告你一大喜讯”，说她已去看过医生。3 月初又接到张爱玲写来的信：

我这些时天天搬家，收到信都带来带去没拆看……一直到上月清理东西，想扔掉贺年片，先抽出来看看，发现您那一张上写了短信，马上打电话去找。……Dr.X 虽发言不多，给我印象很深，觉得是真医道高明，佩服到极点。诊出是皮肤特殊敏感。大概 Fleas（跳蚤）两三年前就没有了。敷了药奏效如神，已经找了房子定居，预备稍微安定下来就写信来告知。却一天天耽搁了下来，也是因为实在感激，是真不知道怎么说才好。倒又收到您 2 月 16 日的信，实在热心可感，更觉得惭愧，我还没写信去，真是万分过意不去。宋淇来信提到过水晶那篇文章，大概知道我不想看，看了徒然生气，所以没寄给我。不管他怎样误引志清的话，我根本不理会，绝对不会对志清误会。等我过天写信去，志清会看得出我这是真话。

原来这奇怪的毛病最初由跳蚤引起，后来则是皮肤敏感作祟，敷药之后，症状基本消失，也“已经找到房子定居”了。这让一直在关心着她的朋友们终于松了一口气。

关于张爱玲的“病”，曾有许多说法，夏志清认为她可能有心理疾患，庄信正以为是错乱颠倒的生活方式和长期独处造成的后遗症，陈子善认为是天性敏感的必然反映，苏伟贞说是“疾病的隐喻”，王德威则干脆称之为“现代主义美学观点的身体呈现”。

对于心理疾患的看法，司马新持否定的态度，他在《张爱玲在美国——婚姻与晚年》一书中说：“虽然她经过数年颠沛流离，又经病困，她始终思路清楚，对他人亦如往昔一样谦和多礼，外面有人说她心理出了问题，全属无稽之谈。”[11]张爱玲本人也不认同虫患与心理有关。然而诡异的是，在她生命的最后 7 年里，她依旧不时受到跳蚤的困扰。

林式同是张爱玲晚年接触最多也最信赖的人，他在《有缘识得张爱玲》一文中有过这样的记述："她怕蚤子，我说完全是心理作用，她开始不同意，我又说我的皮肤也经常发痒，原因是皮下脂肪太少，抗菌力不够，加上洛杉矶的气候，少雨而近沙漠，很干燥，什么样的过敏症都有。""她强调说那些蚤子产于南美，生命力奇强，非搬家避难不可。"林式同还是不信，以为蚤子就是蚤子，哪有什么北美南美之分，多半是"疑心生暗虫"。她一向"认为人和人接触时所带来的麻烦，是'咬啮性的小烦恼'，是跳来跳去的'蚤子'。不可思议的事是：在她十年前第一次给我的电话里，说要搬家的原因，和去世前给我的最后一通电话里，说她旧病复发，都提到蚤子，都和蚤子扯上了关系。"

有意思的是，张爱玲在 20 世纪 60 年代写的记述台港之行的《重回前方》中，也说到台湾有跳蚤，"凡是会引发她心理焦虑的，她都说'有跳蚤'"[12]。

跳蚤伴随了张爱玲一辈子，也让她躲了一辈子，那么这个给她带来咬啮之痛的"跳蚤"究竟是什么呢，是疾病的一种隐喻吗，是生命存在的焦虑吗？

/ 注释 /

[1][2] 陈晓勤、廖伟棠：《爱玲遗珍半生缘》(一)，载《南方都市报》2010 年 9 月 26 日。

[3] 陈晓勤、廖伟棠：《信件中的张爱玲》，载《南方都市报》2010 年 9 月 26 日。

[4][5] 张子静、季季：《我的姐姐张爱玲》，吉林出版集团有限责任公司 2009 年版。

[6] 司马新：《张爱玲在美国——婚姻与晚年》附录《人去·鸿断·音渺》，上海文艺出版社 1996 年版。

[7][10] 见张爱玲、宋淇、宋邝文美著，宋以朗编：《张爱玲私语录》，北京十月文艺出版社 2009 年版。

[8] 庄信正：《张爱玲庄信正通信集》，新星出版社 2012 年版。

[9] 水晶：《张爱玲创作生涯》，载《联合报》"联合副刊"1995 年 9 月 11 日。

[11] 司马新：《张爱玲在美国——婚姻与晚年》，上海文艺出版社 1996 年版。

[12] 周芬伶：《哀与伤——张爱玲评传》，上海远东出版社 2007 年版。

第十二章 海上花谢

然后时间加速，越来越快，越来越快，繁弦急管转入急管哀弦，急景凋年倒已经遥遥在望。一连串的蒙太奇，下接淡出。

——《对照记》

1988年初，张爱玲终于安顿下来，渐渐恢复了虫患之前的生活，与朋友的书信往来也有了明显的增加。

还是在1987年前后，有人将张爱玲20世纪50年代的旧作《小艾》发掘出来，擅自在港台同时刊登，因读者好久没有见到她的作品，不免引起轰动。宋淇知道这事后，便致信张爱玲，建议她将近来发表的作品汇集成书，分为两册，暂定名《余韵》和《续集》，交由皇冠出版社出版。张爱玲表示赞同，但她那时正在颠沛流离之中，只得委托宋淇和皇冠出版社总编辑陈砾华删改《小艾》有碍部分。

5月，散文集《余韵》出版，收入张爱玲在大陆写的旧作《散戏》《中国人的宗教》《“卷首玉照”及其他》《双声》《气短情长及其他》《我看苏青》《华丽缘》《小艾》。文集的序言由宋淇代写，具名皇冠出版社编辑部。在沉寂了三年之后，张爱玲的作品终于又浮出水面，台港地区的读者再一次恢复了对她的兴趣。

《续集》的出版颇不顺利，仅“序言”一事就煞费周章。起初张爱玲寄来一篇《续集自序》,“大写其《谈看书》，文不对题”，宋淇以为不妥，她写信来要了回去，此后便再无下文。那时张爱玲正奔波于各汽车旅馆间，自顾不暇，更无心写序，便致信宋淇:“《续集》序请无论如何代写，不用寄来给我看，免得又再耽搁。”无奈之下，宋淇只得再次代为捉刀。1987 年 11 月 15 日，宋淇将写好的序挂号寄去，征求她的意见，谁知她因丢失了身份证而无法收取挂号信。宋淇觉得这样没完没了地拖下去，《续集》的出版就有可能遥遥无期，便决定先将“序言”寄给皇冠出版社发排，她若有什么重要意见，等《续集》再版时再作更正。

从《续集》的出版过程可以看出，张爱玲在闹虫患的几年里，已基本处于诸事皆废的状态。宋淇在写给陈皪华的信里也不无抱怨地感慨道：“大家都给她吊在半空。平信会遗失，挂号信不能收，到手后忘了看，看到了又不入脑。想不到一代才女会落到这地步，不禁怃然。”[1]

《续集》1988 年初得以出版，集中收入了张爱玲谈自己作品的几篇文章：《关于〈笑声泪痕〉》《羊毛出在羊身上——谈〈色，戒〉》《表姨细姨及其他》《谈吃与画饼充饥》《国语本〈海上花〉译后记》，另外还收录了 20 世纪 60 年代的电影剧本《小儿女》《魂归离恨天》，以及短篇小说《五四遗事》的中、英文本。《续集》的出版再次引发读者的兴趣，其销路也超过了《余韵》。

《续集》的序中写道：

> 书名《续集》，是继续写下去的意思。虽然也并没有停止过，近年来写得少，刊出后常有人没看见，以为我搁笔了。

“继续写下去”，是张爱玲的意思，也是宋淇和读者的期望，但毕竟是“写得少了”。创作的日益枯竭让张爱玲焦虑，同时又让她心有不甘。

张爱玲的新居处在一条嘈杂的街上，住在这里的多是各种肤色的底层民众，是大都市里的低档社区，但她租住的公寓相当气派，一室一厅，家具齐全，设备洁净，门口有信箱和对讲机，窗外有两棵棕榈树婆娑弄影，当然价格也高，每月租金380美元。

除了身体大不如前，张爱玲的生活习惯和虫患之前没有太大差别。依旧是深居简出，晨昏颠倒，室内灯火长明而亮如雪洞，电视长时间开着且声音很大；难得出门购物，偶尔收寄信件也多在夜深人静之时；只穿胶底浴用拖鞋，一买几大包，用脏就丢；几乎不动炊，只吃店里买来的馅饼、蛋糕、饼干和牛奶之类；因为身体怕冷，室内温度总保持在二十六七度；电话不得不装，怕万一生病联系不便，但仍旧不喜欢接听电话，号码也不轻易示人……

当然，这些日常生活的细节并不为外人所知。常年的隐居生活使张爱玲显得更加神秘，这就越发激起张迷们的好奇心，于是“探秘张爱玲”成了一些人心中的渴望。

张爱玲搬进公寓不久，就有一位不速之客住进了她的隔壁。这人即旅美作家戴文采，受台湾某报之托采访张爱玲。戴文采是铁杆张迷，19岁时就崇拜张爱玲，刻意模仿她的文笔。不久前偶然得到了张爱玲在洛杉矶的住址，便写信向张爱玲表达敬意，并“希望能采访她”。这样的信件自然是泥牛入海。戴文采久候无果，“当即擅自主张另辟歪径”，跑到张爱玲居住的公寓大楼寻租，“而且指定住她隔壁”。等了半个多月，张爱玲隔壁房间空出，戴文采便如愿以偿地搬了进去。

戴文采住下后，每天贴着墙壁，细听张爱玲的动静，但她听到的只是电视的声音。这声音从早到晚，一刻也不间断，而且声响极大。在整整一个月的时间里，戴文采只在张爱玲出门倒垃圾时见过一面。这样的时刻自然不适合采访，戴文采只能远远地看着张爱玲：

> 她真瘦，顶重略过八十磅，生得长手长脚，骨架却极细窄，穿着一件白颜色衬衫，亮如洛佳水海岸的蓝裙子，女学生般把衬衫扎进裙腰里，腰上打了无数碎细褶，像只收口的软手袋。因为太瘦，衬衫肩头以及裙摆的褶线始终撑不圆，笔直的线条使瘦长多了不可轻侮。午后的阳光邓肯式在雪洞般墙上裸舞，但她正巧站在暗处，看不出衬衫白底上是不是印有小花，只觉得她皮肤很白，头发剪短了烫出大鬈发

花，发花没有用流行的挑子挑松，一丝不苟的开出一朵一朵像黑颜色的绣球花。她侧身脸朝内弯着腰整理几只该扔的纸袋子，门外已放了七八只，有许多翻开又叠过的旧报纸和牛奶空盒。她弯腰的姿势极隽逸，因为身体太像两片薄叶子贴在一起，即使前倾着上半身，仍毫无下坠之势，整个人成了飘落两字，我当下惭愧我身上所有的累赘太多。她的腿修长，也许瘦到一定程度之后根本没有年龄，叫人想起新烫了发的女学生；我正想多看一眼，她微偏了偏身，我慌忙走开，怕惊动她。佯作晒太阳，把裙子撩起，两脚踏在游泳池浅水里。她也许察觉外头有人，一直没有出来，我只好回房，待我一带上门，立即听到她开门下锁急步前走，我当下绕另外一条小径躲在墙后远远看她，她走着，像一卷细龙卷风，低着头，仿佛大难将至，仓皇赶路，垃圾桶后院落一棵合欢叶开满紫花的树，在她背后私语般纷纷飘坠无数绿与紫，因为距离太远，始终没有看清她的眉眼，仅是如此已经十分震动，如见林黛玉从书里走出来葬花，真实到几乎极不真实。岁月攻不进张爱玲自己的氛围，甚至想起绿野仙踪。

在漫长的等待中，戴文采只得到了这么一次惊鸿一瞥的机会，当然心有不甘，于是她灵机一动，将半个身子吊在垃圾桶上，用一节树枝把张爱玲刚丢进去的纸袋勾上来，提回房中细细研究，并根据从垃圾中获取的信息，写成一篇纪实散文——《我的邻居张爱玲》。

在这篇文章中，戴文采如数家珍地记述了张爱玲生活的许多细节：平时吃什么、喝什么、读什么报、在哪家银行存钱、打鸡蛋的技术如何；从购物单上看出她常买什么东西，从不见零食推测她牙齿不好等等。有趣的是，戴文采还从垃圾中找到了她给张爱玲那封信的信封；更为绝妙的是信封上竟然写着一段有关采访的文字，说现在好不容易安静下来，如果要被采访，就好比“一个人只剩下两个铜板，还给人要去了”。

丰富的垃圾信息成就了戴文采的这篇万字长文，文章写好后她依旧兴奋不已，打电话给住在旧金山的台湾女作家T女士，不无得意地详述了自己的奇遇和发现，末了还叮嘱T女士千万不可对人言。

T女士反倒以为在张爱玲不知情的情况下，如此作为既侵犯了别人的隐私，也不够厚道，遂给夏志清打电话，夏志清立即转告庄信正，庄信正马上给张爱玲打电话。张爱玲平常不接电话，这次竟一打就接了。

庄信正告诉她："现在你隔壁住了一个戴小姐，据说是台湾《联合报》委托的……"

张爱玲立即挂断电话。第二天庄信正又打了电话去，无人接听。他又打电话询问林式同。林式同回说："没问题，已经搬好了。"

戴文采一连几天听不见张爱玲的动静，向楼管员打听才知张爱玲已搬走了。戴文采的"采访"半途而废，《我的邻居张爱玲》一文也先后被《联合报》与《中国时报》拒登，最后只得在美国《中报》副刊"东西风"上连载。

这次"采访"事件害得张爱玲匆忙搬家，"累得筋疲力尽"，自此之后，她变得越发封闭了。1989 年初，司马新请求登门造访，她回信说：

> 那台湾记者那篇淘垃圾记还是登出来了。中国人不尊重隐私权，正如你说的。所以我不能住在港台。现在为了住址绝对保密，连我姑姑都不知道，已经有好些人不高兴。一旦发现你来看过我，更要得罪人，无论我怎样解释是因为实在感激，不亏了你热心，我还在住旅馆流浪。因为是 a matter of trust（事关信任），怎么说也说不过去，目前只好 remain incommunicado（与外不来往）。

垃圾事件后，张爱玲又托林式同帮着找房子，正巧他设计并建造的公寓楼刚刚完工，里面有单人房，很合张爱玲的心意。搬家前，她特地嘱咐林式同，不要把她的行踪告诉别人。林式同知道前不久发生的垃圾事件给她带来的麻烦和惊吓，当然明白替她保密的重要性。林式同问她要不要帮忙，她说不必，找计程车就可以了。这几年频繁搬家，东西连扔带丢已所剩无几，搬起家倒也便当了许多。

张爱玲搬进新居后，林式同再三叮嘱公寓经理，一是不要让她出具申请房子所需的各种证件，二是不要让任何人知道她住在这里，三是发现她有什么需要或急事，尽快通知他。他知道张爱玲从不轻易求人帮忙，因而只好请经理代为留意，以便在她有什么需要时及时照应。

不久之后，公寓经理打电话给林式同，说张爱玲的手臂摔坏了，用布包着像个圆球。林式同忙打电话问询，张爱玲轻描淡写地说："坐公车不小心摔了一跤，没有什么，多躺躺，再用水冲冲就好了，不必担心。"7 月中旬，她写信告诉林式同，说自己的伤已经好了，不用开刀治疗。林式同问她身体还有哪些不适，她说眼睛、牙齿、皮肤都有毛病，不过这些事都不要他帮忙。过了些时日，公寓经理又告诉林式同，张爱玲气色不好，身体更瘦了。林式同又打电话询问她的饮食起居，张爱玲照旧不让他帮忙。

林式同是一个洒脱干练而又心细如发的人，他虽只与张爱玲见过两面，也不轻易给她打电话或写信，但他时刻都在关注着张爱玲的动静，一有什么需要，便立马出面相助。他知道张爱玲丢失了身份证件，而今老病缠身，医疗、保险之类的事项也急需办理，便以自己的住址为永久地址，替她补办了公民身份证，申请了联邦医疗保险、老人富利卡、图书馆借书证等。对此，张爱玲感激不已。

在张爱玲晚年，林式同是她联系最多、也最信任的一个人。张爱玲平常与人交谈，都用英语，即便是华人，若不是十分亲近，也是用英语，而她跟林式同说话，却连一个英文词儿都不带。他们通电话的次数并不太多，但每次说完正事，总免不了要聊上几句闲话。她曾对林式同说："我很喜欢和你聊天。"有次她说林式同娶了个日本太太，一定很罗曼蒂克；还对他躺在床上可以看星星月亮的玻璃房子格外赞赏。有时她也会对林式同说起自己的乐趣和苦恼。她说自己很喜欢睡觉，"没事总躺着"；她也常提起牙病给她带来的痛苦。林式同说自己的牙齿也有毛病，但没有她那么痛苦，原因是舍得拔。她听罢慢条斯理地自语道："身外之物还丢得不够彻底!"

摔伤的手臂痊愈之后，张爱玲逐渐恢复了往常的忙碌。她在写给庄信正的信里说："说来使人无法相信，是真是忙。"在一般人的想象里，张爱玲成天足不出户，应该有充裕的时间。其实作为一个 70 岁的老人来说，她每天面对的事务应该说是相当繁重的。

自打年轻起，疾病就与她如影随形，而今年老体衰，疾病更是无时无刻不在纠缠着她。她在 1989 年 12 月 11 日写给庄信正的信中说："我日常的啰嗦事本就多，医生派下的 chores（任务）又永远有增无减，投入的时间越来越长。眼睛生 cataracts（白内障），虽不严重，又多了一门功课。”旧病未除，又添新病，她需要应付的“功课”越来越多了。而为了配合治疗，或不使自己的身体垮掉，一向不事炊事的她，竟然也试验着做起菜来。

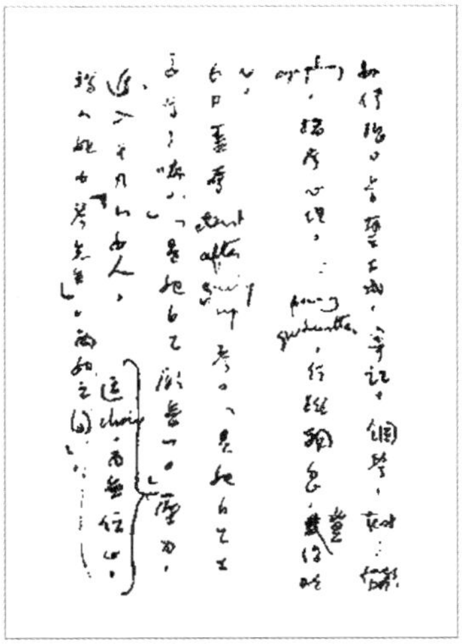
张爱玲在庄信去信封套背后所拟的小说大纲

张爱玲天天蛰居在公寓里，很少出门，又几乎不打电话，与外界的沟通主要靠书信。而她一向视写信为苦事，认为写信就是说话，不会说话的人，写起信来就越发困难。她曾不止一次地在写给朋友的信中说“写三封信就是一天的工作”，“一封信要写好几天，屡次易稿，抄了又抄”。由此可见，写信和看信对她来说也是一项并不轻松的事务。

写作是张爱玲的生命，是她的一种存在方式。她在 1989 年 3 月 6 日写给宋淇夫妇的信中说:“我想我们都应当珍惜剩下的这点时间，我一天写不出东西就一天生活没上轨道。”尽管她这几年的书信中几乎没有提到写作的具体情况，尽管不知道她究竟写了些什么，但可以肯定的是她仍在坚持写作。庄信正发现，在他 1989 年 12 月 21 日寄给她的年卡封套的背面，张爱玲手拟了一段文字，笔迹很草，看来是小说大纲。不管这个大纲有没有最后成稿，底稿去了哪里，至少可以表明她仍在写作。

生病、日常书信交流、写作，这些事情已经够张爱玲劳碌的了，更糟糕的是她还要时常应付虫患的困扰。1989 年底，她在写给庄信正的信中说：“此地新房子蜜月期已过。蟑螂蚂蚁小花甲虫全有了。房东发通告警告脏乱与违规养猫狗——可能就快有 fleas（跳蚤）了。”信中还说，她要跑很远的路去买较好的杀虫器材。房东也定期叫人来杀一次虫，杀虫时要将橱柜清理出来，等于三个月小搬家一次。那些中南美移民和黑人房客怕麻烦，不愿配合，且猫狗照养，因而杀虫的效果并不好。但她表示绝对不再搬家，实在没这个时间和精力了。

张爱玲发誓不再搬家，但最终还是忍受不了虫子的纠缠。1991年，她再次给林式同写信，要求帮她找房子搬家。信中还提到了找房子的条件，归结起来大致有以下几点：1. 单人房（小的最好）；2. 有浴室；3. 有冰箱（没有也可）；4. 没炉灶；5. 没家具（有也行）；6. 房子相当新，没虫；7. 除了海边之外，市区、郊区也行；8. 附近要有公车；9. 不怕吵（有噪音、车声、飞机声最好）

当然，这一切的前提是不能离开大城市。她喜欢大都市，喜欢在繁闹甚或喧嚣中拥有一个与世隔绝的小空间。她是一个独特的隐者，既要享受繁华都市丰富而便利的物质生活，又要把自己封闭起来，享受一份独往独来的清寂与孤独；她是一个岛，只有喧腾的海浪隔绝了与陆地的联系，她才会有一种独立的存在感和安全感。

7月，林式同替张爱玲找好了房子，房东是一个伊朗人，签约时，林式同开车陪她去，这是他们的第二次见面。林式同见她“嶙峋佝偻，身体虚弱，上楼梯时显得很吃力”，想不到“数年不见，她已苍老了许多”，但精神很好。在车上，二人聊起了对洛杉矶的印象，聊起牙病给她带来的苦恼，她还提到三毛，说她怎么自杀了，言下很不以为然。林式同没看过三毛的作品，更不知道她曾以张爱玲与胡兰成为原型创作过一部名为《滚滚红尘》的电影，所以他没有发表意见。

8月，张爱玲搬到了新公寓，这是她最后一次搬家，不幸的是她的一大卷手稿在这次搬家中丢失了。是正在写的稿子，因怕压皱，与一包未拆的被单放在一起，不想被搬运工人一并偷走了。庄信正认为，这卷被偷走的稿子是《对照记》的手稿和照片，而苏伟贞则以为很可能是正在改写的《小团圆》手稿。

住进新公寓后，张爱玲在自己使用的信箱上标注了一个越南人的名字：Phong，以防别人发现，引起类似“垃圾事件”那样的麻烦。她对房东解释说，因为有许多亲戚想找她借钱，传说她发了财，躲也躲不开。还说Phong是她祖母的名字，在中国很普遍的，不会引起注意。

过了半个多月，伊朗房东打电话给林式同，说张爱玲几次忘记带钥匙，把自己关在门外，要他帮着开门；抱怨浴室设备有问题，要他修理；还有诸如此类的麻烦事。房东问他：“这位房客是怎么回事？会不会有什么

张爱玲最后居住的公寓

问题？”

林式同告诉房东：“她没有问题，过去还做过我的房客，按时交房租，不爱打扰别人，你尽管放心，有事找我好了！”

张爱玲租住的公寓位于洛杉矶西木区，在西木大道与罗切斯特街交汇的地方，是一栋淡灰色的四层楼房，楼门前有一棵松树和一棵棕榈树，对面有一家小书店和一间修鞋店。她有时会下楼走走，也与周围的邻居打招呼，但只是一声 Hello，绝不多言。有时也进小书店里看看，不声不响，也不久留。这只是难得的放松，更多时候则躲在公寓里，写作，或者干点别的什么。

张爱玲的生活看上去像平静的秋水，不起一丝涟漪。其实不是没有风吹，不是没有雨下，只是她的内心已然风止雨息。

一次林式同在电话里告诉张爱玲，过几天要去趟上海，她只是略作沉吟，说：“恍如隔世！”之后便切转了话题。

有个台湾朋友来美国，想去拜望张爱玲，又不好贸然打扰，便开着车在她公寓四周兜了几圈，然后给她打电话说：“我已经来看望过你了。”张爱玲回说：“这样很好。”

还是在 1990 年，台湾《中国时报》创刊 40 周年，报社邀张爱玲再赴台湾，担任当年的“时报文学奖”评委，并允诺评奖结束后，派专人陪她去上海看望姑姑，一切费用都由报社承担。她婉拒了。大陆不回，台湾也不会再去，至于亲人，即便感情最深的姑姑，也没有非见不可的心情了。

张爱玲写信给宋淇夫妇说：“中国人内大概是我最不思乡。要能旅行也要到没去过的地方。”

6 月，姑姑张茂渊在上海逝世，享年 90 岁。遗嘱中说不举行遗体告别仪式，骨灰随便撒掉。在分离了整整 40 年之后，姑侄从此阴阳两隔。

也许是姑姑的去世对张爱玲有所触动，也许是身体的衰弱令她有所警觉，第二年（1992）2月，她突然写信给林式同，信中还附了一份遗嘱副本。遗嘱写道：“一、如我去世，我将所有的财产遗赠给宋淇和宋邝文美夫妇。二、我希望立即火化，不要存放在骨灰存放处，骨灰应撒在任何无人居住的地方，如果撒在陆地上，应撒在荒野处。”在“遗嘱执行人”一栏内，填了林式同的名字。

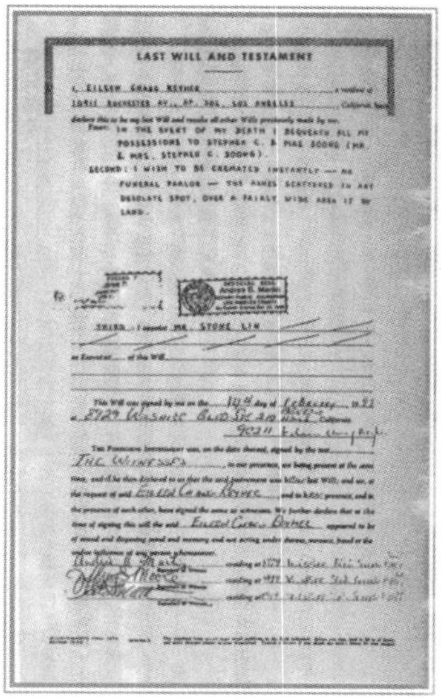
LAST WILL AND TESTAMENT

IN THE EVENT OF MY DEATH I BEQUEATH ALL MY POSSESSIONS TO STEPHEN C. & MAE SOONG (MR. & MRS. STEPHEN C. SOONG).

SECOND: I WISH TO BE CREMATED INSTANTLY — NO FUNERAL PARLOR — THE ASHES SCATTERED IN ANY DESOLATE SPOT, OVER A FAIRLY WIDE AREA IF ON LAND.

THIRD: I appoint MR. STONE LIN

张爱玲遗书

张爱玲在信中说，前不久因为要委托上海的姑父代理大陆版权，去文具店买委托书，顺便就买了一份遗嘱，“免得有钱剩下来就会充公”。临终大事，竟这样顺便托付了，足见她对生死的态度。

信中还说：“也没先问一声，真对不起。附寄了个副本来给您过目，不用还我。好在立这遗嘱一共只二十美元，如有难处，不便担任，再立一份，这一张就失效了。我除了点存款没值钱的东西，非常简单。万一有费用不够付，宋淇夫妇会补还。是否能行，等有空请晚间打个电话告诉我（477–9453），可行的话我就拿去登记。”

林式同甚感惊异：“一看之下我心里觉得这人真怪，好好的给我遗书干什么……遗书中提到宋淇，我并不认识，信中也没有说明他们夫妇的联系处，仅说如果我不肯当执行人，可以让她另请他人。我觉得这件事有点子虚乌有，张爱玲不是好好的吗？我母亲比她大得多，一点事也没有……因此，我把这封信摆在一边，没有答复她。可是在张爱玲看来，我不回音，就等于是默许，后来我们从未再提起这件事，我几乎把它忘了。”[2]

不久之后，张爱玲又给宋淇夫妇写信，告诉他们遗嘱的内容：若还有钱剩下的话，一是用在我的作品上，例如请高手译，没出版的出版；二是给你们俩买点东西留念。即使有较多的钱剩下，也不想立基金会纪念。

张爱玲预感到自己“剩下的时日已经有限”，而想做的事情又太

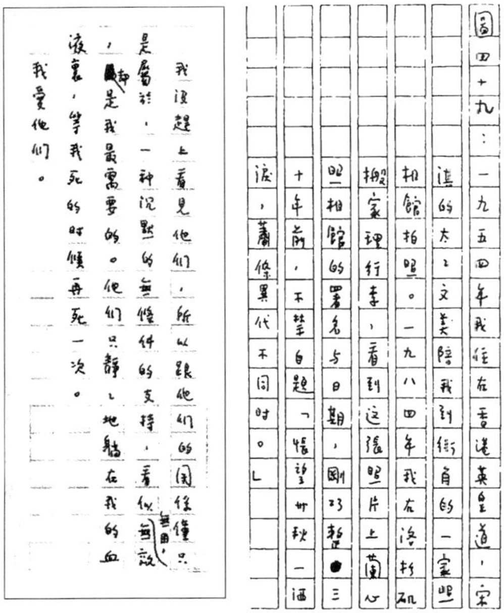

图四十九：一九五四年我住在香港英皇道，宋淇的太太文美陪我到街角的一家照相馆拍照。一九八四年我在洛杉矶搬家理行李，看到这张照片上角照相馆的署名与日期，刚巧整三十年前，不禁自题「怅望卅秋一洒泪，萧条异代不同时。」

我没赶上看见他们，所以跟他们的关系仅只是属于，一种沉默的无条件的支持，看似无用，无效，却是我最需要的。他们只静静地躺在我的血液里，等我死的时候再死一次。

我爱他们。

《对照记》手稿

多——《张爱玲全集》要编订，《对照记》的图文要编撰，“正在写的一篇长文还不到一半；另外还有几篇故事要写”(1993 年 1 月 6 日给庄信正的信),《小团圆》也一直在改写之中。而她的身体却每况愈下，疾病像一只疯狗紧追不舍。她给庄信正写信说：“我去作几项延搁已久的身体检查，打感冒预防针，连日奔走，就又感冒一个月才好，是我常有的笑话：看了医生回来就病了。”写作，疾病，双重的逼迫使她再次感受到幼年时“即使穿上新鞋也赶不上了”的急迫和焦虑。

《张爱玲全集》从 1991 年开始编订，一年后陆续出版。全集中的每篇文字都经过张爱玲的亲手校订，耗费了她大量精力。

1993 年 11 月，《对照记》开始在《皇冠》杂志上连载，受到读者的热捧。这是张爱玲在世时出版的最后一部作品集，集中收入她自幼年至 1968 年的 50 多幅照片，以青少年时期的照片居多，当然也有少量亲友的照片，但独缺胡兰成和赖雅。这显然是一部有关家族和个人成长的历史，每一幅照片都如同一个闪回画面，勾起一段不无温馨的生命记忆，氤氲成一片充满惆怅的人生怀想。她在说明文字中声言：“唯一的取舍标准是怕不怕丢失，当然杂乱无章，附记也零乱散漫，但是也许在乱纹中可以依稀看得出一个自画像来。”

其实并不杂乱，这些照片连缀起来，勾勒出张爱玲完整的生命历程：

悠长得像永生的童年，相当愉快地度日如年，我想许多人都有同感。

然后崎岖的成长期，也漫漫长途，看不到尽头，满目荒凉……

然后时间加速，越来越快，越来越快，繁弦急管转入急管哀弦，急景凋年倒已经遥遥在望。一连串的蒙太奇，下接淡出。

这些照片是有形的记忆，饱含着张爱玲不同人生阶段的生命感受——

童年是“橙红色”的温暖色彩，有一种“春日迟迟”的悠闲和缓慢，“正像老棉鞋里面，粉红绒里子上晒着的阳光”。

从少年开始，伴随着张爱玲的却是无家可归的孤独，亲情浇薄的恐惧，乱世无常的虚无，以及这一切给她带来的“惘惘的威胁”。

而移居美国之后，则是为了一个文学的梦想，不停地挣扎，焦虑，奔走，时间在生活场景的切换中迅速流走，梦想也在无望的坚持中化成支离破碎的残片，只剩下阴差阳错的画面拼接，最后是淡出。

“淡出”——不是在轰轰烈烈中定格，而是在平静中悄然隐入无尽的虚空，是欲言又止，是心有不甘而又无可奈何……

在张爱玲的语境里，“淡出”二字已经不是她对自己过往的生命感受的描述，而分明是她对即将来临的生命终结方式的感应。

第二年秋天，《中国时报》鉴于《对照记》的特别价值，将第17届“时报文学奖”的“特别成就奖”授予张爱玲。对于这份荣誉，她除了感到“意外的荣幸”，便是茫然，也许还有带笑的苦涩，因为这让她想起生平第一次得奖时的委屈与酸涩。在获奖感言《忆〈西风〉》一文中，她详细讲述了那次征文活动的全过程，以及时过境迁依然如鲠在喉的不快，以至“得奖这件事成了一只神经死了的蛀牙，所以现在得奖也一点感觉都没有”。

《西风》“征文奖”和“特别成就奖”是张爱玲生平获得的仅有的两个奖项，而获奖时间恰恰在她文学旅程的一头一尾。《我的天才梦》是一篇公认的优秀之作，却阴差阳错地仅得了个荣誉奖第3名，因此50多年后她仍然愤愤不平。而“特别成就奖”带给她的感受恐怕要复杂得多。40年前，她怀揣着梦想，一心要在英语文学世界里再现辉煌，然而时运不济，命途多舛，数十年的努力都付诸流水，不意却在母语文学世界里二度花开，在她文学旅程行将结束的时候，又摘得“特别成就奖”。如果

张爱玲最后一张照片，摄于 1994 年

说“征文奖”应得而未得，让她感到委屈和怨愤，那么“特别成就奖”得此而失彼，则带给她的就是“茫然”和怅惘了。她之所以对于得奖“一点感觉都没有”，或许不仅仅是 50 年前的获奖经历败坏了她的胃口，说不定也是因为今天的得奖让她心绪难平而又无法言表。

《忆〈西风〉》是张爱玲生前发表的最后一篇文章，其中说的是旧事，而流露出来的却是不平与不甘，或许还有对造化弄人的无奈。但她并没有纠结，也没有感伤。她在小小年纪就看穿了世间的荒凉和人生的虚无，而在这临近人生终点的时刻，她更是多了一份生命的自觉，一个坦然的人生姿态，一种幽默甚或自嘲的心情。

作为对“特别成就奖”的回应，张爱玲还特地拍了一张照片，寄给《中国时报》发表。照片上的她头戴假发，面容清瘦，手拿一份报纸，报上的大字竖排标题是“主席金日成昨猝逝”，想必是以此证明这是近照。她还给皇冠出版社写信，要求《对照记》再版时，把这张照片放在最后一页，并补写了一段文字说明：

写这本书，在老照相簿里钻研得太久，出来透口气。跟大家一起看同一条新闻，有“天涯共此时”的即刻感。手持报纸倒像绑匪寄给肉票人家的照片，证明他当天还活着。其实这倒也不是拟于不伦，有诗为证。诗曰：

人老了大都
是时间的俘虏，
被圈禁禁足。
它待我还好——
当然随时可以撕票。
一笑。

这是她生前发表的最后一段文字。她以调侃的口吻向人们传递了如下的信息：

她对人生的看法——人是时间的囚徒；

她对自己一生的评价——还好；

她对死亡的态度——随时可以撕票。

她留给世人的是“一笑”，而这一笑里多少带了些黑色幽默的味道。

在剩下来的时光里，张爱玲差不多在做着两件事情，一是与疾病周旋，二是写作。在1994年10月5日写给庄信正的最后一封信里，她这样写道：“我这些时一直是各种不致命的老毛病不断加剧，一天忙到晚服侍自己，占掉全部时间，工作停顿已久，非常焦灼……我正在写的《小团圆》内容同《对照记》，不过较深入。”

第二年张爱玲的皮肤病再次发作，侵入耳朵，连衣服都不能穿，每天要照13小时日光灯，人也常感冒。林式同建议她去买一件墨西哥斗篷，穿脱起来方便省事。1995年7月25日她写信给宋淇夫妇，详述病中苦状：

> 又一天去取信，背回邮袋过重，肩上磨破了一点皮，就像鲨鱼见了血似地飞越蔓延过来，团团围住，一个多月不收口。一天天眼看着长出新肉来又蛀洞流血。本来隔几天就剪发，头发稍长就日光灯照不进去。怕短头发碴子落到创口内，问医生也叫不要剪。头发长了更成了窠巢，直下额、鼻，一个毛孔里一个脓包，外加长条血痕。照射了才好些。当然烤干皮肤也只有更坏，不过是救急……
>
> 上两个月劳累过甚元气大伤，常透不过气来，伛偻着走路。希望我姑姑直不起腰来的退化病不是遗传性的。还没空去看内科，更急需去看牙医生与两个眼科医生（分工），要配新眼镜，过街连红绿灯都看不清楚……

1995年9月8日中午，也就是中国中秋节的前一天，林式同正在家中翻阅当天的报纸，突然接到伊朗房东女儿打来的电话，她说：“你是我知道的唯一认识张爱玲的人，所以我打电话给你，我想她已经去世了。”

林式同大惊："什么，我不信，不久前我才和她通过电话。"

"我们几天没见过她，也没听见过她房间有任何声响，估计她已经不行了。刚才我已叫过急救车，他们马上到。"房东女儿说。

"我马上过来。"林式同正要放电话，忽然记起张爱玲三年前给他寄过一份遗书，便又对着话筒喊了声"我有遗书"。

挂断电话，林式同急忙翻找那份遗书，还未等他出门，又接到警察打来的电话，通知他张爱玲已经去世，死亡时间大约在几天前。法医说张爱玲死于心血管疾病。她有这方面的疾病，曾对庄信正说过，但不许他告诉任何人，所以林式同并不知道。

林式同赶到张爱玲罗切斯特街上的公寓，看到她一向紧闭着的寓所大门敞开着，几个男女警察和房东进进出出地忙碌，他向警察出示了遗书，在得到允许后走进房间。

> 张爱玲是躺在房里唯一的一张靠墙的行军床上去世的，身下垫着一床蓝灰色的毯子，没有盖任何东西，头朝着房门，脸向外，眼和嘴都闭着，头发很短，手和腿都自然地平放着。她的遗容安详，只是出奇的瘦，保暖的日光灯在房东发现时还亮着。[3]

张爱玲平静地走了。临去之前，她把各种重要的证件放在手提包里，摆在靠门口易被人看见的折叠桌上。9 月的洛杉矶只有一点薄薄的秋意，但是她怕凉，所以让保暖的日光灯继续亮着。她安详地躺在床上，在孤独的温暖里，感受着生命一点点从身体里流走。也许，在她的灵魂安静下来的那一刻，真的没有感觉到世间的凉意。因为她说过，"它待我还好"。

她的人生旅程跌宕回环。

她在缺少亲情的亲人中间长大，在苍凉的乱世间徘徊，然后遭遇了无爱的爱情，在倾情绽放之后萎谢如泥，她觉得"生在这世上，没有一样感情不是千疮百孔"。

她年纪轻轻就一举成名，世故练达的文字人人叫绝；艳异夸张的服装惊世骇俗，然而这样华丽的文字，这样惊艳的行头，又怎知不是在人生虚无的灰色底子上涂一抹亮色，为自己的孤旅壮一壮行意。

她屡屡出走，从父亲陈腐的老宅走向母亲现代的公寓，从爱恨交加的故土走向香港，从香港又去了美国。她在频繁的出走中寻觅着更接近自己理想的精神家园，寻觅着在英语世界里安置她文学梦想的地方。

她寻寻觅觅，身如不系之舟，落拓不羁的骑士曾让她心生暖意，西风寒巢曾给她家的安稳，然而她注定了一世漂泊。

有人说她孤独、寂清，受尽了飘零之苦，可这一切都源自她自己的意志和选择。她用孤独来编织自尊的篱笆，她用寂清来包裹生命存在的感觉，她用飘零的代价来彰显个体的生命意志和不可剥夺的选择自由。她选择什么，也便享有了什么。人生没有彩排，人生更没有假设，她想成为一个岛，不与任何陆地交接，于是她成了岛—— 一个独立不倚的存在。当然，你也可以说她是一个孤独的存在。

她存在，还因为她写作；她为写作而生，也为写作而死，她写，故她在。

她最后栖居的寓所四壁空空，地板上一堆纸袋，电视机放在床前的地板上，以便于她倚在床上观看或催眠。南窗下一沓纸盒，是她的“写字台”。

浴室零乱，没有毛巾，只有扔了一地的纸巾。

壁橱里挂着她的衣服和一些纸袋，像住旅馆，随时打包走人。

几大包胶底浴用拖鞋，穿脏了就扔，用完了再买。

厨房里多是一次性纸碗纸碟和塑料刀叉，几件金属餐具大都是新的，没怎么用过，只有咖啡壶常用，她喜欢浓咖啡。另外还煮了一锅治疗眼病的草药。

储藏室 3 英尺见方，有英文著作、打字手稿等，都用手提袋装着。

林式同将所有遗物打包，遵照遗嘱，寄往香港宋淇处。

9 月 19 日，张爱玲的遗体在洛杉矶惠捷尔市玫瑰岗墓园火化，到场的有林式同和他的几位友人，没有举行任何仪式。

9 月 30 日，是张爱玲的 76 岁冥诞。这一天，林式同和友人乘船将她的骨灰护送至海上。众人在骨灰盒前三鞠躬，念祭文，然后将骨灰撒向大海。此时，汽笛长鸣，海潮低吟，灰白色的骨灰如纷纷落英，随风飘向深蓝色的海洋。

/ 注释 /

[1] 张爱玲、宋淇、宋邝文美著，宋以朗编：《张爱玲私语录》，北京十月文艺出版社 2011 年版。

[2] 林式同：《有缘得识张爱玲》，载《中外书摘》1997 年第 3 期。

参考文献

1.《张爱玲典藏全集》，哈尔滨出版社 2003 年版。

2. 张爱玲：《小团圆》，北京十月文艺出版社 2009 年版。

3. 张子静、季季：《我的姐姐张爱玲》，吉林出版集团有限责任公司 2009 年版。

4. 黄心村：《乱世书写：张爱玲与沦陷时期上海文学及通俗文化》，上海三联书店 2010 年版。

5. 周芬伶：《艳异：张爱玲与中国文学》，中国华侨出版社 2003 年版。

6. 张均：《张爱玲十五讲》，文化艺术出版社 2012 年版。

7. 水晶：《替张爱玲补妆》，山东画报出版社 2004 年版。

8. 刘绍铭、梁秉钧、许子东编：《再读张爱玲》，山东画报出版社 2004 年版。

9. 陈子善：《张爱玲的风气：1949 年前的张爱玲评说》，山东画报出版社 2004 年版。

10. 蔡登山：《传奇未完：张爱玲》，云南人民出版社 2004 年版。

11. 罗玛：《凝视张爱玲》，广西师范大学出版社 2004 年版。

12. 张均：《张爱玲传》，文化艺术出版社 2006 年版。

13. 庄信正编注：《张爱玲庄信正通信集》，新星出版社 2012 年版。

14. 张爱玲、宋淇、宋邝文美著，宋以朗编：《张爱玲私语录》，北京十月文艺出版社 2011 年版。

15. 张爱玲：《重访边城》，北京十月文艺出版社 2009 年版。

16. 张爱玲译注:《海上花落》,哈尔滨出版社 2003 年版。

17. 周芬伶:《哀与伤——张爱玲评传》,上海远东出版社 2007 年版。

18. 司马新:《张爱玲在美国——婚姻与晚年》,上海文艺出版社 1996 年版。

19. 张爱玲、胡兰成:《张爱胡说》,文汇出版社 2003 年版。

20. 李欧梵:《苍凉与世故》,上海三联书店 2008 年版。

21. 陈子善:《说不尽的张爱玲》,上海三联书店 2004 年版。

22. 肖进编:《旧闻新知张爱玲》,华东师范大学出版社 2009 年版。

23. 王光东主编:《解读张爱玲经典》,花山文艺出版社 2004 年版。

24. 刘川鄂:《传奇未完:张爱玲 1920—1995》,北京十月文艺出版社 2008 年版。

25. 苏伟贞:《长镜头下的张爱玲》,上海文艺出版社 2012 年版。

26. 刘绍铭:《爱玲小馆》,海豚出版社 2013 年版。

27. 宋以朗、符立中主编:《张爱玲的文学世界》,新星出版社 2013 年版。

后记

这本小书断断续续写了一年多，期间固然有查阅资料的困难，如何书写的踌躇，但主要还是困于日常的事务，诸如繁重的课程，自以为不得了又了而不得的个人琐事。这些事情让我深感疲惫，心绪难宁，不得安坐。这大概就是平常人的烦恼了，分内的工作之外，成天为鸡零狗碎的事情牵绊着，焦虑着，然而回头看看，不过是一路琐屑，遍地鸡毛。就想到张爱玲，乱世之中，盛名之下，仍将自己的生活打理得那么清爽，实非寻常人所能为。早年在上海，她身居闹市，亲近烟火，竟给人不染尘杂的感觉；晚年在美国，她幽居公寓，谢绝采访与探视，电话不接，书信不拆，俨然是置身繁闹的大隐者。她对个人生活的这份把持，与其说是一种生活方式，倒不如说是参透了生命真谛后的自甘淡漠。由此可见，对生命的参悟不同，人生的境界也就相去霄壤了。

活是干完了，虽说倾注了热情，耗费了心力，但不知读者朋友是否会满意。该书在写作过程中，参阅了许多专家学者们的研究著作，在此谨致最诚挚的谢意。最后，还要感谢齐鲁书社。

蒋心海

2014 年 1 月 10 日于临大教授花园

图书在版编目（CIP）数据

倾国倾城亦飘零——张爱玲 / 蒋心海著. — 济南：齐鲁书社，2014.5（2016. 7 重印）

ISBN 978-7-5333-2797-2

Ⅰ.①倾… Ⅱ.①蒋… Ⅲ.①张爱玲（1920—1995）—生平事迹 Ⅳ.①K825.6

中国版本图书馆 CIP 数据核字（2013）第 058067 号

倾国倾城亦飘零——张爱玲

蒋心海 著

主管单位 山东出版传媒股份有限公司
出版发行 齊魯書社
社　　址 济南市英雄山路 189 号
邮　　编 250002
网　　址 http://www.qlss.com.cn
电子邮箱 qilupress@126.com
营销中心 （0531）82098521　82098519
印　　刷 山东新华印刷有限责任公司
开　　本 720mm×1000mm　1/16
印　　张 16.75
字　　数 258 千
版　　次 2014 年5 月第 1 版
印　　次 2016 年 7 月第3 次印刷
标准书号 ISBN 978-7-5333-2797-2
定　　价 **36.00 元**